U0819347

权威·前沿·原创

皮书系列为
“十二五”国家重点图书出版规划项目

深圳蓝皮书
BLUE BOOK OF SHENZHEN

深圳社会建设与发展报告（2015）

ANNUAL REPORT ON SOCIAL BUILDING AND DEVELOPMENT OF SHENZHEN (2015)

主　编／张骁儒　陈东平
副主编／陈少兵　赵洪宝　王为理　谢志岿

社会科学文献出版社
SOCIAL SCIENCES ACADEMIC PRESS (CHINA)

图书在版编目(CIP)数据

深圳社会建设与发展报告. 2015/张骁儒，陈东平主编. —北京：社会科学文献出版社，2015. 6

（深圳蓝皮书）

ISBN 978 - 7 - 5097 - 7651 - 3

Ⅰ. ①深… Ⅱ. ①张… ②陈… Ⅲ. ①社会发展 - 研究报告 - 深圳市 - 2015 Ⅳ. ①D676. 53

中国版本图书馆 CIP 数据核字（2015）第 127592 号

深圳蓝皮书

深圳社会建设与发展报告（2015）

主　　编 / 张骁儒　陈东平

副 主 编 / 陈少兵　赵洪宝　王为理　谢志岿

出 版 人 / 谢寿光

项目统筹 / 张丽丽

责任编辑 / 高振华　张丽丽

出　　版 / 社会科学文献出版社 · 皮书出版分社（010）59367127

地址：北京市北三环中路甲 29 号院华龙大厦　邮编：100029

网址：www. ssap. com. cn

发　　行 / 市场营销中心（010）59367081　59367090

读者服务中心（010）59367028

印　　装 / 北京季蜂印刷有限公司

规　　格 / 开 本：787mm × 1092mm　1/16

印 张：21. 25　字 数：320 千字

版　　次 / 2015 年 6 月第 1 版　2015 年 6 月第 1 次印刷

书　　号 / ISBN 978 - 7 - 5097 - 7651 - 3

定　　价 / 79. 00 元

皮书序列号 / B - 2008 - 090

《深圳社会建设与发展报告（2015）》
编委会

主编简介

张骁儒 深圳市社会科学院（深圳市社会科学联合会）党组书记、院长。多年来致力于党史研究和方志研究，主编《中国共产党深圳历史：第一卷（1924～1950）》、《中国共产党深圳历史：第二卷（1949～1978）》，其中第一卷2010年3月被中共中央党史研究室评为“党的十七大以来全国党史部门优秀成果奖”著作类特别奖。近年来，主持多项省、市重大调研课题，主持编纂“深圳学派丛书”、“深圳改革创新丛书”，主编“深圳蓝皮书·经济”、“深圳蓝皮书·社会”、“深圳蓝皮书·法治”和《国际化城市与深圳方略》、《以质取胜——全方位提升“深圳质量”研究》等著作。

陈东平 深圳市社会工作委员会专职副主任。长期参与深圳市社会建设工作的顶层设计和统筹推进工作，在社会治理体系的信息化、基本公共服务体系、社会组织培育发展、社会多元治理体系建设等方面有着丰富的理论和实践经验。尤其是在社会建设“织网工程”方面研究颇深，其主导的“织网工程”在全国率先实现市级政务数据高度融合共享，使深圳被授予国家信息共享示范市和信息惠民示范市。

摘要

2010～2014年，深圳市着力突出顶层设计，第一次全市社会建设工作会议，明确提出把社会建设摆在与经济建设同等重要的位置，出台了《关于加强社会建设的决定》，提出了“两步走”的社会建设目标。深化改革创新，统筹推进社会体制改革。先后开展了社会组织管理体制改革、户籍制度改革、以居站分设为主要内容的基层治理体制改革等一系列事关市民群众切身利益、影响深远的社会领域改革创新，基本构建了与社会建设工作相适应的体制机制。2014年以来，围绕贯彻落实《广东省深化社会体制改革主要任务及分工方案》及深圳市关于全面深化改革的实施意见，深圳成立了社会体制改革专责小组，积极统筹推进涉及24个部门的9项社会体制改革项目，各项改革任务取得了阶段性进展。

加大投入力度，着力保障和改善民生。教育规模迅速增长，医疗卫生资源持续增加，住房保障工作逐步完善，交通出行得到改善，就业形势保持稳定，社会保障更加完善，现代养老新格局初步构建，文化建设亮点纷呈。据统计，2010～2014年市区两级公共财政在教育、医疗卫生、社会保障和就业、住房保障等九大民生领域累计支出约5000亿元，投入水平在全国副省级城市中处于领先位置。强化社会协同，促进多元共治。如深入推进“风景林”工程，逐步完善网格化管理模式与“大调解”工作体系，鼓励企业承担社会责任，基层治理体系不断完善等。激发社会活力，促进社会组织健康发展。出台促进社会组织发展的政策文件，加快社会组织支持体系的构建，建立并完善综合监管体系，同时充分发挥工青妇等传统群团组织的枢纽作用。截至2014年底，全市社会组织达到8241家，较2010年的4110家增长了一倍，社会组织的作用日益发挥。深入推进“织网工程”，注重大数据时代的循数治理。全市成功并网运行，应用范围不断扩大，信息资源融合与共享渐成共识，标准规范不断完善，协同办公初见成效。夯实队伍基础，打造社会建设人才高地。加强社工队伍建设，深圳市专业社工已近 7000 人，其中一线社工约 4970 人。志愿者队伍规模发展壮大，全市注册志愿者超过 105 万人，还组建了 12 万党员志愿者队伍。深圳市各区也积极开展社会建设探索，在社会建设创新方面取得了诸多经验，成绩斐然。

同时，深圳市社会建设工作仍然还存在一些薄弱环节，如社会治理体系和治理能力滞后于经济发展，社会活力不足和社会矛盾增加并存，社会建设的“共识”有待进一步增进，社会建设齐抓共管、整体推进的合力有待进一步提升等。2015 年，深圳市将深入贯彻落实党的十八届三中、四中全会和习近平总书记系列重要讲话精神，按照习近平总书记和李克强总理对深圳的指示要求，紧紧围绕推进城市治理体系和治理能力现代化这一目标，更加注重需求导向，更加注重顶层设计，更加注重法治保障，着力推进“六个社会”建设。

Abstract

From 2010 to 2014, Shenzhen endeavored to highlight Top-level Design. Shenzhen held a conference of social construction at city-level, which had been the first time since this city's establishment. In this conference, the idea that social construction should be treated equally with economic construction has been proposed, *The Decision of Enhancing Social Construction* issued, and the goal of Two Step Strategy made.

Shenzhen paid highly attention to promoting social system reforms and deepening innovations. Reforms of social organization management system, household system, and basic level management system mainly focusing on separating working stations and communities were carried out successively, which were all tightly related to citizens' interests and had far-reaching influences. With all these efforts, institutions and mechanisms fitting for social constructions were formed. Since 2014, hinging around implementing *Main Tasks and Divisions for Deepening Social Institution Reforms in Guangdong* and *Implementation Opinions* about deepening reforms in Shenzhen city, Shenzhen has established a special group for social system reforms to promote nine reform programs involving 24 sectors as a whole, which have reached remarkable progresses.

Shenzhen has also made a great effort to keep and improve peoples' wellbeing. The magnitude of education grew rapidly, resourses in hospital and health grew constantly, housing was improved; better transportation and steady employment situation were developed, social security was enhanced, new patterns of old-age care was established, and cultural construction were colorful. According to statistics, from 2010 to 2014, the municipal and district fiscal input on nine fields of people's livelihood such as education, health care, social security and employment and housing was 500 billion yuan, and this input level ranked in the first group among all sub-provincial citites in China.

Shenzhen has enhanced social cooperation and promoted governance with multi-actors, such as promoting "fengjinglin" project, completing grid management and "mediation" system gradually, encouraging enterprises to take social responsibilities, and perfecting grass-root level management systems. At the same time, Shenzhen made an effort to motivate the energy of the society and to promote social organizations to develop soundly. Shenzhen has been enhancing drafting policy documents, and accelerating the construction of systems to support social organizations. It has also been establishing and completing comprehensive systems for supervision and management, with giving a full play to tranditional mass organizations' (labor union, youth league, women union) pivotal role. By the end of 2014, the number of social organizations in Shenzhen reached 8241, which doubled 4110 in the year 2010, and these orgazations came into play their roles gradually. Besides, Shenzhen also depeened the "Social Network Project" and emphasized on "Following the Numbers" in such a big-data era. Networks in the whole city have merged together successfully, and the scope of application was still expanding. Blending and sharing information resources were becoming consensus and standards were completing, and the way of Cooperative Work has shown its effect.

Shenzhen also tried to cultivate persons for social construction and to fortify a solid foundation. It strengthened the team building of social workers. In Shenzhen, the number of professional social workers was nearly 7000, in which 4, 970 were on the front-line. And the team of volunteers was also developing. There was more than 1050 thousand registered volunteers, and a team of 120 thousand Party Member volunteers was built up. Districts in Shenzhen have also actively explored new ways for social construction. Plenty of valuable experience in the field of innovations on social construction was get, and vigorous progress made.

Nevertheless, there are still some shortcomings in Shenzhen's work. The system and ability of social management still lagged behind economic development, social energy lacks and social conflicts increase, the "common view" on social construction still needs to be strengthened, the co-operation of managing and promoting social construction together has to be improved. In 2015, Shenzhen will deeply implement the Third and the Fourth Plenary Session of the 18th CCP Central Committee and important speeches of Xijinping. Under the instructions of Xi Jinping and Li Keqiang, Shenzhen will hinge around the goal of modernization of city management systems and abilities with an increasing focus on needs, top-level designs and legal guarantee systems, and will pay a huge effort to the building of "six societies".

目 录

ⅠB Ⅰ 总报告

B Ⅱ 公共服务篇

BⅢ 社会治理篇

BⅣ 社区建设篇

BV 社会组织篇

BⅥ 专题研究篇

CONTENTS

𝔹 I General Report

𝔹 II Public Services

𝔹Ⅲ Social Governance

BⅣ Community Building

BⅤ Social Organization

BⅥ Special Reports

总　报　告

General Report

BLUE BOOK

B.1

2010～2015年深圳市社会建设形势分析与展望

陈东平*

摘　要： 第五次党代会以来，深圳市委市政府高度重视社会建设工作，社会建设各项工作取得了明显进展，民生质量进一步提升，基本公共服务体系逐步完善，社会体制改革有序推进，多元治理格局初步形成，社会形势总体平稳和谐。2015年是“十二五”规划的收官之年，深圳应深入贯彻落实党的十八届三中、四中全会和习近平总书记系列重要讲话精神，紧紧围绕推进城市治理体系和治理能力现代化目标，更加注重需求导向，更加注重顶层设计，更加注重法治保障，着力推进“六个社会”

* 陈东平，深圳市社会工作委员会。

建设。

关键词： 深圳　社会建设　城市治理体系　治理能力现代化

一　2010 ~2014年深圳市社会建设主要工作

（一）突出顶层设计，系统提出社会建设理念和思路

2010 年底，深圳市召开建市以来第一次全市社会建设工作会议，明确提出把社会建设摆在与经济建设同等重要的位置，出台《关于加强社会建设的决定》，提出了“两步走”的社会建设目标，即到 2015 年初步建成民生幸福城市，到 2020 年社会建设走在全国前列。2012 年初，出台《深圳经济特区社会建设促进条例》，率先以立法的形式明确了社会建设工作的指导思想、基本原则和重点工作。同时，响亮地提出“社会建设是人的建设”的理念，确定了“惠民生、保民安、稳民心、聚民智、借民力、修民德”的社会建设“18 字要求”。为抓好工作落实，深圳市还较早地建立了社会建设领导协调机制，成立了社会工作委员会。这些理念和措施在全省、全国都是比较早的，有力地推动了深圳市的社会建设工作。

（二）深化改革创新，统筹推进社会体制改革

深圳市高度重视社会体制改革，先后开展了社会组织管理体制改革、户籍制度改革、以居站分设为主要内容的基层治理体制改革等一系列事关市民群众切身利益、影响深远的社会领域改革创新，基本构建了与社会建设工作相适应的体制机制。2014 年以来，围绕贯彻落实《广东省深化社会体制改革主要任务及分工方案》及深圳市关于全面深化改革的实施意见，深圳市成立了社会体制改革专责小组，积极统筹推进涉及 24 个部门的 9 项社会体制改革项目，各项改革任务取得了阶段性进展。

1. 启动基层管理体制改革

按照“扁平化”和“精细化”的改革思路，出台了《深圳市基层管理体制改革指导意见》。根据市、区、街道、社区“职能错位”管理的要求，适度调整街道划分，进一步明晰区、街道和社区的职责定位，理顺社区内主体关系，着力解决目前部分街道管辖幅度过大、管理服务难以到位等基层治理难题。

2. 推进社会事业改革创新

完成食品药品监管职能和机构的整合，进一步深化“大市场”监管体制改革。深圳市在全国率先实现将社会化职称评审全部交由行业组织承接。实施了公办学校标准化建设和中小学校长教师轮岗交流制度。统筹推动了医保、医药、医疗联动改革，建立分级医疗医保差别付费制度，推广家庭医生服务，累计签约 40.5 万户。积极推进了公益慈善、养老服务体制等改革，获批全国养老服务业综合改革试点市。在住房建设领域进行了四大改革，以“建立保障房置换交易平台”为重点的住房保障制度改革，打通了公租房和安居型商品房轮候库，实现两库合一，依托深圳市保障房租赁服务中心和工程交易中心建立保障房“一库一平台”，实行内部循环、封闭运作，斩断保障房利益寻租链条，促进住房保障可持续发展。

3. 撬动社会力量参与社会事务

深圳市大力推进政府职能事项转移。加大向社会放权力度，重点推动行业规范制定、行业准入审查、企业资质认定、人员执业资格评定等领域的审批职能转移给社会组织承担。结合大部制改革，先后两轮推进政府职能转移，2010 年，清理出 80 项可转移和可购买服务的政府工作事项；形成可转移和可购买服务事项 2 个目录；2013 年，对涉及 30 个部门的近千项行政服务事项进行全面清理，共拟取消、转为行业自律管理、下放事项近 200 项，并形成第一批转变政府职能事项目录；2014 年以来，根据中央、省的要求，深圳市起草了《关于政府购买服务的实施意见》等“1 +2”文件，形成政府购买服务的目录和负面清单，明确了政府购买的 240 项服务内容；出台了《深圳市社会投资项目核准办法》等一系列改革文件，创新社会资本参与社会事业的投融资机制，引导社会资本办医、办学、养老；继续深化社会组织登记管理体制改革，将直接登记范围扩大到8类社会组织，在放宽准入条件、跨区域组建等16个方面取得新突破。

（三）加大投入力度，着力保障和改善民生

民生领域投入逐年增长。2010年以来，深圳市用于民生领域的投入逐年增加。据统计，2010～2014年市区两级公共财政在教育、医疗卫生、社会保障和就业、住房保障等九大民生领域的投入分别为646亿元、844亿元、956亿元、1106亿元、1448亿元，5年间累计支出5000亿元，投入水平在全国副省级城市中处于领先水平。逐年推出一系列民生实事项目，不断改善公共服务质量，提升城市生活品质。2014年，深圳市启动"十二项"重大民生工程，涵盖食品药品安全、大气和水污染治理、基础教育、高水平医疗、保障性住房、养老、文体惠民和社区公园等，总投资规模达1400亿元，全年完成投资210亿元。各项民生事业发展速度加快，基本公共服务体系逐步完善。《国家基本公共服务体系"十二五"规划》中涉及地方事权的65项，深圳市已全部实施，此外深圳市还自行实施了15项，目前深圳市已实施的基本公共服务项目总数达80项。

1. 教育领域发展迈向新台阶

教育规模迅速增长，国民受教育机会显著增加。2010～2014年，幼儿园学位累计新增14.77万个，达到36.89万个，比2009年增长66.78%，全市常住人口3～6岁儿童入园率达98%；自2012年起陆续实行在园儿童健康成长补贴，保证了户籍及符合深圳市就读条件的非户籍生均同等享受免费普惠学前教育。中小学公办学位累计新增20.15万个，达到110.7万个，比2009年增长22.25%，义务教育巩固率达100%；同时，义务教育阶段72.5%、公办学校58.7%的学位提供给了非深户籍学生，保障了全国最大规模移民城市外来人口子女的就读需求。原特区外地区每千人总体学位数由2012年的98座增加到2014年的109座。教育结构从以中小学教育为重心发展成适应城市需求、各级各类教育协调发展的新格局，建成南方科技大学、香港中文大学（深圳），哈尔滨工业大学（深圳）获批筹建，正在筹建中

俄大学、清华－伯克利深圳学院等一批高水平大学和特色学院，探索了新兴城市快速聚集优质高等教育资源的创新模式。社会主体多渠道、多形式踊跃参与教育事业，涌现了福田明德实验学校模式、红岭中学模式、龙岗政府资助学校模式等多样化特色化办学管理模式。国际教育交流合作机制不断完善。5 年来累计引进外籍教师 680 人，22 批次 542 名骨干校长和教师赴英美等国培训。成功举办了世界大学校长论坛，成立深圳大运留学基金会。

2. 医疗卫生事业全面发展

5 年来，全市医疗卫生资源持续增加。2010 ~ 2014 年，累计新增病床 10100 张，达到 31500 张，比 2009 年增长 47.2%，全市每千人病床数由 2.75 张增加到 2.95 张。基本公共服务均等化取得阶段性进展，以贯彻落实《深圳经济特区一体化建设三年实施计划（2013 ~ 2015 年）》为契机，重点加大对原特区外地区公共服务资源的投入力度，原特区外地区每千人病床数由 2.0 张增加到 2.2 张。公共卫生服务水平全国领先，疾病防控能力进一步增强，人均期望寿命、婴儿死亡率、孕产妇死亡率等市民健康指标在全国名列前茅。医药卫生体制改革成效明显，作为国家城市公立医院改革首批试点城市，深圳积极推进了公立医院“管办分开”、“医药分开”等重点领域改革，获得了国家的肯定和认可。计划生育工作连年获省表彰，2011 年开始连续三年计划生育目标管理责任制考核优秀，获省委省政府表彰。基层医疗机构服务能力持续提升。社区首诊初步实现，看病难、看病贵问题有所缓解，社康服务一体化步伐加快，不断完善“院办院管”的社康中心举办模式，实行属地化、一体化、集中式管理，逐步实现财务专账管理，经费独立核算；目前，福田区、龙岗区已经建立区级社管中心，宝安区试点西乡街道社康中心对本街道内社康中心进行统一管理。

3. 住房保障工作逐步完善

“十二五”以来，深圳市住房保障在规划、建设、分配和管理上取得长足进步，基本形成了具有鲜明深圳特色的“多渠道、分层次、广覆盖”住房保障体系；“十二五”期间，深圳市保障性住房累计开工 14.5 万套，竣工6.6万套，完成投资413亿元，完成率分别是“十一五”总数的1.8倍、3.3倍、3.7倍；保障性安居工程开工量约占全省的1/4，所有新建保障房项目率先在全国100%实行绿色建筑标准；住房保障覆盖面不断扩大，“十二五”以来，深圳市保障房累计供应分配5.5万套，覆盖人群约为19.25万人；户籍双特困户家庭连续多年实现应保尽保，户籍低收入家庭的住房困难问题基本解决；经适房分配历史遗留问题、“两兵”等四大群体的住房困难问题得到了妥善解决；新毕业大学生、引进人才和外来务工人员的住房保障不断扩面；目前，公积金缴存职工人数仅次于上海、北京，跃居全国第三位，提取范围全国最广，贷款额度全国最高。

4. 交通出行得到新改善

2010～2014年，深圳市交通基础设施完成总投资达1316.7亿元。广深沿江高速、博深高速、清平高速二期、梅观高速扩建工程、水官高速扩建等重大项目顺利建成通车；新彩通道、北环大道、丹平快速一期、广深高速鹤洲立交等一批城市主干道、立交改造新建工程顺利完成，深中通道前期工作有序推进，完成173个片区交通综合整治；全市打通留仙三路至留仙大道、兰竹东路、锦绣东路、梅龙大道（共和段）、深圳如意路—东莞龙凤大道连接线等98条断头路；地铁二期工程全面建成开通，广深港高铁深圳段、厦深铁路建成开通，深圳北站、深圳东站、坪山站交通枢纽开通运营，地铁7号、9号、11号线全面开工建设。全市共新建新一代公交候车亭2541座，推广新能源汽车3850辆，组织投放公共自行车12700辆；制订了《公交专用道五年规划方案》，全市公交专用道整体规模达742公里；推进智能公交建设，完成政府公交监管平台（一期）、公交站点线路协同系统建设；首次从市民的角度，在全国率先发布公共交通服务指数指标体系，覆盖轨道交通、常规公交、出租车三种方式，促进了公交服务质量的稳中向好。

5. 就业形势保持稳定

统筹做好各类群体就业。截至2014年11月底，新增就业89197人，城镇登记失业率在2.5%以内，“零就业家庭”动态归零，全面完成各项就业任务；举办高校毕业生校园招聘会、民营企业招聘周、深圳高校毕业生就业双选会等活动，为高校毕业生提供就业岗位40000余个，应届毕业生当年度就业率在92%以上；开展“春风行动”、“南粤春暖”等活动，为异地务工人员提供“四免”服务，共服务各类求职者近34万人次；持续优化人才发展环境。修订完善高层次人才“1+6”政策，贯彻落实海外人才“孔雀计划”。修订高层次专业人才的配偶就业、子女入学、学术研修津贴等配套政策。截至2014年底，全市引进在深全职工作两院院士12人，推选享受国务院特殊津贴专家496人，市政府特殊津贴专家407人；累计认定高层次专业人才4607人、海外高层次人才776人。福田区“福田乐业”指标体系的落实，使就业创业工作考核连续9年名列全市第一，被省政府评为“广东省就业先进工作单位”，龙岗区“龙翔工程”项目，累计促进25812名失业人员实现就业。

6. 社会保障更加完善

在社会保障方面，月最低工资标准、最低生活保障标准分别提高到1808元和620元，居全国领先水平；将家庭人均收入高于最低生活保障标准但低于最低生活保障标准1.5倍的困难居民纳入救助范围内，给予教育、医疗、住房等专项救助，扩大社会救助范围，缩小低保线内外的制度落差；社会保险覆盖面继续扩大，保障范围和水平均居全国前列。截至2014年10月底，各险种参保总人数达到4639.38万人次，支付社会保险待遇236.03亿元。正式实施《深圳市失业保险视同缴费年限认定办法》、《医保现金支付办法》；调研起草养老保险补缴办法、城乡居民养老保险规定、重特大疾病补充医疗保险方案等；取消社会医疗保险定点医疗机构、定点药店审批数量限制，由审批制改为核准制；启动社保信息系统重构，推进社保业务标准化、规范化建设。实现失业人员申领失业保险金全城通办和政府部门共享社保数据；采用邮政代办、委托银行办理、自助终端服务、网上办理、邮政免费递送社保个人权益记录单等方法，推动社保服务经办模式创新。

7. 现代养老新格局初步构建

截至2014年底，全市共建成社区服务中心538家、社区星光老年之家916个、老年人日间照料中心25家、养老院31家、养老床位7695张，提前一年超额完成“十二五”目标任务，实现三年翻番。政策方面，《深圳市出台养老服务业“1+2”政策文件》被评为“全国十大老龄新闻”，“深化养老服务产业体制改革，构建现代养老新格局”项目入选2014年深圳市“改革英雄榜”；制定了《关于加快发展老龄服务事业和产业的意见》、《深圳市养老设施专项规划（2011～2020）》、《深圳市无障碍设施建设与改造规划（2013～2015）》。2014年，全市享受居家养老服务补助老人约10000人，年资助金额3200多万元，实现居家养老服务全覆盖；积极推进为户籍80周岁以上享受居家养老服务的老年人购买意外伤害及意外医疗保险项目，参保人数达到20000人；发动基层为老组织、公共服务窗口单位开展为老服务活动和开发为老服务产品，有7个基层单位获得全国“敬老文明号”称号。截至2014年底，福彩公益金已累计投入约1.6亿元，资助各类老年社团组织1000余个，惠及全市20多万老人。

8. 文化建设亮点纷呈

群众文化活动丰富多彩，开展公益文化进社区活动，高雅艺术送到市民家门口。2014年，全年举办10000余场各类群众文化活动，放映公益电影超过1.5万场，全市文博、美术机构共举办各类展览上百个，周末系列活动近300场；开展“南粤幸福周”系列活动71项；文博会“非物质文化遗产馆”参展项目近100个。深入推进全民阅读。在全国率先出台《深圳经济特区全民阅读促进条例》。策划“4·23世界读书日”系列活动，组织市民阅读座谈会、中华商务图书文化100年展览等95项172场；少儿图书馆“喜阅365”亲子共读计划荣获全国图书馆馆员绘本讲读大赛三等奖。加快完善文化设施网络，深圳美术馆新馆、图书馆调剂书库成功立项；新增自助图书馆20台，优化服务点布局，提升自助图书馆服务效能；推出监控与统计分析平台，完善“图书馆之城”统一服务合作机制；加大免费开放服务经费保障力度，落实“三馆一站”免费开放奖励经费400万元。

（四）强化社会协同，促进多元共治

1. “风景林工程”深入推进，基层治理体系不断加强

自2012年启动社会建设“风景林工程”以来，深圳市选取了“基层党建

工作区域化、社区服务中心建设、社区居民议事会、社区公益服务岗位开发、社区楼（栋）长制度”作为“第一批盆景”，在全市普遍推广。在社区推行“社区综合党委+兼职委员”制度，打通了“单位党建”与“社区党建”的界限，基层党组织在社区服务中的引领和组织作用更加凸显；通过建立社区服务中心，成功打造贴近居民的一站式服务平台，社区服务供给方式更趋多元；通过组建社区居民议事会，居民在社区建设中的参与权、表达权、监督权得到充分保障；开发社区公益服务项目，为有社区服务意愿的特殊群体提供平台和机会；通过推广楼（栋）长制和高层楼宇“二+5”管理模式，最大限度地发动社会力量和群防群治力量，使市民群众成为社会治理的主体。

2. 网格化管理模式与“大调解”工作体系逐渐完善

全市共规划形成了16417个工作网格，街道干部、社区工作站干部、协管员、社区民警、楼管员等相互捆绑责任，负责对矛盾纠纷和社会管理事务的排查、调处和上报，实行“多网合一，一网多格；一格多员，全员参与；同格同责，同奖同罚”，基层管理更加精细化，得到了省综治委的大力推广。印发《关于学习借鉴“枫桥经验”推进深圳市社会矛盾化解的通知》，建设区、街道、社区三级综治信访维稳中心，建立健全人民调解、行政调解、司法调解联动的“大调解”工作机制，创新诉前联调、审前调解工作机制，大力推广人民调解“福田模式”，全市调解室达519个，基本实现了对交通、医院、劳动等矛盾纠纷较为集中的单位全覆盖。

3. 鼓励企业承担社会责任

开展企业社会责任专题研究，研究制定《关于进一步促进企业社会责任建设的意见》，以及深圳市《企业社会责任要求》、《企业社会责任评价指南》标准文件，督促企业严守法定职责、履行社会责任，推进企业社会责任立法研究工作，探索建立鼓励企业履行社会责任的体制机制，构建深圳市企业社会责任评价体系。同时，全市率先探索发展的社区基金会，为热衷于社区企事业单位、社会组织和公民提供参与慈善公益的平台，研究制定《深圳市企业社会责任要求》、《深圳市企业社会责任评价指南》，鼓励企业承担社会责任，传递公益文化。

（五）激发社会活力，促进社会组织健康发展

深圳市社会组织最先发展的优势，促进社会组织公共事务的参与度增加。截至2014年底，全市社会组织达到8241家，较2010年的4110家增长了一倍。

1. 政策文件的创制工作不断加强

以打造国家“社会组织改革创新综合观察点”为契机，深入推进社会组织相关政策的完善，先后出台了《关于进一步推进社会组织改革发展的意见》、《关于构建现代社会组织体制的工作方案》、《深圳市社区社会组织管理与促进办法》等规范性文件，大力培育和发展社会组织。

2. 社会组织支持体系构建加快

一是建立政府职能转移的常态化机制，为社会组织拓展发展空间。研究制定扶持社会组织发展“1+2”文件，即《深圳市扶持社会组织发展实施方案》及配套文件《深圳市政府购买社会组织服务办法》和《深圳市社会组织奖励办法》，以购买服务和以奖代补的形式为社会组织提供资金支持。二是建立市、区、街道三级孵化基地，催生各类社会组织。重点培育街道、社区社会组织发展，并探索建立社区基金会，作为社区基层自治组织的有益补充，目前已在光明新区开展试点，全市共成立10家社区基金会，该尝试获得民政部高度肯定。三是鼓励各区设立社会组织专项扶持资金，支持和引导社会组织承接公共服务。推动了“壹基金”在深圳落户，这是中国首家成功“转正”的民间公募基金，吸引了更多的慈善资金向深圳聚集。

3. 综合监管体系基本建立完善

研究出台《关于建立社会组织综合监管体制的工作意见》，从建立行政司法监管机制、行业自我监管机制、社会公众监管机制、社会组织退出机制四个方面，创新性地构建社会组织综合监管体制，清晰界定了各部门在社会组织综合监管中的职责、内容及方式，形成较为完备的社会组织综合监管体制。强化社会组织执法监管，依法查处122家社会组织的违法违规行为，对29家给予撤销登记的行政处罚。

4. 工青妇群团组织的枢纽作用发挥充分

推动工青妇等传统群团组织基层化、草根化、社区化发展，支持其发挥枢纽作用，孵化、培育和引导其他社会组织，全市共培育 8 个非营利性社会组织孵化基地，凝聚和带动数百家社会组织健康发展。

（六）注重循数治理，深入推进“织网工程”

自 2011 年 1 月深圳市委市政府在《关于加强社会建设的决定》首次提出部署“织网工程”以来，深圳市分别在 2012 年、2013 年出台了“织网工程”两份纲领性文件《深圳市社会建设“织网工程”综合信息系统建设工作方案》和《关于全面推进社会建设“织网工程”的实施方案（试行）》，通过在坪山新区、南山招商街道和龙岗南湾街道进行区、街道两级综合试点，探索形成了织网工程“一库一队伍，两网两系统”的基本架构。2013 年 11 月，市委市政府召开了全市“织网工程”部署动员大会在 10 个区进行推广部署。经过全市上下的共同努力，“织网工程”建设取得了较好的成效，并受到国家发改委、中编办、信息产业部、民政部、网信办等国家部委的高度肯定，由此深圳被授予了全国首个“政务信息共享国家示范市”以及“信息惠民国家试点城市”称号。

1. 全市成功并网运行

各区均已搭建了“织网工程”区级平台，完成了基础网格的划分，组建网格信息员队伍和网格管理机构，完成了“一库一队伍，两网两系统”的建设和试运行，并已于 2014 年 1 月 1 日正式并网运行。

2. 信息资源融合与共享渐成共识

强力打破了部门之间的“信息壁垒”，推动公安、劳动社保、卫生计生、教育、住建、市场监管等 23 个市直部门和 10 个区的业务数据入库，目前市基础信息资源库已导入数据 13 亿多条。通过清洗、比对，已关联社保、劳动、卫生、教育等信息的人口 1849 万人、法人 169 万家、房屋 1206 万间（套）。

3. 标准规范不断完善

围绕“一库一队伍，两网两系统”的建设内容，重点在数据元标准、数据采集与清洗、数据共享与安全以及信息系统运行维护、网格员队伍管理等方面加强标准建设和规范管理，目前已拟定了“织网工程”运行管理办法及相关配套文件，并向各区各部门完成了征求意见，近期将报深圳市委市政府印发。

4. 协同办公初见成效

以往各部门系统互不联通，跨部门办事效率不高，对基层发现的事件处置时有滞后。建成统一的协同工作平台后，各部门协同水平明显提升，处置事件反应能力明显增强，居民办事更加方便。

5. 应用范围不断扩大

教育、卫生、民政、住建等部门，在积分入学、健康进社区、老年证办理、保障房轮候等方面进行二次开发应用。深圳市发改、公安、卫生、市场监管、民政、妇联、团委和市消委会等部门充分利用大数据库的人口、法人等统计信息于业务分析和辅助决策。

6. 重点难点工作有序推进

许勤同志在“织网工程”汇报会上对网格员队伍整合、政府各部门业务流程再造、事件信息统一分拨、信息采集与共享等方面立法、大数据库二次开发应用以及实行多卡合一的“市民卡”等六项重点难点问题做出了指示，明确了各项工作的牵头部门和具体要求，并列入市政府督查室督办内容。

（七）夯实队伍基础，打造社会建设人才高地

1. 社工队伍建设加强

完善以“政府推动、民间运作”为主要特征的现代社工工作体系，在全国较早出台了关于加强社工队伍建设的“1+7”文件，在全国率先建立起比较完整的制度体系。同时，积极研究制定《深圳市社会工作者专业化职业化实施办法》。目前，深圳市专业社工已近7000人，其中一线社工约4970人。“深圳社会工作民间化专业化”项目成功入围第六届中国地方政府创新奖。

2. 志愿者队伍规模发展壮大

认真总结大运会志愿服务成功经验，出台了《关于建设“志愿者之城”的意见》，推动志愿服务社区化，在全市建成143个社区U站、100家青春家园社区服务“专柜”、500个志愿服务固定服务点，全市注册志愿者超过105万人，此外，深圳市还组建了12万党员志愿者队伍。

3. 基层队伍建设取得新进展

采取了许多行之有效的措施，如优化基层党员干部队伍配备，提升社区党组织班子成员的结构和素质，充实基层党组织力量；实施队伍素质提升计划，通过多种方式开展专题培训，不断提高基层干部队伍的能力水平。

（八）各区（新区）社会建设有新突破，各项工作成效突出

1. 福田区社会建设探索与创新

福田区创新开展社会管理，推行“社工+义工”联动服务，试行社会工作“项目购买”，探索、完善社工机构综合评估机制，72个社区通过省“六好”平安和谐社区验收；创新推出“民生微实事”，用于办理市民身边的小微民生项目，让居民共商共议、集体决策，激发社会力量的参与热情，群众满意率达100%；以社区信息服务平台为基础，创办“大管家”居民生活服务平台；创新推出的“福田民生”微信平台，荣获“广东省最具影响力的十大政务微信”荣誉称号；创建人民调解“福田模式”，通过司法部项目成果鉴定；推行“定员+网格管理员+义工+楼（栋）长+热心居民”的网格化模式，实现社区体制创新与“织网工程”有机结合；创新社会组织综合服务模式项目被广东省社工委确定为创新社会组织综合服务和监管体系试点；探索新型社区自治模式，成立区内物业企业联合会，通过物业公司参与社区服务和治理，居民个人信息自主申报，促进社区自治。

2. 罗湖区社会建设探索与创新

罗湖区持续加大对民生领域的投入力度，大力发展各项社会事业，持续改善民生福利。全力打造覆盖全区的公共就业自助服务平台，率先在全市安

装“求职通”和搭建“政校行企”对接促进就业平台，首创劳动监察网格化管理和行政司法联动机制，实现近60000失业人员再就业；探索改革“以药养医”制度，全面实施药品“零加成”，规范对民营医疗机构的管理；全面推广党政社群社区共治模式，在全区83个社区推行“文华十条”议事规则，全面深入开展社区多元共治；以丰富“罗湖福利”特色为主题，进一步推动改革养老事业，建立公租房轮候库，实施“洁净宿舍”创建工程；积极推行平安建设“织网工程”，完善信访维稳应急机制，建立维稳“动态信息网”、“排查调处网”，完善“大调解”体系建设，公众安全感和治安满意度两项民调指标均居全市第一，被中央综治委评为全市唯一的“全国平安建设先进区”。

3. 南山区社会建设探索与创新

南山区5年来每年民生投入均超过财政总支出的80%，累计投入达441.4亿元。率先实施“宜居南山社会管理与服务系统工程”八大项目，整合各个街道多年探索的创新做法，全区100个社区设立综合党委（总支），设置113个社区居民议事会，楼（栋）长覆盖率达到100%；建成社区服务中心75家、和谐企业工作室34家、街道社会组织服务中心8家，开通96881民生服务热线，社会建设服务大厅建设全力推进；完善《南山区社会建设标准体系》，定期发布和谐社会建设发展指数；“一核多元”社区治理、“一平台两中心”、“一窗通”、“社区服务专员”、“智慧党建”、国际化社区建设、幸福社区、社区微信平台等30个“风景林项目”，入选全市社会建设创新项目库，其中“一核多元”成为全国社会治理样本，《人民日报》、《光明日报》、《南方日报》等主流媒体对南山区社会建设也做了大量报道；在全市率先推出微信预约办理户政及出入境业务；筹建街道综治信访服务中心，建立南山网上信访大厅，试点政法机关跨部门网上办案，被中央政法委确立为全国试点。

4. 盐田区社会建设探索与创新

盐田区创新开展社会建设行动计划和社会创新项目，制定出台社会工作绩效考核办法和“幸福盐田指标体系”，每年确定的10件重点民生实事按期完成。保持了充分就业社区全覆盖和“零就业家庭”连续9年的零纪录。新增了基础教育、学前教育学位超过3600个，获评“推进教育现代化先进区”和“全国‘两基’工作先进区”。实现了区属医院门诊、住院次均费用的全市较低水平，获评国家“慢性病综合防控示范区”。创新推行了永安社区实有人口服务管理模式，入选全省首批社会创新试点项目，成为广东省社会创新实验基地。在全市率先启动了“无线城区”建设项目，“12349公共服务资讯中心”开通运行，“助民微行动”广受居民好评。“幸福广东”评价考核综合指数连续两年位居全市第一。中英街成功入选第四批“中国历史文化名街”，获评“广东省体育先进区”，公共文明指数测评位列全市各区前列。

5. 宝安区社会建设探索与创新

宝安区每年财政支出的70%以上用于国计民生，每年实施10件民生实事，以此为抓手带动就业、社保、教育、卫生、公共交通等民生事业发展。制定了《宝安区规范社区管理体制　提升基层治理水平的工作意见》等“1+3”制度，规范社区管理体制；积极推进社区治理模式创新，夯实社会治理基层基础，推广公共服务、社会服务、市场服务“三位一体”社区服务模式；福永“小区多元共治”、西乡“马鞍山小区自主管理模式”、新安“社区建设宝民模式”等亮点纷呈，海裕社区被确定为广东省社会创新实验基地；“探索新型城镇化下社区多元治理模式及路径”项目成为国家外专局在全国资助的4个项目之一；实施“一街一品牌、一行一特色”的社会建设目标，挖掘培育“妇女社会组织实践基地”等40个“盆景”项目；创先推行“宝安民生通”服务项目，优化完善纸质民生“一本”、互联网信息传播平台“一网”、研究开发“一键”APP手机应用，打造综合性民生工作平台。

6. 龙岗区社会建设探索与创新

龙岗区公共服务水平持续上升，被授予“全国社会组织建设创新示范区”、“全国社会工作服务示范地区”、“全国首批企业社会工作试点城区”和“2014中国十佳法治化建设城区”称号。率先出台《龙岗区民生实事常态化公开征集办理工作规范》、《龙岗区物业服务行业诚信管理暂行办法》、

《关于改革社区治理体系、提高基层治理能力的意见》等“1+7”文件；率先将权责清单梳理至社区一级，并以横岗保安社区为样本梳理社区4类主体的260多项权责情况；完善“社工+义工”联动机制，打造社区青春学堂和服务关爱流动儿童与青少年的公益平台——“启航·筑梦”。探索了“一中心多站点”服务模式，努力让社区服务延伸到辖区居民的身边；在区图书馆设立全国最大的24小时自助借阅区（馆）；试点实施工伤探视，探索职工劳动保护新模式，成为深圳唯一得到“大爱之行——李嘉诚基金会”重点扶持的项目。

7. 光明新区社会建设探索与创新

光明新区率先成立楼长“一校一部一会”，巩固提升楼（栋）长制项目；成立了全国首批社区基金会，募集基金1800余万元，在资金募集、项目运作、基金管理等方面初步形成了符合基层实际的做法和经验，试点被纳入《民政部与深圳市2014~2018年深化合作事项》、《深圳市2014年改革计划》；首创“幸福社区”建设模式，连续实施了三批，累计总投入1.38亿元，切实改善社区环境，广受群众欢迎；深化社区“第一书记”进社区项目，28名“第一书记”入户走访群众332户，其中贫困户171户，开展社区实地调研117次，记录《民情笔记》共1358页，约10万字；探索社区党建、社区经济、社区自治、社区服务、社区教育、社区管理“六位一体”的社区治理新模式；创新各类为民、惠民项目，推进一系列“微创新”、“微改革”，全面提升社区服务水平，提高社区居民幸福指数，构建“多方参与，共建共享”的社区治理模式。

8. 坪山新区社会建设探索与创新

坪山新区研究出台了《坪山新区培育和扶持社会组织发展的实施办法》、《坪山新区政府服务外包暂行管理办法》等文件，编制新区向社会购买服务项目目录，建立了服务外包“一年一审”经费预算、程序、监督管理、评估等制度，有效引导社会组织有序规范承接政府职能；打造了“五大新城”（现代化国际化新城、新兴产业名城、和谐幸福新城、文化创意新城、山水田园新城）的“一核五元”战略体系；基层治理体系改革跻身深圳改革“英雄榜”超百分项目，被市委遴选为全国全省领先的改革典型项目，社区治理形成“1+2+1”新格局，分别回归基层群众自治组织职能和办事处派出机构职能；“全国社区治理和服务创新实验区”、“全国首批社会工作服务示范区”建设成效突出，逐步探索出社区、社会组织、社工、社会力量“四社联动”的社会治理体系新模式；率先在全市进行基层治保组织的改革试点，形成社区、企业、学校和医院“四驾马车”并驾齐驱，警民共建、群防群治的治保局面。《人民日报》在2014年6月23日头版头条关于全面深化改革的专版中指出：“深圳市坪山新区落地了社区治理与服务创新、智慧城市建设、社会服务标准化等5项国家级改革试点，均已取得初步成效。”

9. 龙华新区社会建设探索与创新

龙华新区积极完善公共服务体系，2014年再投资33亿元，实施106项民生实事，安排保障性住房建设3.85万套，占全市的1/4。在市整合出租屋、计生、城管三支队伍的基础上，进一步将安监、劳动等协管队伍也整合了进来，实现了“五员合一”；编制完成了《社会建设规划（2013～2020年）》，进一步丰富了“活力新区”、“和谐家园”、“幸福龙华”的内涵，进一步细化了基本公共服务提升、和谐社区建设等“六大工程”；制定了《2014年龙华新区社会建设工作要点》和《龙华新区关于打造“活力龙华”工作方案》，各明确23项工作任务，将公共财政预算支出80%以上用于改善民生；探索新型城镇化进程中社会融合新模式，制定了《探索促进社会融合龙华模式工作方案》；创新举办“活力龙华”社会大讲堂；推行了大浪青工活力“第三个8小时”、民治西头新村外来业主自治、龙华清湖“乐业社区”、观澜章阁社区“阳光家园”等创新项目；在全国率先推出社会组织孵化培育与前置监管相结合的监管方式，出台社会组织承接政府职能的负面清单，《人民日报》、《人民论坛》、《南方日报》等媒体进行了专题报道。

10. 大鹏新区社会建设探索与创新

大鹏新区逐步推进社会工作建设，出台了《大鹏新区办事处和社区工作站事权划分实施方案（试行）》，按照“权力法定、权责一致、阳光运行”的原则，合理划分办事处与社区工作站的权责边界，全力推进生态文明体制机制改革。全力推进生态文明机制改革，出台了《大鹏半岛生态文明体制改革“1+5”方案》，构建经济、社会、生态协调发展的体制机制。以较场尾为代表创新民宿管理机制，形成了可复制的海岸线生态保护和社会效益并进模式。创新教育和医疗卫生发展模式，实施名医名师工程。在全市率先构建“同城一站式”公共就业服务体系。实施了“六微三平台”工作法，激发社会建设活力。

二　深圳市社会建设工作实践中探索形成的基本经验

回顾2010年来深圳市在社会建设工作中的探索与实践，有以下几条基本经验值得总结梳理。

（一）注重社会建设工作的法治保障

深圳市强调运用法治思维和法治方式来推进社会建设各项工作，从立法、政府规章和政策文件制定三个层面着手，积极构建社会建设工作的制度体系，初步走出了一条与经济体制改革初期“摸着石头过河”不同的法治化道路。这是深圳市社会建设工作能在较短的时间内取得突破性进展的根本保障。在人大立法层面，先后制定了《社会建设促进条例》、《行业协会条例》、《居住证条例》，以及在救助人权益保护、心理卫生、文明行为促进、工资集体协商方面的法规，初步形成了社会领域法规体系。在规章制度层面，先后出台了《深圳市低收入居民社会救助暂行办法》、《深圳市社会医疗保险办法》、《深圳市食品安全信用信息管理办法》等，有力地保障了社会治理创新，促进了社会和谐。同时，深圳市连续三年出台社会建设工作要点。研究制定了《社会领域立法框架规划》、《社会事业发展“十二五”规划》、《社区建设“十二五”规划》、《关于进一步推进社会组织改革发展的意见》等一批政策文件，有力地推进了社会建设各项重点工作。

（二）注重以人为本、服务为先

习近平总书记深刻指出，加强和创新社会治理，关键在体制创新，核心是人，只有人与人和谐相处，社会才会安定有序。深圳市针对深圳人口结构的特殊性，筑牢“来了就是深圳人”的理念，围绕人的建设做文章，大力推进基本公共服务均等化，努力提高市民群众的幸福感和归属感，初步走出一条促进人与人、个人与群体、群体与城市之间融合发展的路子。这是新时期深圳市社会建设工作最鲜明的特征。根据《国家基本公共服务体系“十二五”规划》，涉及地方事权的65个基本公共服务项目深圳市已全部落实，其中覆盖实有人口的有38项，覆盖户籍人口的有18项，覆盖户籍人口以及特定人群的有9项。

（三）注重利用信息化手段推进工作

目前，政府各部门延伸到基层社区的服务管理网络系统很多，但大部分是各自为政，信息互相封锁，资源不能共享。为打破信息壁垒，提高政府服务管理的效率和效力，深圳市提出实施“织网工程”，把政府各部门服务基层的资源和信息编织在一起，以“大数据”理念为指引，以信息手段为依托，通过对人口结构和服务需求的关联分析，初步实现有限资源的精准配置和服务个性化推送，有效地促进公共服务领域的多元共治，进而推进社会管理体制与公共服务能力的现代化。这也是社会建设工作为政务资源共享和信息惠民工作做出的贡献。

（四）注重社会力量广泛参与

深圳市注重发挥志愿者、专业社会工作者、基层干部队伍和市民群众等社会主体的作用，激发全社会共商、共建、共享的活力与热情。率先出台了《关于建设“志愿者之城”的意见》和《工作指引》，不断发展壮大以实有人口为主体的城市志愿者队伍。进一步完善以“政府推动、民间运作”为主要特征的现代社工工作体系，积极发展专业社工队伍。不断加大共建共享力度，通过开展公园文化节、美丽星期天、戏剧星期六等公益文化活动，促进了市民的文明素质提升，营造了实有人口参与社会建设的良好氛围。

（五）注重工作路径的探索创新

积极借鉴经济建设项目化的模式，探索将经济建设的方式运用于社会建设，通过将社会建设的内容和任务“工程化”和“项目化”，通过一年一年地抓，一项一项地落实，一个一个难点地突破，实现了“一年开好局、三年成体系、五年大跨越”的目标。如目前正在开展的社会建设“风景林”工程，通过对试点经验的提炼总结，形成可推广、可复制的“盆景”，再在推广过程中把“盆景”串点成线，并线成林、连片成面，完善城市功能，形成社会治理的良性土壤。

三　深圳市社会建设工作存在的突出问题

五年来，深圳市社会建设工作虽然取得了一定成绩，但与党的十八大，十八届三中、四中全会的要求相比，与市民群众的期望相比，还存在一定差距和一些薄弱环节。

（一）社会治理体系和治理能力滞后于经济发展

社会治理主要还是靠政府的力量，靠行政命令、政策规定去推动，在综合运用市场手段、社会组织自愿自发手段、宣传教育手段、道德手段、经济手段上都需要进一步下功夫；社会治理水平还有较大提升空间，法律权威还要进一步强化，居委会自治能力普遍不强，社区工作站负担过重、职责不清，社区服务中心服务形式、项目比较单一；部门数据自成体系、单独建设、封闭运行，在实现数据共享、通过信息化手段来加强社会管理上还缺少主动意识。

（二）社会活力不足和社会矛盾增加并存

一方面，“强政府、弱社会”的问题依然存在，政府权力还是比较大，管的面还是比较宽；社会组织发展还处于初级阶段，不仅数量上需要加强，而且一些社会组织结构不够合理、人员素质不高、能力偏弱、公信力不足，无法充分发挥作用。此外，政府职能转移还要进一步加快，为社会组织发展释放空间。另一方面，群众“信访不信法”的现象比较突出，大量的矛盾纠纷涌向政府渠道，2014 年市、区信访部门处理信访总量居高不下，这也从一个侧面体现了政府过于强势、无所不能，导致群众大事小事都找政府。

（三）社会建设的“共识”有待进一步增进

转型时期，社会各种利益主体的诉求也在不断分化，社会价值观日渐多元化、碎片化，反映在社会建设上，就是“社会认同”逐渐弱化，而分歧却无处不在。面对这样的现状，过去依靠单向的、自上而下的管控模式已无法适应现代社会治理的需要，相应的，应该转换思维模式，从问需于民的角度出发，推行多元共治，最大限度地发现并凝聚社会共识，形成社会认同。尤其在制定公共政策时，应做到制度安排与主体意识的基本一致。而这方面，深圳市还有很多工作需要进一步探索和努力。

（四）社会建设齐抓共管、整体推进的合力有待进一步提升

社会建设工作还没有建立起国家层面上的统一协调机制，目前全国仅有北京、上海、南京等地和广东省建立了社会建设的专门领导协调机构，且彼此之间职能还不完全一样；社会建设很多工作分散到各个部门，在具体工作推进时往往要靠部门的认识程度和积极性，一些部门认识上不够到位，工作推进缓慢；没有完全把社会各个群体充分发动起来，形成关注社会建设、参与社会建设的合力。

四　下一步工作思路

2015 年作为“十二五”规划的收官年和“十三五”规划的谋划年，下一步，深圳市将深入贯彻落实党的十八届三中、四中全会和习近平总书记系列重要讲话精神，按照习近平总书记和李克强总理对深圳的指示要求，紧紧围绕推进城市治理体系和治理能力现代化目标，更加注重需求导向，更加注重顶层设计，更加注重法治保障，着力推进“六个社会”建设。

（一）建设法治社会

建设法治社会，就是通过推动全民守法，实现全社会对法治的普遍信仰，促进社会依法规范运行，加强民生领域法律服务，积极营造主张法律主治、依法而治的一流法治环境。一是开展多层次、多领域依法治理，围绕社会领域立法、执法方面推动法治社会建设工作，积极推动医疗管理条例、全民阅读促进条例、社区建设条例等法规出台，抓好民生重点领域和重点工作法规规章的落实和执行；二是完善公共法律服务体系，建立健全三级公共法律服务实体平台和信息化网络平台，推广完善“一社区一法律顾问”工作，健全司法救助体系，完善法律援助制度，加强法律人才队伍建设，探索建立现代法律服务制度；三是深入开展法治宣传教育，增强全社会厉行法治的积极性和主动性，弘扬社会主义法治文化。

（二）建设包容社会

建设包容社会，就是坚持以人为本共建共享理念，更加注重民生保障的全面均衡，积极推进基本公共服务“均等化”，努力创造宜居宜业的生活和发展环境，打造包容示范城市。一是统筹推进社会事业改革创新，选择事关市民群众切身利益的教育、医疗、卫生、住房、户籍、养老等社会领域改革热点项目；二是完善基本公共服务体系，积极稳妥地推进基本公共服务均等化，研究制定《深圳市社区公共服务标准体系》，抓好年度重大民生工程建设；三是建立公共服务政策和项目公众评议机制，扩大非户籍居民参与渠道，提升公共服务政策和项目的民意基础和社会认同度；四是引导市民弘扬和践行开放、包容精神，强化党委、政府的引导作用，重视包容文化培育，探索建立包容发展机制，为打造包容发展示范城市营造良好氛围。

（三）建设多元共治社会

建设多元共治社会，就是坚持在党委领导、政府主导下，进一步调动社会协同和公众参与的积极性，最大限度地激发社会发展活力，提高社会治理水平。一是推进基层管理体制改革，在抓好龙华新区改革试点基础上，全面深化街道行政管理体制改革，推进基层服务管理扁平化、精细化；二是完善社区治理体系，制定出台关于创新基层治理方式的指导意见，健全“风景林工程”运行和推广机制，开展社区工作信息化平台建设，完善“一站多居”管理体制，制定出台关于加强居委会建设的实施意见，抓好工青妇等群团组织系列服务项目进社区及功能作用发挥；三是加强社会组织培育发展和综合监管，以负面清单形式放开社会组织登记改革试点，完善网上审批系统，加强社区基金会制度建设，构建社会组织综合监管平台；四是建立完善社工职业保障机制，推动出台《深圳市社会工作者专业化职业化实施办法》等文件，探索建立社会化的社工专业技术职称和职级评聘制度，出台深圳市资助企业社会工作管理办法等。

（四）建设平安社会

建设平安社会，就是积极预防和有效化解基层矛盾纠纷，切切实实关注城市安全，创造更加文明有序、稳定和谐的社会环境，提升人民群众的安全感。一是创新社会治安综合治理机制，加强群防群治队伍建设，推动物业公司进驻城中村工作，强化流动人口和出租屋服务管理，改革信访工作制度，推进基层综治平台建设，全面启动特殊人群服务管理；二是健全依法预防化解社会矛盾机制，推广人民调解“福田模式”，加强调解组织和队伍建设，完善人民、司法、行政调解与诉讼、仲裁联动互动机制，落实重大决策社会风险评估机制；三是创新网络社会服务管理机制，完善网络社会民生诉求收集机制，加快市级网络舆情应对统一指挥平台建设，推进网络空间法治化；四是完善公共安全保障体系，健全安全生产责任体系，加大安全事故查处力度，加强食品药品安全监管执法，加强公共卫生体系建设，严格交通安全监管和执法，完善社会治安立体防控体系。

（五）建设智慧社会

建设智慧社会，就是充分利用现代信息技术，创新社会管理和服务模式，提高城市管理和服务水平，提升广大市民群众的生活品质。一是规范“织网工程”并网运行管理，出台《全市“织网工程”运行管理办法（试行）》及配套文件，强化基础信息资源库的标准规范和质量管理，提升决策分析支撑平台应用能力，推进对各部门现有的业务处理流程全面优化和再造，推进社会治理协同工作平台建设；二是创新政府服务和管理模式，推动有关市直部门与各区（新区）以结对子方式开展“条块共建”，优化业务流程，提高服务和管理效能；三是大力实施信息惠民，整合涉及重点民生领域的公共服务数据，建立电子公共服务门户，探索整合现有各种智能卡（证），推动建设集多种功能于一体的“市民卡”；四是推进智慧社区建设，推进街道社区日常工作电子化，打造统一的智慧社区服务平台；五是推动高端智库建设，建立政府和社会资本合作的大数据研究中心，率先在全国探索培育新的经济增长点。

（六）建设诚信社会

建设诚信社会，就是增强全社会的诚信意识，努力构筑诚实守信的经济社会运行环境。一是加强信用主体诚信建设，推进实施《深圳市社会信用体系建设工作方案》，强化政务诚信、社会诚信、司法诚信建设；二是推进信息共享机制建设，整合社会领域信用信息，建立全市统一的信用信息交换和共享机制，完善守法诚信褒奖机制和违法失信惩戒机制；三是加强诚信文化建设，通过宣传引导，增强社会成员重信守诺意识，在全社会形成良好的信用风尚；四是促进企业社会责任建设，出台《关于进一步促进企业社会责任建设的意见》，以及深圳市《企业社会责任要求》、《企业社会责任评价指南》标准文件，督促企业严守法定职责、履行社会责任，推进企业社会责任立法研究工作。

公共服务篇

Public Services

B.2
2014～2015年深圳市社会保障发展现状、趋势与展望

倪志聪*

摘　要：总结2014年深圳社会保障事业发展情况，详细阐述了2014年深圳社会保险参保人群规模和结构、社保基金收支、保障待遇水平、服务模式改革等内容。分析了当前社会保障体系中存在的问题，并有针对性地提出了促进社会保障事业持续健康发展的合理化建议。重点从养老双轨制改革、生育保险制度实施等政策变化进行分析，展望2015年社会保障事业发展趋势。

关键词：深圳市　社会保障　双轨制

* 倪志聪，深圳市人力资源和社会保障局。

2014 年，中国经济发展进入新常态，社会保险事业发展也有了新的变化。深圳市人力资源和社会保障局认真贯彻落实国家、省工作部署，以全面深化社会保险制度改革、加快建立更加公平可持续的社会保障制度为目标，不断创新思维，完善制度，推进社保业务标准化、规范化、信息化建设，切实提高社会保险管理能力和服务水平，充分发挥社会保险托底作用，实现了社会保险事业可持续科学发展。

一　2014年深圳社会保障情况及特点

2014 年，全市各险种参保达 4564.01 万人次，同比增长 1.6%；全市各项社保基金收入 872.192 亿元，同比增长 18.07%；全市各项社保基金总支出 292.142 亿元，同比增长 18.78%。实现了参保人数和社保基金结余的稳步增长。

（一）各险种参保人数稳步增长，社保基金收入持续增加

以“应保尽保”为目标全力推进社会保险扩面征缴，通过组织实施新的养老保险细则和医疗保险政策，研究落实退役军人和随军配偶养老保险转移接续工作，解决广东省内转移接续人员视同缴费账户、随迁老人按月缴纳医疗保险费等问题，实现五大险种参保人数稳中有升。2014 年，全市基本养老保险参保 870.69 万人，同比增长 4.2%；工伤保险参保 998.69 万人，同比增长 1.1%；失业保险参保 942.18 万人，同比增长 1.3%；生育保险参保 594.61 万人，同比增长 2.4%；基本医疗保险参保人数达 1157.83 万人，同比持平。工伤保险参保人数在全国大中城市排名首位，医疗保险和失业保险参保人数在全国大中城市中位居前列。

完善征收业务制度、业务流程和操作程序，推行新的征收业务大厅，启用新版征收业务表格，提高征收工作效能。2014 年，全市社保基金收入 872 亿元，同比增长 18%，完成年度预算的 107%。其中，基本养老保险基金 583 亿元，地方补充养老保险基金 20 亿元，城镇居民养老保险基金 0.2 亿

元。基本医疗保险基金156亿元，地方补充医疗保险基金8亿元，生育医疗保险基金11.6亿元，异地务工医疗保险基金12.4亿元，城镇居民医疗基金12.7亿元，工伤保险基金13.4亿元，失业保险基金54.3亿元。

（二）稳步提高各项社保待遇，切实保障参保人权益

养老保险待遇逐步提高。全年累计审核退休人员22868人，全年全市享受离退休待遇22.28万人；全市企业离退休人员养老金人均达3955.43元/月，全市企业退休人员基本养老保险待遇月人均增加302元；累计办理城镇居民养老保险待遇申领6112人，平均养老金360.24元/月；企业退休人员指纹验证率97.8%；各项养老待遇均实现了按时足额100%社会化发放。

医疗保障水平不断提高。完善重特大疾病保障制度，将基本医保三档参保人纳入地补，提高参保人地补待遇水平。同时，将用于治疗恶性肿瘤的赫赛汀等5种药品纳入深圳地方补充医疗保险药品目录，进一步减轻参保人就医负担。2014年，深圳市政策范围内住院费用记账比例达87%，实际记账比例达78%，已达到医改的要求。提高非从业居民缴交医疗保险财政补贴，由282元增至324元。开展医保支付制度改革研究，提出深圳市开展DRGS医保支付方式改革试点工作建议并报市政府。积极推进异地就医服务，更加方便省内非户籍的参保人在深圳及户籍参保人在省内市外就医实时结算。顺利完成对全市定点医疗机构和定点零售药店的续签协议工作及医保偿付标准调整工作。2014年，定点医药机构数量达到1515家。其中，市内的定点医疗机构885家、定点药店602家，省异地的就医结算平台联网医院9家，市外的定点医疗机构19家（其中广州10家、惠州4家、东莞4家、珠海1家）。2014年，共为参保人提供社会医疗保险服务4818.52万人次。为参保人提供了门诊医疗服务4734万人次、住院服务50万人次、门诊特检25.7万人次、现金报销8.5万人次，完成门诊大病认定申请审核6597人次。

工伤预防、工伤补偿和工伤康复并重的工伤保险体系逐步完善。开展定点医疗机构信用等级评定，对定点医疗机构医务人员实行工伤保险医疗服务

协议管理，确保工伤待遇支付合理合规。做好工伤浮动费率及长期待遇的调整工作。2014 年，伤残津贴、生活护理费、供养亲属抚恤金人均增长了 10% 左右。继续严格执行工伤事故与安全生产信息互通制度，强化工伤预防工作。目前，全市的工伤定点医疗单位有 94 家，工伤康复定点医疗单位有 13 家。全年全市共完成工伤认定 32714 人，工伤事故率为 0.30‰，同比明显下降。

充分发挥对失业员工的帮扶作用。制定并组织实施《深圳市失业保险浮动费率管理暂行办法》、《深圳市失业保险视同缴费年限认定办法》。深圳市失业保险浮动费率属全国首创，目前已有 24 万家企业享受了缴费比例下浮的待遇。研究加快推进省内失业保险关系转移工作，保障失业员工权益。全年全市为失业员工缴交基本医疗保险二档 370.84 万元。

（三）拓展社保管理和服务模式，实现便民利民

全力推进社保业务同城通办，以“业务流程标准化、业务审批规范化、业务操作菜单化”为目标，完善社保业务流程体系，全面重构社保信息系统，逐步实现参保企业和参保人可就近到全市任意一家社保经办机构的任意业务窗口办理各项社保业务。目前，失业保险金申领初步实现同城通办。自 2014 年 1 月起，全市失业保险金申领网点由原来 10 个增加到 283 个。全市失业人员可在 35 个社保窗口、51 个“一站式”窗口、197 个银行的任何一家窗口就近办理业务，也可就近到自助终端机办理或足不出户申请邮政代办，真正实现了社保服务高效利民。

将定点医疗机构审批制改为核准制，取消设置数量限制。将符合社会医疗保险定点医疗机构、定点药店受理条件的，达到评定分值标准的社会民办医疗机构和零售药店全部纳入医疗保险定点，方便参保人就近看病购药。探索社会保障市场化补充机制，推进重大疾病补充医疗保险。将个人账户功能转化与完善重特大疾病保障制度结合起来，起草《深圳市重特大疾病补充医疗保险试行办法》，已上报市政府。

为参保人多渠道免费提供个人权益记录单。自 2014 年 12 月起，深圳市社保局联合深圳市邮政局全面启动社保个人权益记录单免费递送工作，保障

参保人的社会保险知情权。同时，建立邮政快递代办社保业务服务平台系统，参保单位和参保人可自愿选择邮政代收办理社保业务。

二　当前社会保险事业面临的挑战

人口老龄化现象加剧，社保基金长期平衡和安全运行压力逐步加大，深圳市社保政策法规系统性、公平性亟待加强。但也要看到，随着国家社保制度顶层设计日趋完善，统筹力度不断加大，社保的流动性、可持续性将明显改善；信息技术的进步，社会机构的积极参与，也为社保经办能力跨越式提升提供了可能。

（一）社会保险法规体系还不健全，推进全员足额参保困难大

随着国家统筹和省统筹的趋向，深圳市社保政策要逐步与国家、省的现行政策衔接，将产生很多困难和矛盾。尤其是新旧体制转轨期间产生的问题缺乏系统的政策指导，给深圳市的社会保险工作带来困扰。目前，企业职工未参加职工养老保险、已参加养老保险职工缴费年限和缴费基数不足等问题仍在一定程度上存在。不少企业为减少用工成本，想方设法逃避参保责任；部分职工参保意识不强，有些甚至主动要求企业少缴甚至不缴社保费。

（二）社保基金保值增值的压力依然严峻，稽核、医疗监督手段薄弱

目前，深圳市人口年龄结构较低，社保基金积累量较大，贬值的压力也较大。社保基金管理面临着通胀压力不断增加及基金保值增值渠道狭窄、方式单一等问题，如何加强社保基金的管理与运营、实现社保基金收益的最大化，需要继续深入研究。目前，全市的社保稽核、医疗监督主要以现场检查为主，而随着参保人的不断增加，现有的稽核、医疗监督工作人员严重不足，需不断加强对社保稽核、医疗监督信息化手段的运用，以提高社保稽核、医疗监督的管理水平。

（三）管理服务能力不足，社保信息系统建设滞后

深圳市的社保信息系统建设总体滞后，系统老化、运行缓慢、负荷超载，不能为快速发展的社会保险事业提供及时有效的技术支撑，也容易引起参保人的投诉。当前，社会保险事业发展迅速，社保法规政策不断出台，深圳市社会保险管理服务能力不足与日益增长的社保业务的矛盾越发明显，基层社保经办机构的场地窗口、服务覆盖面难以满足参保人的需求。

三　促进社会保险事业发展的建议

（一）继续完善社保政策法规，做好社会保险宣传工作，强化社保稽核监察

研判基础养老金全国统筹影响，适时启动养老保险政策修订。推进医保支付制度改革，完善医保支付标准和支付方式。出台重特大疾病补充医疗保险方案，允许利用医疗保险个人账户的余额购买重特大疾病补充医疗保险。探索建立劳动能力鉴定专家工作评估制度，完善专家退出机制。

多维度加强宣传引导，实现社保宣传全面化。进一步完善对口联系、新闻通气等制度，加强与主流媒体的合作，增强主流媒体的权威声音；广泛利用新兴媒体、网络及时发布信息；加强宣传队伍建设，定期进行新闻媒介素养及舆情公关应对等方面的业务培训，全面强化宣传工作，实现社会保险宣传“无死角”，营造人人参与、人人知晓社保政策的良好社会氛围。

开展社会保险法律法规执行情况检查，严厉查处企业不参保、少参保、少缴费等违反社保法律法规的行为，确保职工参保权益得到切实保障，实现应保尽保。开展2014～2015年度委托会计师事务所专项审计检查工作，审计用人单位24个月的社会保险参保及缴费情况，并对审计查出的违规行为依法进行处理，逐步推进全员足额参保。

（二）加强监督管理，促进社保基金管理科学化

修订社保基金财务管理操作规程、工伤保险案件调查取证费管理使用办法，全面提升财务管理信息化水平，进一步完善内控检查工作制度，实现业务规范透明、管理监控有效。加强对定点医疗机构、参保人就医行为的监控，对涉嫌欺诈骗保的行为人实行黑名单管理制度，确保基金使用科学合理。

加强对社保基金投资的相关调研，根据基金收支情况适时调整部分险种定期存款存期，增加基金收益。根据央行利率政策调整，及时研究政策变动后社保基金定期存款的存期安排，争取基金收益最大化。跟踪社保基金委托全国社保基金理事会投资运营情况，最大限度地实现社保基金保值增值。

（三）加快社保信息化建设，有效提高社会保险服务质量

重构社保信息系统，全面推进社保管理标准化。按照国家“金保工程”的技术规范和标准，按业务需求和同城通办的要求，对现有社保经办的信息系统进行重构，实现与国家、广东省的信息系统顺畅对接。同时，对医疗保险信息系统进行优化改造，确保医疗保险基金的安全，保障参保人就医便利。

积极推进政府各职能部门的信息共享，促进行政效能快捷化。加强与人民法院、公安、教育、民政、市场管理等部门的信息共享，通过信息自动校验和信息推送等手段，同步提高各相关部门的服务水平和办事效率，减少市民的办事环节和反复向各部门提供各类纸制证明材料的麻烦。同时，确保各项社保数据审核的及时、安全和准确。

升级社保自助服务终端机。功能升级后，投放到所有的社区街道和银行服务网点，使不需要审验资料的社保业务大部分能够在自助服务终端办理。探索少儿医疗保险及个人缴费申报通过社保自助服务终端或者委托银行代办的方式，缓解窗口工作压力。

为每个参保人建立电子邮箱，参保人的个人权益记录、办事须知、办理

进度及相关文书等可自动推送到其邮箱，同时开发 APP 服务平台，实现便民利民，降低行政费用。

（四）优化社保经办模式，有效盘活人力资源，做好便民惠民工作

逐步推行社保业务同城通办，实现服务创新化。全面梳理和规范业务用户及权限，打破区域业务限制，在全市选取有代表性的社保经办机构，试点开展社保业务通办。待业务流程和操作系统完善后，再逐步在全市社保经办机构推广社保业务同城通办，实现“一站式”服务。

进一步优化转移接续操作流程，促进转移接续有序化。继续优化内部沟通协调机制，完善转移接续部、省电子平台，实现转移接续工作快捷顺畅；加强政策操作指引，优化本地业务系统操作规则，提高转移接续工作效率；探索服务外包形式，逐步减少转移接续的工作量。

委托商业保险机构代办深圳市医疗保险异地转诊的报销业务。利用商业保险机构强大的业务网络，解决参保人异地就医的审核和现金报销的困难。

四　2015年深圳社会保险形势分析及展望

新年伊始，习近平总书记和李克强总理对深圳工作做出重要指示，强调“四个全面”，强调“包容性发展”，对推进深圳新一轮经济社会发展意义重大。经济进入新常态，对深圳社会保险工作产生深远的影响。同时，2015年是改革落实之年，各项改革措施的落地，也会使深圳社会保险工作面临新变化、新挑战、新机遇。由于深圳市医疗保险参保人数已大于统计局公布的常住人口数，失业保险和工伤保险参保人数也远远大于统计局公布的社会劳动者人数，未来一段时间深圳社保参保人数总量上将不会有大的增加，但局部结构会随着政策的变化发生一些改变。

（一）养老“双轨制”改革情况及其影响

2014 年 12 月 23 日第十二届全国人民代表大会常务委员会第十二次会

议审议了国务院《关于统筹推进城乡社会保障体系建设工作情况的报告》。《报告》指出，我国将推进机关事业单位养老保险制度的改革，建立和城镇职工统一的养老保险制度（即“双轨制”改革）。这个决定对深圳市未来养老保险体系将产生深远的影响。

1. 深圳市养老“双轨制”改革基本情况

2007 年 1 月，经原人事部批准，深圳开始试点公务员聘任制改革，改革方案中对聘任制公务员同步实施了养老保险制度改革。2010 年 5 月，深圳市出台了《行政机关聘任制公务员社会养老保障试行办法》，自 2010 年 1 月 1 日起，全市所有新进公务员实行新的社会养老保险和职业年金相结合的养老保障制度，实现了公务员和企业职工社会养老保险制度的统一。在总结评估机关聘任制公务员养老保险制度改革的基础上，2012 年该制度被进一步推广到事业单位，自当年 8 月 25 日起，事业单位新聘工作人员全部实行的是社会养老保险和职业年金相结合的养老保险制度。至 2014 年 6 月底，参加社会养老保险和职业年金的机关事业单位“新人”（即聘任制公务员和事业单位新聘人员）已超过 7000 人。

2. 改革的主要内容及成效

改革的基本思路是：采取先易后难的方式，从机关事业单位新聘人员入手实施改革，破除“双轨制”，改变现行以在职工资为基数来核定退休费并由财政现收现付的做法，建立和完善适应经济社会发展需要，既与企业社会养老保险制度相统一，又体现机关事业单位职业特点的社会养老保险和职业年金相结合的养老保险制度。

3. 改革的主要内容

第一，实施社会统筹与个人账户相结合的社会养老保险制度。机关聘任制公务员、事业单位“新人”的养老保险都和企业职工实行一样的制度。由单位（财政）和个人以月工资总额为基数缴费，分别按 14%、8% 的比例来缴纳社会养老保险费。这部分人退休后的养老金计发办法和企业职工完全一致。参保人员退休以后的基本养老金，不再跟随机关事业单位在职人员工资水平同步调整，而是与企业退休人员基本养老金统一调整。第二，建立独立的职业年金制度。职业年金制度是机关事业单位工作人员在参加社会养老保险的基础上，单位为保障其退休待遇所建立的补充养老保险的制度。筹资模式是单位（财政）按新聘人员月工资总额一定比例为其缴纳职业年金，个人不直接缴费。缴费基数为参加个人的月工资总额。月工资总额如果属于上年度深圳在岗职工平均工资3倍以内的，则缴费比例为8%；如果达到或超过深圳在岗职工平均工资3倍的，则缴费比例为9%。职业年金采取的是完全积累、建立个人账户的方式进行基金管理，其基金按国家有关规定委托符合条件的专业管理机构来投资运营。职业年金将与奖惩激励机制挂钩，对在职期间工作表现突出、立功受奖的人员给予一定倍数的奖励；对受到处分或刑事处罚的人员会予以减缴直至收回。职业年金领取条件是，退休后可以一次性或定期领取个人账户积累额；出国（境）定居的，可一次性领取；去世的，个人账户余额一次性支付给法定继承人或指定受益人。

4. 改革的影响

一是实现了机关事业与企业职工社会养老保险制度的衔接和统一。机关事业单位新聘人员养老保险与企业职工完全统一，缴费和退休后的养老金计发办法、调整办法与企业职工完全一致，破除了长期被社会诟病的“双轨制”，实现了养老的社会公平。二是畅通了机关事业单位与企业的交流渠道。新聘人员的社会养老保险可以转移和接续，职业年金便于清算和携带，打开了机关事业单位与企业之间长期存在的交流“瓶颈”，有利于人才的合理流动。三是与企业年金相对应，建立职业年金作为补充养老保险，保障了“新人”合理的退休养老待遇。“新人”将来退休后，除与企业退休人员一样享受养老保险待遇外，还可享受职业年金待遇。出国（境）定居或去世的人员职业年金余额还可以一次性领取。四是职业年金和公职人员在机关事业单位的服务年限、工作表现、奖惩情况挂钩，适应公职人员职业特点，有利于促进公职人员廉洁从政。

（二）职工生育保险参保人群和待遇变化

2015年2月9日，深圳市人力资源和社会保障局印发了《关于实施

〈广东省职工生育保险规定〉有关事项的通知》（深人社规〔2015〕5号），自2015年1月1日起，深圳市将实行新的生育保险制度。新生育保险规定不仅生育津贴计算基数发生变化，而且受惠人群扩大，职工未就业配偶也可以享受到。

1. 受惠人群范围扩大

新政策的实施，将使深圳市生育保险参保人数大幅增加。2015年以前深圳市职工参加基本医疗保险一档（即综合医保）和基本医疗保险二档（即住院医保）皆可享受生育保险待遇，这两部分约593万人。实施新政策以后，参保人数将与失业保险相当，为942万人，增加约350万人。

2. 增加新的待遇

新的生育保险待遇包括生育医疗费用和生育津贴，相比旧规，新规增加了参保人享受计划生育手术休假的生育津贴。以前只规定了符合计划生育政策的生育医疗保险参保人，其产前检查、分娩住院、产后访视、计划生育手术产生的基本医疗费用（不含婴儿费用）可以由生育医疗保险基金支付。新的规定除了生育医疗费用的表述外，还明确职工应当享受生育津贴，标准按照职工生育或者施行计划生育手术时职工的用人单位上年度员工月平均工资除以30再乘以规定的假期天数计发。在新规定下，如果用人单位的员工月平均工资高于深圳市上年度在岗职工月平均工资的，员工所拿到的生育津贴将更高。

3. 缴费费率有所上升，企业负担略有增加

《深圳市社会医疗保险办法》规定，在深圳市生育保险制度实施之前，年满18周岁且未达法定退休年龄的综合医保、住院医保参保人按下列规定同时参加生育医疗保险：①综合医保参保人，按其基本医疗保险缴费基数的0.5%按月缴交生育医疗保险费；②住院医保参保人，按其基本医疗保险缴费基数的0.2%按月缴交生育医疗保险费。原来的生育保险规定最高缴费比例为0.5%，而新的生育保险规定则把缴费费率提升为1%，这会给参保职工所在的企业增加一定的负担。

B.3

2014~2015年深圳市卫生事业发展现状、趋势与展望

李创 王建中*

摘　要： 2014年，深圳市医疗卫生改革发展成效显著，基层医疗服务能力进一步提升，公立医院改革在一些深层次矛盾问题上取得了新的进展，全市社会办医蓬勃发展，高层次医疗人才引进取得重大突破，医疗水平进一步提升。2015年，全市医疗卫生工作要深入贯彻落实党的十八大，十八届三中、四中全会精神，按照市委市政府实施“三化一平台”战略，打造深圳标准构建质量发展新优势，建设国际化医疗中心的工作要求，继续啃医改“硬骨头”，继续引进和培养优质医疗资源，继续提高行业治理水平，争取全市医疗卫生事业迈上新台阶。

关键词： 医改　医疗卫生三名工程　行业治理　提质增效

一　2014年深圳市卫生事业发展现状

2014年，全市卫生计生系统围绕创新医疗体制机制、跨越式提升医疗技术水平、提高卫生计生治理能力、保障公共卫生安全、保持稳定的低生育

* 李创、王建中，深圳市卫生和计划生育委员会。

水平等目标任务，认真落实市委市政府和上级卫生计生部门的各项决策部署，圆满完成了各项工作任务。

（一）医疗卫生体制深入推进

一是公立医院改革深入推进。初步完成了以南方医科大学深圳医院、中国医学科学院肿瘤医院深圳医院为改革样板的现代公立医院制度设计。在新建市属医院推行“去行政化管理”，取消了医院的行政级别；建立医院法人治理结构，推进医院管理团队职业化建设；实施岗位管理、工资总额动态管理、薪酬分配新机制。建立了与公立医院提供的基本诊疗服务数量、质量和群众满意度挂钩的财政补助新机制，试点建立以完成临床操作/手术的数量、质量和难度为主要指标的临床医师专业技术等级评价制度。推动了医用耗材的联合采购，一次性注射器等采购成本下降了28%。二是基层服务能力持续提升。各区结合实际完善社区健康服务管理体制，加强对社区卫生服务资源的统筹协调和业务指导力度；大力推动社康中心标准化建设，完成基本设备标准化配置项目投资额80%以上，下达资金达到4.2亿元。全市9个区对政府办社康中心房租实现全额补助。社康中心编制人数较上年增加了269名，新招录全科医师规范化培训学员219名。大力推进家庭医生责任制服务项目，老年人、慢性病和精神病患者等重点人群签约率达到54.5%。光明新区制定了家庭病床服务方案、工作手册等配套文件，全年建床100张。福田、罗湖等区试点推动了“医养结合”项目。三是社会力量办医实现新突破。取消了社会资本举办医疗机构的数量限制和医疗机构选址的距离限制。推进了5个社会资本与高水平医学团队合作举办三级医院的项目，龙华新区福龙路与简上路交会处地块成为全市首块进行招拍挂的社会办三级医院用地。社会办三级医院增加至5家。4家医院入选香港艾力彼医院管理研究中心中国民营医院百强排行榜。社会办医疗机构完成全市门诊量的25.1%。

（二）卫生治理能力现代化水平不断提升

一是立法工作取得新的进展。正式实施了《深圳经济特区控制吸烟条例》，颁布了《深圳经济特区无偿献血条例》，《深圳经济特区医疗条例》有望在2015年内颁布实施，开展了《深圳经济特区医疗急救条例》立法调研。二是行业管理规范进一步完善。启动了《深圳市卫生和计生事业发展“十三五”规划》编制工作。完善了医疗、社区卫生、公共卫生服务机构运营、服务标准。《院前医疗急救指挥信息系统基本功能规范》、《医用布草洗涤规范》等成为国内首个地方标准。6项中医药标准获ISO国际标准立项。三是卫生计生综合监管力度进一步加大。共办理卫生行政处罚案件3174宗，责令停产停业5户，吊销许可证7户。查处违法生育案件6件。查办了深圳山厦医院、福永妇科医院、内地孕妇赴港胎儿性别鉴定等一批重大典型案件。工作场所职业卫生监管位于全省前列。四是医疗执业环境进一步好转。落实了医疗卫生行风建设的“九不准”要求，医患双方签订了不收不送“红包”协议。配合市司法局在全市所有医院设立警务室，对暴力伤医事件保持“零容忍”。南山区医疗纠纷调解中心挂牌成立。28家医疗机构为医务人员购买了医疗责任险。

（三）“医疗卫生三名工程”取得重大进展

一是政府支持力度空前。市政府发布了以引进和培育名医（科）、名医院、名诊所为重点的《深圳市“医疗卫生三名工程”政策措施》，在北京成功举办了“医疗卫生三名工程”合作交流会。龙岗区对引进的高端人才给予个人税后100万～250万元补助。罗湖区安排2000万元作为名医诊疗中心建设专项经费。二是名医（科）、名医院、名诊所聚集效益增强。引进10个医学院士团队、16个高水平医疗团队，合作建设医学重点学科、工程实验室。引进北京大学医学部、中国医学科学院肿瘤医院、南方医科大学等来深合作办院；盐田区与中南大学湘雅医院签署合作办院协议；福田区积极主动引进中山大学等名校名院托管区属医院。各有关单位与国际神经外科联合会、休斯敦医学中心、澳大利亚墨尔本大学等开展医疗卫生合作项目洽谈。福田、罗湖、大鹏、宝安等区大力推动名医诊疗中心建设，为国内外名医名家到深圳开设独立诊所、工作室提供便利。三是医学交流和培训呈现新局面。从本科、硕士和博士毕业生中招录的住院医师规范化培训学员的每年生活补助标准分别提高到7.2万元、8.4万元、10.2万元；全年招录住院医师规范化培训学员620名。与克里夫兰医疗中心、新加坡专业教育培训中心等知名医学机构达成境外培训项目意向；派出医疗骨干外出进修培训603人次。与麻省总医院、休斯敦医疗中心、梅奥诊所等80个境内外知名医学机构建立了友好医院、学术交流、人才培养等合作关系；举办全科医学论坛、环球急诊医学会议、深圳外科论坛等国家级、国际医学学术会议18场次。四是医疗技术水平实现跨越式发展。4个新区大力完善区级医疗卫生服务体系，主动与市属医院、深圳大学结对组建医疗联合体；宝安、龙岗区大力推动街道医院改扩建和能力提升工程。全市“三甲”医院总数增至10家，国家级、省级临床重点学科分别增至12个、68个。全市卫生计生系统摘得2013年度市科学技术奖10项大奖，市第二人民医院院长蔡志明获“市长奖”。北大深圳医院等4家医院在全国“品管圈”大赛中获奖。五是中医药服务能力得到新提升。平乐骨伤科医院获评为“三甲”医院，全市“三甲”中医院增加至3家。福田、盐田、南山、宝安、光明5个区（新区）通过创建全国基层中医药工作先进单位国家级考核。南山区人民医院、宝安区沙井人民医院通过“全国综合医院中医药工作示范单位”现场评审。宝安区中医院设立中医院士工作站。市中医院等单位设立了“国医大师工作室”、“名中医工作室”、“中医流派传承工作室”。

（四）公共卫生管理服务能力再上新台阶

一是重大传染病疫情联防联控机制进一步健全。与相关部门建立了埃博拉等重大传染病疫情、人畜共患病、气候相关疾病和病媒生物的联防联控机制。有效控制了人感染H7N9禽流感、登革热等重大传染病疫情。全年共报告处置391起暴发疫情。二是公共卫生服务能力显著提升。市疾控中心成为广东省授权开展埃博拉检测的两间实验室之一。市职业病防治院正式获批职业卫生技术服务甲级资质。福田、罗湖、宝安区成为全国艾滋病综合防治示范区。主动式社区治疗模式（ACT）荣获中华精神科学会“精神分裂症回归社会杰出贡献奖”。三是医疗急救能力稳步提升。建立了国际创伤生命支持培训基地，成立了国际野外医学协会“中国120培训分部”。提高了院前急救以奖代补标准，开展了救护车“无忧避让”行动，新增布心急救站1个，开展了急救知识传播“快闪”活动，在东门、蛇口新增两个固定捐血点。四是健康促进行动成效显著。建成198家健康促进单位，建成心理卫生进社区示范社康中心182家。莲塘、坪山、西乡街道通过“广东省农民工健康促进行动示范基地”评审。控烟工作获得世界卫生组织2014年度健康城市最佳实践奖。

（五）医疗卫生服务资源持续增加

一是政府投入力度持续加大，医疗卫生资源持续增长。全市财政对卫生事业投入总计约87.59亿元，比上年增长24.6%，其中卫生事业费约67.75亿元，增长17.1%；固定资产投入约12.19亿元，增长59.2%。新增各类卫生机构556家、病床2415张；千人病床数为2.98张，千人医师数2.56人，分别比上年增长8.3%、7.4%。二是27个市属卫生重大建设项目、11个区属新改扩建医院项目顺利推进。市第二人民医院内科楼、北大深圳医院外科楼、市人民医院龙华分院二期改造3个项目投入使用；宝荷医院顺利试业；市新安医院开业筹备工作，新明医院、聚龙医院等10个项目建设工程，口腔医院、新华医院等12个项目有序推进。西丽人民医院新住院大楼，福田区人民医院、中医院改扩建，罗湖区中医院莲塘新院、罗湖区人民医院改扩建，宝安区中心医院、福永、沙井、松岗、石岩人民医院改扩建一期，横岗人民医院改扩建等工程有力推进。三是信息资源整合应用取得新成效。制定了《深圳市人口健康信息化规划纲要》，发布了《深圳市区域卫生信息平台功能规范》等7个标准。初步建立市医管中心综合管理平台。医院预约诊疗量较上年增加62%，在市儿童医院等6家医院实现诊疗全过程的持卡就医。“市民健康卡”实现与银联芯片借记卡、深圳义工卡的对接。市属医院实现预约挂号费、诊金在线支付，检验检查结果电子邮件投递，推动了远程医学、转诊转介平台、网络医院建设。

二　对当前卫生工作形势的分析

（一）存在问题

特区成立以来，卫生事业快速发展，但医疗卫生行业的规模总量、供给结构、水平质量与城市发展地位不匹配，与群众健康需求不适应，主要体现在以下几个方面。

一是医疗卫生资源随着人口规模的急剧增长而快速增加，但与一线城市相比尚有较大差距。2013 年千人床位数 2.75 张，尚未达到全国 4.55 张的平均水平，仅为北京（4.92 张）、上海（4.73 张）的 55.9%、58.1%。2013 年每千人医生数为 2.39 人，达到全国 2.04 人的平均水平，仅为北京（5.85 人）、上海（4.05 人）的 40.9%、59%。[①]

二是顺应人群医疗保健的需求，医疗技术水平和质量有较快的提升，但与京、沪、穗等全国区域医疗中心城市相比，尚有较大的差距。全市有三甲医院 10 家，北京、上海和广州分别有 51 家、36 家和 43 家。全市仅有 14 个国家级重点学科，而北京、上海和广州分别为 165 个、137 个和 70 个。

三是医药卫生体制改革取得了初步进展，一些重大体制机制改革破题，为全国提供了经验，但改革的综合性不强，尚未形成系统完备、科学规范、可供复制的制度体系。基本医疗卫生制度尚未定型，医疗、医保、医药、价格改革的衔接互动效应尚未完全体现出来；社区健康服务中心建设水平有待提高，基本医疗卫生服务的均等化水平不高；公立医院不合理的逐利机制尚未完全破除，一些医院存在等待观望的思想，内部运行机制改革尚未到位；民众传统的就医选择和习惯，带来大医院看病难问题尚未有根本性的解决；鼓励社会力量办医的政策叠加效应尚未充分释放，高水平、上档次的民营医院、外资医院缺乏，多元化办医格局尚未达到医改目标。

---

① 以上数据为《2014 中国卫生和计划生育统计年鉴》数据。

四是公共卫生体系建设国内领先，但联防联控机制和健康管理水平有待提升。深圳市重大疫情防控成效显著，甲乙类传染病发病率、孕产妇死亡率、婴儿死亡率、5岁以下儿童死亡率等公共卫生指标全国领先。但是公共卫生服务均等化水平有待提升，人均基本公共卫生经费为43元，约为北京和上海的60%和75%；重大公共卫生事件的应急体系和联防联控机制不够完善，综合协调管理能力有待加强，对市民的健康管理水平有待提升。

（二）优势条件和机遇

做好新时期的卫生工作，也面临一些优势条件和机遇。

一是医疗卫生和健康产业发展迎来跨越发展机遇。国家高度重视医疗卫生和现代医疗服务业的发展，着力推动医药卫生体制改革，陆续出台推动公立医院改革、促进社会资本办医、发展健康产业的实施意见，从顶层设计上逐步解决深化医改的配套政策问题，支持公立医院改革试点城市在建立分级医疗体系、合理的医务人员薪酬体系、合理的医疗价格体系、药品招标采购制度等重大体制机制改革方面先行先试，探索经验。

从深圳市的情况看，在经济转型基本成功、财政收入得到较大提高的基础上，市委市政府把更多的精力、财力投入到了民生领域。国家部署深化医改工作以来，市政府对医疗卫生投入从2008年的31.7亿元增长到2003年的105.6亿元。2014年以来，市政府提出将深圳打造成为国际区域医疗中心城市、国际一流的生命健康产业基地的宏伟目标，陆续出台实施“医疗卫生三名工程”、引进临床型医疗人才、鼓励社会资本举办三级医院、扶持生命健康产业发展等一系列政策措施。这为深圳医疗行业的跨越式发展注入了一支“强心剂”。

二是深圳具有打造国际区域医疗中心城市的优势条件。第一，有巨大市场需求的优势。深圳市人口超过1500万，城市服务覆盖华南地区、粤港澳大湾区、东南亚地区、东盟经济圈。第二，有经济支撑的优势。经济总量全国第四，跻身全球城市300强。第三，有市委市政府强有力的财力和政策支持的优势。第四，有人才创业的氛围和创业人才聚集的优势，深圳的城市环境适合医疗人才居住、创业。第五，有配套产业的优势。深圳是一座开放之城、创新之城和绿色之城，市民接受医疗新模式和新技术的程度高；具有完善的综合创新生态体系和发达的生物、生命健康产业体系，为开展医疗科研、技术创新以及科研成果临床转化应用提供了良好的支撑。

三 下一步工作思路

（一）基本思路

一是突出市场化导向。更好地发挥市场在医疗资源配置中的决定性作用，建立有序竞争的医疗市场；更好地发挥竞争激励机制作用，促进管理效率、服务效率和质量水平的提升。

二是突出法治化导向。配合人大推进《深圳特区医疗条例》、《深圳特区公共卫生条例》等特区卫生计生法规的立法，加强医疗行业规划管理，完善准入制度，健全服务和监管标准，深化医院依法治理，推进计生依法行政，提升依法监管、依法治理水平。

三是突出国际化导向。推进医疗管理和公共卫生服务管理向国际水平看齐，大力引进国际一流品牌和团队，同时加强与国际先进城市和相关机构的交流和合作，提升管理水平和人才培养成效。

四是发挥试验田作用。充分发挥深圳市作为城市公立医院改革试点城市的作用，在医药卫生体制改革、计生综合改革中先行先试，为全国、全省改革提供试点经验。

（二）主要目标

两制度：建立比较成熟定型的基本医疗卫生制度、现代医院管理制度。

两定位：建设国际区域医疗中心城市、国际一流的公共卫生管理城市。

（三）主要措施

1. 推进卫生计生治理体系和治理能力现代化

（1）完善特区卫生计生法规规章。配合制定《深圳经济特区医疗条例》、《深圳经济特区公共卫生条例》；修订《深圳经济特区无偿献血条例》、《深圳经济特区社会医疗急救条例》、《深圳经济特区健康促进条例》等专门法规，抓好《深圳经济特区人口与计划生育条例》、《深圳经济特区控制吸烟条例》、《深圳经济特区心理卫生条例》等法规的宣贯工作，形成上下统一、左右协调、内在和谐、有机衔接的特区医疗行业法规规章体系。制定《深圳市公立医院管理中心暂行办法》和公立医院章程，完善信息公开制度，促进医疗机构依法治理。支持社会力量建立医疗行业专业法律顾问团队，为医疗卫生行业的依法管理、医疗机构的依法运营提供法制保障。开展卫生计生系统群众性法治文化活动，推动努力做到政府依法行政、部门依法管理、卫生计生机构依法执业。

（2）强化医疗卫生行业规划管理。完善区域卫生规划和医疗机构设置规划，促进公立与非公立医疗机构、基本医疗与高端医疗服务资源合理布局，构筑具有深圳特色、时代特征的基本医疗卫生服务体系和现代医疗服务业态；以规划促进医疗市场合理竞争，促进基本医疗卫生服务均等化，构建多元化办医格局，形成建设国际区域医疗中心城市的生动发展局面。

（3）简化准入管理，提高办事效率。进一步规范医疗机构设立、医护人员注册的基本标准、审批程序，简化申报材料、审批和注册流程，取消不合理的前置审批事项，推行网上申报，支持医疗行业社会组织承接医师、护士注册事务，充分调动各类医疗市场要素的积极性。进一步规范计生证明出具和查验证程序，推行办证申请、查环查孕、发放证明“一站式”服务，建设网络查验和手机查验系统。

（4）健全医疗服务标准和管理规范。健全公立医院资源配置、服务提供、运营监管等运营管理标准，以此促进所有权与经营权分离；推动基本医疗服务均等化，研究深圳经济特区健康产业标准，推广中医药系列标准与规范；支持医疗行业社会组织和专家团队开展政策标准和服务规范研究，建立医疗行业评审评价标准体系，建立与国际接轨的医疗质量认证制度。

（5）建立卫生计生综合监管机制。进一步整合卫生计生监督执法职能，加强与食品药品监管等部门的协作，健全综合执法体系。建立平安医院建设部门联动机制，营造良好医疗秩序和医疗执业环境。推动医疗诚信体系建设，建设医务人员诚信执业管理系统，促进医务人员规范医疗执业行为，养成良好的职业操守。

2. 建立比较成熟定型的基本医疗卫生制度

（1）建立分级医疗体系。推动社区健康服务中心标准化建设，解决固定业务用房问题，提升基本设备配置档次；推动基层医疗机构服务全科化，建立与国际接轨的全科医师和家庭医生服务制度；实施街道医院提质增效计划，保障每一个街道有一家达到二甲标准的街道医院；推动大医院服务专科化，通过经济杠杆引导其向基层医疗机构分流普通门诊和康复期病人。发挥价格、医保在促进市民到基层医疗机构首诊的引导作用。

推动医疗联合体建设，组建以三甲综合医院为牵头单位，区域内其他医疗机构共同参与的医疗联合体；错位配置医联体内各成员单位的功能，完善资源共享、费用结算、分工协作、分级医疗、结果互认等运营机制，推行统一的运营管理和基本医疗服务标准，使大医院与基层医疗服务机构之间全面建立诊疗用药，上转急危重症患者、下转康复期病人的衔接制度。

（2）完善基本药物制度。督促各级医疗机构落实基本药物优先采购制度；支持医管中心建立药品、医用耗材的集团化采购模式，适时组织全市公立医院联合采购、集中议价，降低采购成本。

（3）健全医疗保障体系。支持和协助社保部门完善重特大疾病保障机制，根据医保筹资水平和可持续保障能力，积极稳妥地扩大报销项目，提高报销比例。大力支持商业医疗保险业的发展，形成与多元化办医格局相适应的医疗保障体系；探索利用医保基金购买商业重特大疾病补充医疗保险；开展基于 DRGS 的按病种付费机制研究，完善总额控制下的复合式支付方式。

（4）提升公共卫生均等化水平。开展影响全市居民健康的重点疾病的流行病学调查和卫生经济学分析，研究经济有效的预防控制手段，以此调整全市公共卫生服务项目，提高项目实施效果。深入推动医疗和计生服务资源整合，保障计生技术服务安全，推动基本计生服务均等化。

3. 建立比较成熟定型的现代医院管理制度

（1）推动全市公立医院一体化管理。在全市公立医院推广市属医院的运营管理标准；委托市医管中心统筹公立医院的医疗质量监督与运行绩效考核工作，建立各临床、医技、护理等专业的质量控制中心，推进医院质量控制体系的标准化建设。借鉴国内国际有益经验，研究将区属医院纳入医管中心统一管理的其他可行路径，如资产转移、委托管理、医疗联合体等。

（2）深入推进公立医院综合配套改革。在全市新建公立医院推广中国医学科学院肿瘤医院深圳医院、南方医科大学深圳医院的现代医院管理制度；建立法人治理结构，推动公立医院所有权与经营权分离；取消公立医院的行政级别，推进医院管理团队职业化建设，健全人财物和业务管理运行机制和监管制度。推广市属公立医院的绩效考核、临床医师专业技术等级评价、门诊便民服务中心、急诊预检分诊、检验检查结果互认、“品管圈”、整合医学等改革试点经验。

进一步健全公立医院“四个分开”后的运行机制、监管机制，重点推动医疗价格结构改革，建立体现医务人员技术劳务价值的医疗价格体系和动态调整机制；建立引导医院更好兼顾成本和质量的医疗收费方式；推动人事制度综合配套改革，建立合理的工资总额管理制度和医务人员薪酬分配制度。

4. 推动社会医院和现代医疗服务业的发展

（1）完善支持社会力量办医普惠政策。进一步细化用地、价格、财政、医保、人才、科研、政府购买服务、大型设备配置等社会力量办医普惠政策；落实对社会办医疗机构在重点专科建设、职称评定、医学继续教育、学术地位、等级评审、技术准入、医疗联合体建设等方面享受与公立医院同等待遇的政策，扶持一批水平高、信誉好、潜力强的社会办医疗机构做大做强。

（2）助力提升社会医院品牌和信誉度。积极促成国内外高水平学科团队与医疗集团来深合作发展三级医院，促进五个三级社会办医院项目开工建设。支持社会资本开设国际名医医疗中心，为国内外名医名家开设独立诊所或工作室提供便利。探索建立公立医院与社会资本合作新模式，支持公立医院在保障资产安全、优先满足市民基本医疗服务的基础上，以特许经营的方式与社会资本合作，向社会办医院输出医疗和管理专才。

（3）支持现代医疗服务业的发展。支持社会力量发展独立的医学检验、影像、消毒供应、病理诊断等临床检验检查、专业后勤服务机构。鼓励社会力量举办康复护理机构，促进综合医院、康复护理机构、基层医疗机构建立分工合作的多元化康复护理体系。鼓励社会力量发展中医药医疗、养生、保健服务机构，探索护理服务社会化。

5. 全力将深圳打造成为国际区域医疗中心城市

深圳的医疗资源总量不足，既是问题，也可以转化为优势。深圳可以通过推动增量部分的改革创新，带动对存量资源的结构调整和改革引领，创造其他城市无法比拟的发展新优势。比如，可以实施“借壳提升策略”，利用新建医院，引进国内外名校名院到深圳建设医疗、教学、科研平台，在短期内快速填补深圳高水平医学院校、科研平台的不足，形成国内外各类医疗学术流派在深圳聚集的“百花齐放、百家争鸣”的发展局面。实施“科技强医策略”，紧密对接医学科技与临床应用链条，促进深圳医疗机构通过率先应用高新医疗技术实现转型升级，培育一批掌握国际前沿医疗技术的高科技型名科名院。

根据“医疗卫生三名工程”的政策指引，深圳将重点推动以下几项工作。

第一，实施国内外名院名校深圳总部集聚计划。按照所有权与经营权分离的方式，支持市医管中心、各区卫生计生行政部门委托名校名院合作运营公立医院，支持境内外有实力的投资集团与高水平医院管理团队、学科团队联合举办高水平社会办医院。

第二，实施优质医疗资源整合和辐射计划。指导三级医院按照各自发展定位、瞄准国内标杆医院实施品牌提升计划，与国内医学学科排名前十的高水平团队开展合作洽谈，引进其来深建设品牌专科，打造一批在国内国际具有一定影响力的重点学科。

第三，促进医疗与科教、产业、信息紧密对接。将深圳市医科院建设成为高水平临床医疗技术转化平台和高层次医学科研人才集聚基地。促成基因测序、干细胞等一批国内外先进医疗技术在深圳医疗机构率先应用，培育一批掌握国际前沿医疗技术的高科技型名科名院。支持国内外知名医学院校来深合作创办深圳临床医学院、护理学院、特色学院、公卫学院、医院管理学院。支持在深医学院校探索与国际接轨的精英化医学人才培养模式。推动卫生计生信息大联网，建设卫生计生大数据中心，为全行业的服务管理、政策研究、科技创新提供数据支撑。发展网络医院，建设市民就医网，为市民提供一站式的网上预约诊疗、缴费、查询检验检查报告、转诊转介、网上购药及通过可穿戴设备提供健康管理等服务。

第四，深化与国内外医学机构的交流与合作。资助医疗卫生单位举办全球性、亚洲区域性、全国性高水平的医学学术会议。支持医疗机构与境外知名医学组织机构建立友好医院、姐妹医院等长期稳定的合作关系，参与国家级学术研究、交流合作，扩大深圳医疗行业的国际影响力。

6. 建设国际一流的公共卫生管理城市

（1）完善公共卫生服务体系。瞄准国际最先进的公共卫生服务体系，加强公共卫生服务体系薄弱领域和环节的统筹规划和建设。完善病原微生物监测和检测体系，加强热带病、艾滋病、结核病监测网络、检测能力和救治体系，主要气象相关疾病预防服务体系建设。完善职业健康管理、中医“治未病”服务体系；完善生活饮用水卫生监控体系。提升市医疗急救中心、信息中心、血液中心建设水平，健全公共卫生大数据中心。加强薄弱和重要领域公共卫生人才培养，开展全市基层公共卫生人员培训，完善公共卫生学科与人才评价指标体系。瞄准国际最先进的研究领域和研究方向，建设循证公共卫生与卫生经济学、食品与营养卫生学等公共卫生重点学科。

（2）创新公共卫生管理模式。统筹疾病预防、慢性病防治、职业病防治、健康教育、妇幼保健等综合管理，推动公共服务均等化。完善重大疫情防控部门联动和技术协作机制，完善重点疾病及新发传染病的监测、预警预报和防控体系，健全公共卫生预警信息报告社会发布制度。充分利用卫生计生大数据库，开展本市疾病谱以及各类疾病的影响因素分析，提高疾病预防控制的针对性和科学性。完善医院—社区一体化慢性病防治、精神卫生服务模式。优化妇幼保健、生殖健康、学校卫生和老年护理服务模式。

（3）提升健康综合管理水平。建立全人群健康素养监测指标体系和网络，探索全人群健康素养综合干预模式。完善公众健康教育场所规划建设，全面开展全民健康生活方式行动，推广普及健康生活方式。将医院—社区一体化健康管理与家庭医生责任制服务结合起来，为市民免费提供预约、体检报告解读、慢病随访、复诊提醒、保健咨询及健康监测等综合性健康管理服务，满足对市民及其家庭的个性化健康管理需求。

B.4

2014～2015年深圳公共文体服务的现状、趋势和展望

高小军*

摘　要：本文回顾了2014年深圳在公共文体服务设施和体系建设、公共文体服务产品、公共文体管理机制、公共文体法治政策等方面取得的成绩和存在的问题，并对将来的深圳公共文体服务特区一体化、法治化、社会化发展趋势进行了分析和展望。

关键词：深圳　公共文体服务　均等化　一体化

随着党的十八大和十八届三中、四中全会精神的全面贯彻落实，2014年深圳市公共文体服务在进一步完善基础设施建设的基础上，促进公共文体服务水平的提升，努力推进转变公共文体发展方式和推动体制机制改革，各项工作取得了较为显著的成绩，为建设现代化国际化先进城市做出了积极贡献。

一　2014年深圳市公共文体服务体系建设回顾

2014年深圳市的公共文体服务体系建设进展情况，可概括为以下四个方面内容。

（一）公共文体设施建设

2014年，深圳文体设施建设稳步推进。深圳艺术学校新址主体工程顺

* 高小军，深圳市文体旅游局。

利完工，当代艺术与城市规划展览馆建设稳步推进，深圳美术馆新馆、深圳图书馆调剂书库成功立项，中国（深圳）设计博物馆、深圳博物馆老馆维修改造前期工作进展顺利。新增自助图书馆20台，并在开展自助图书馆运营绩效考核的基础上优化服务点布局，不断提升自助图书馆服务效能。推出监控与统计分析平台，完善“图书馆之城”统一服务合作机制。南山文体中心、中国版画博物馆建成开放，宝安体育中心综合训练馆主体工程完工，宝安青少年宫、坪山中心区文化综合体等一批区级文化设施建设加快推进。

此外，在公共文体设施建设与管理吸引社会资本投入公共文化领域方面做出了积极尝试。如政府投资建造南山文体中心硬件设施，由佳兆业文化体育（深圳）有限公司与其联合体单位深圳市聚橙网络技术有限公司运营管理，并签约保证一定的公益性活动。龙岗区政府则通过社会融资、政府投资、社会运营等多种方式探索公共文体设施的加速建设和布局，例如布吉文体中心以BTO投融资模式建设，通过配套文化馆、图书馆、电影院、展示厅、体育中心等服务设施，总投资5.5亿元，实现了通过社会化方式解决政府面临的文体设施建设经费投入不足的问题。

（二）公共文体服务产品

市文体旅游部门继续实施文化惠民工程，将更多资源投入公共文体产品和服务的提供上来。群众文化活动方面，精心组织新春艺术关爱系列活动，深入开展公益文化进社区活动，把630余场高雅艺术送到市民家门口。全年举办周末剧场、戏聚星期六、剧汇星期天、粤剧在周末、美丽星期天等周末系列活动300场，丰富市民周末文化生活。开展“南粤幸福周”系列活动71项，丰富基层群众的业余文化生活。福田区“莲花山草地音乐节”，罗湖区国际摄影周，龙岗区“迷笛”、“热波”、“草莓”三大音乐节等活动深受市民欢迎。成功举办文博会艺术节、第三届深圳合唱节、2014深圳戏剧节、深圳中外艺术精品演出季、第18届深圳大剧院艺术节、第三届“艺术大观”、第十届深圳（大梅沙）沙滩音乐节、首届“戏曲交响乐”、首届深圳文学季、2014中国（深圳）童话节、第三届深圳儿童戏剧节、第五届深圳粤剧周、第二届青少年粤剧粤曲大赛、第二届深圳钢琴音乐节、草莓音乐节、首届民俗文化节等丰富多彩的文艺活动。全市组织新春艺术关爱系列活动，2014年春节期间深圳市举办各类文体旅游活动共1296项。落实“三馆一站”免费开放奖励经费400万元，加大免费服务经费保障力度。

2014年新增自助图书馆20台，自2008年第一台自助图书馆投入试运行以来，深圳共有220个自助图书馆服务点遍布全市街道、社区以及大型工业区，它们和全市212家公共图书馆实现了通借通还，并在开展自助图书馆运营绩效考核的基础上，进一步优化服务点布局，不断提升自助图书馆服务效能。公共图书馆系统推出监控与统计分析平台，进一步完善了全市“图书馆之城”统一服务合作机制。

继续深入推进全民阅读，策划“4·23世界读书日”系列活动，组织市民阅读座谈会、中华商务图书文化100年展览等95项172场。筹备成立深圳阅读推广人协会，举办阅读推广人培训班。

博物馆事业稳步发展，全年引进“洛杉矶郡艺术博物馆藏印度文物精品展”、“景德镇出土成化官窑瓷器展”等10多个国内外精品文物展览，全市文博系统共举办各类展览100余场，接待观众200多万人次。积极指导和扶持民办博物馆发展，10家民办博物馆获得300多万元门票、展览补贴，新增民办博物馆6家，全市民办博物馆增至27家。全年征集近代文物及小平同志蜡像等改革开放史实物300多件（套），100件（组）改革开放史实物被认定为国家二级、三级文物。

成功举办全国新年群众登高、全民健身日、市民长跑日等系列活动，深圳首次成为全国新年登高活动主会场。“为爱奔跑”盐田山地马拉松、大鹏新年马拉松、深圳（大梅沙）国际风筝节等已成为深圳市全民健身活动品牌。精心组织全民健身活动月系列活动，投入1300多万元通过政府购买服务方式委托单项体育协会开展100多项全民健身活动和赛事，调动了体育单项协会的积极性。成功承办全国航空模型公开赛、广东省桥牌锦标赛、中国业余网球公开赛（深圳白金站）、极限运动挑战赛、中国乒乓球协会会员联赛（深圳站）等多项全国性群众比赛，为广大群众搭建展示平台。

宝安区推动开展“文化春雨行动”，大力发展“文化钟点工”、“文化义工”、“文化辅导员”，积极探索面向个人实施公共文体服务产品采购的模式，它作为深圳唯一项目，获文化部颁发的全国文化志愿者先进示范项目证书。2014年3月福田区正式启动国家公共文化服务示范区创建工作，未来两年区财政预计投入8亿元用于继续完善公共文化设施和文化活动、文化服务、队伍建设等方面。

（三）公共文体管理机制

公共文体事业单位法人治理结构改革深入推进，5家公共文化场馆新设理事会。建立事业单位法人治理结构是创新文化事业单位体制机制重大改革举措。2014年，深圳博物馆、群艺馆、关山月美术馆、少儿图书馆、深圳美术馆5家市属文化场馆正式组建理事会，全面推进法人治理结构改革。通过建立公共文体机构理事会吸纳社会各界代表、专业人士、市民群众等参与公共文体事业单位的决策和管理，从而凸显公共文体服务能够最大限度地保障各方面的人士对文化及健身的权利和需求，同时扩大参与决策和监督的人员范围，有利于激发文化事业单位的活力，完善激励约束机制，促进运行效率提高，提升公共文化服务水平。福田区作为国家公共文化服务体系示范区，积极探索公共文体事业单位理事会改革，2014年，先后创新成立了文化议事会、专家咨询会和公共文化机构理事会等“文化三会”，引入社会力量，实现了公共文化服务的社会化发展。

（四）公共文体服务政策

公共文体服务政策方面，深圳市按照党的十八届三中、四中全会精神，继续深化公共文体服务体制机制政策方面的改革力度。2013年底，深圳市委宣传部、市文体旅游局、市文明办、市“志愿者之城”建设工作领导小组办公室联合印发了《深圳市推进文化志愿服务工作方案》，规范和健全了“文化志愿者”服务的相关组织、认定、管理、激励措施，明确建立和健全市、区、街道三级文化志愿服务的网络体系，鼓励社会力量以赞助和捐赠的形式参与文化志愿服务，以及为开展文化志愿服务提供资金或物质方面的支持。为了配合这一工作方案，2014 年 3 月，深圳出台了《深圳市文化志愿服务促进办法》，成为全市文化志愿服务出台的第一个部门规范性文件，该文件明确了文化志愿者的使命、目标、激励措施等，为公共文化志愿者的组织和发展指明了方向，制定了举措。据统计，目前深圳全市拥有文化志愿者约 1.7 万人。

2014 年，深圳在公共阅读政策方面，做出了大胆探索与尝试，在全国率先起草《深圳经济特区全民阅读促进条例》，《条例》（草案）重点针对公共文体服务的重要组成部分——公共阅读或全民阅读，确立了“全民阅读决策指导制度”等十大制度的设计。一方面，明确和规范政府在全民阅读推广和提供公共阅读服务与产品中的定位、职责与使命。针对全民阅读，政府应该提供哪些资源、产品和服务成为政策关键。另一方面，明确各类社会主体参与全民阅读的权利与义务，构建政府、社会、个人推动全民阅读互动共建机制，推动政府职能转变，切实推动全民阅读长效机制建立。11 月，《条例》（草案）开始在网上进行公示，广泛征求社会各界的意见。目前，《条例》（草案）已经经过近 50 次的修改，将尽快进入市人大审议，有望在 2015 年上半年出台。

《深圳经济特区促进全民健身条例》正式颁布，深入总结深圳全民健身促进工作经验，通过立法形式巩固全民健身成果，为全民健身服务提供坚实的法律保障。明确了财政资金投资建设面向社会开放的体育场，体育馆应当全年向市民开放，确定 11 月为全民健身月。医疗保险个人余额可用于健身消费、公立学校体育设施向社会开放、公共体育场馆每周开放时间不少于 56 小时等全民健身激励保障条款写入《条例》。

二　2014深圳公共文体服务发展的趋势与展望

回顾 2014 年，深圳市公共文体服务体系建设当中突出体现以下三个发展趋势。

（一）原特区内外公共文体服务一体化趋势加速

2010年特区扩大到全市后，老特区与新特区之间公共文体服务由于历史、体制和投入等原因，事实上的差距明显。尤其是老特区与四个功能性新区的公共文体服务的差距显著。为进一步缩小原特区内外在公共文体设施建设及服务方面的差距，2014年，深圳在促进特区内外公共文体服务一体化、均等化、普惠化方面的步伐有所加速。

公共文体设施建设方面，新建市级大型公共文体设施加速在原特区外地区布局，深圳美术馆（新馆）、深圳图书馆调剂书库等市级文化设施完成立项，落户龙华新区。一大批区级公共文体设施也加速在原特区外布局。2014年，龙岗区以打造“一刻钟文体休闲服务圈”为目标，加快区域内公共文体设施建设和布局，通过推进区级、街道级、片区、社区文体与休闲基础设施建设，逐步缩小龙岗区与市中心城区公共文体设施的巨大差距。龙岗区目标是到2014年底，增加文体设施面积8万平方米以上，完成新建或改造综合公园、社区公园10个。同时，推动重大文体设施投融资示范项目——布吉文体中心建设进度，抓好社区文体公园（广场）工程建设，推进“三小”文体项目建设，做好文体与休闲设施项目储备，完善城市更新配建文体设施的相关机制。此外，龙岗区计划至“十二五”末（2015年底），增加文体设施面积18万平方米以上，人均文体设施面积达到0.89平方米；新建或改造不少于20个综合公园、社区公园，采用“新建融入、改造新增”的方式增加文体、休闲基础设施，逐步完善公园服务功能，实现有条件的公园均配置文体、休闲基础设施。龙岗区还计划至2016年末，达到或超过深圳特区一体化文体、休闲基础设施建设标准，争取部分指标在全市领先。特区公共文体设施一体化趋势明显加快。[①] 坪山新区，2014年制定出台《坪山新区公共基础设施专项规划研究及实施台账》等顶层设计文件，通过加大资金投

① 《加快推进公共文体休闲设施建设》，《深圳侨报》2014年8月12日，http://www.sz-qb.com/html/2014-08/12/content_16451.htm。

入力度公共资源全盘规划、优化配置、分步实施，使公共文体设施建设驶入快车道。2014 年，新建文化体育设施 3 项，投资近 10 亿元的坪山文化综合体建设，稳步推进，已现雏形。

公共文体服务产品方面，全市重点公共文体服务和活动向原特区外地区倾斜。市文体旅游局实施外来工文化服务工程，成功举办第十届外来青工文体节。组织公益文化进社区活动，主要面向原特区外公共文体服务及活动相对匮乏地区。此外，因地制宜，结合原特区外独特的文化、地理优势推出一系列极具特色的大型文化节庆，产生了巨大的影响力。如龙岗“迷笛”、“热波”、“草莓”三大音乐节等活动深受市民欢迎。各原特区外区、新区亦采取各种方式，促进公共文体服务的普惠化和均等化发展，通过体制机制创新克服经费投入不足、服务战线过长等实际困难。宝安区则启动“文化春雨行动”，通过“文化义工”招募、“文化钟点工”采购、“文化辅导员”招聘等措施，让具有文艺专长的志愿者、社区公共文化活动热心分子、专业文化人才都参与到公共文化服务产品供给的序列当中，从而极大地调动了广大人民群众参与公共文化服务的热情，有效破解了宝安作为外来人口聚集区，公共文化服务产品供给人均不足的问题。据统计，2014 年，通过“文化春雨行动”实现公共文化服务产品供给 2300 万人次，宝安区累计招募“文化义工”3856 人、“文化钟点工”370 名，实现了包括舞蹈、民乐、合唱、戏曲等多项公共文化服务产品订单式文化服务。光明新区，仅 2014 年上半年，共开设公益文化艺术培训 500 余堂课，培训 3000 余人次；放映电影 223 场，共吸引 2.5 万人次观看；新区还举办了青少年网球公益培训，以及网球双打双月积分赛、首届老年人乒乓球赛、外来青工定向越野赛等。①

综上，未来深圳亦将进一步加快特区一体化建设，促进公共文体服务的普惠化、均等化建设，通过文体体制机制改革，对现有的财政分级投入体制

① 《“两馆两中心”助力新区实现“文体梦”》，《深圳商报》2014 年 7 月 23 日，http://szsb.sznews.com/html/2014－07/23/content_ 2949058.htm。

进行改革。通过进一步调整原有财政投入公益事业的思路，特别是在重大文体设施、重大文化活动、基层基础服务资源等方面加大投入力度，增加重大设施项目投资，增加重大活动经费支持，增加基层基础经费补贴，改变新特区财政经费紧缺、无法增加公益文体事业投入的情况，从根本上解决新特区一体化公共文体服务滞后的问题。另外，市宣传文化事业发展专项基金以及体育彩票公益资金亦须在支持文体服务项目的方向上进行调整，对新特区的公共文体服务进行重点倾斜支持。

（二）公共文体服务法治化建设加速

深圳的公共文体服务建设历来重视以完善法律法规体系来为公共文体服务的持续性、稳定性提供坚实的保障。深圳早在 1997 年就制定并通过了《深圳经济特区公共图书馆条例（试行）》，该条例对公共图书馆的职能、服务、人员等进行规范。2006 年启动事业单位法人治理结构建设工作，率先在深圳图书馆建立了理事会，公共文体服务法治化建设走在全国前列。2014 年，深圳遵循党的十八届三中、四中全会精神，充分利用经济特区在地方立法权方面的优势，加速推进一批有影响力的公共文体服务法律法规。《深圳经济特区促进全民健身条例》正式颁布，为国家兴办的体育设施面向社会全面开放、保障市民健身权利等方面提供了法律依据。深圳在全国率先启动阅读立法工作，《深圳经济特区全民阅读促进条例》稳步推进，《全民阅读条例（草案）》共 10 章 61 条，通过确立“全民阅读决策指导制度”等十大制度的设计，将全民阅读推广纳入法治化轨道，通过明确和规范全民阅读各行为方的职责、使命、权利与义务，更好地保障和维护市民阅读权利，促进和推动全民阅读推广逐步上升到全市公共文化发展战略层面。

2015 年，中共中央办公厅、国务院办公厅《关于加快构建现代公共文化服务体系的意见》的出台，进一步为公共文体服务法治化发展提出明确目标，即“建立健全公共文化服务法律体系”，同时明确要求中央及地方层面加快出台公共文化服务保障法等相关法律法规，为现代公共文化服务体系建设提供法律支撑。加强公共文化立法与文化体制改革重大政策的衔接，加快制定地方性公共文化服务法律规范，提高公共文化服务领域法治化水平。未来，深圳公共文体服务的法制建设由个别立法逐渐转向为公共文体服务的整体立法以及公共文体服务机构立法。《深圳经济特区公共文化服务条例》、《公共图书馆条例》、《公共博物馆条例》、《公共美术馆条例》、《文化馆条例》、《文化站条例》等逐步纳入议事日程。公共文体服务机构、产品、行为将进一步实现法治化管理并通过法治化实现标准化和均等化，让法治化成为促进公共文体服务权利保障、提升公共文体服务水平、促进公共文体服务普惠化的重要途径和方式。

（三）公共文体服务社会化发展加速

公共文体服务引入竞争机制，面向市场和社会开放，让市场和社会资源能够进入政府的公共服务体系中，提供服务产品以及参与共同建设，政府也可以向市场和社会采购相关的公共服务，成为未来公共文体服务发展的重要趋势。

2014 年，深圳在促进公共文体服务社会化发展政策制定方面，通过关于政府购买服务的“1+2”文件①，其中《关于政府购买服务的实施意见》，明确了政府购买服务的指导思想和相关目录，其中包括文化教育类目。文化志愿服务方面，出台了《深圳市文化志愿服务促进办法》，明确要求各级公共文化场馆应公开发布招募信息、建立文化志愿服务档案制度、保障经费投入、采取相应激励措施等。与此同时，各区亦出台相应的促进公共文体服务社会化政策措施，激活和调动社会力量，通过建立公共文体服务政府采购、公共文体场馆建设 BOT 模式、公共文体活动面向社会招投标、设立政府公共文体基金等方式，推动多元主体参与和推动公共文体服务发展。

各区政府也积极探索公共文体服务社会化发展的政策措施。福田区自 2013 年 11 月获得第二批国家公共文化服务示范区创建资格以来，重点进行了社会力量参与公共文体服务的制度探索。2014 年，福田先后在公共文体

① 《深圳特区报》2014 年 10 月 15 日。

服务机构社会化治理、公共文体服务产品社会化采购、公共文体服务决策社会参与等方面做出了探索和创新。公共文体服务机构社会化治理方面，福田区探索公共文化机构理事会的运行机制，吸纳社会人员、专业人士、群众代表参与公共文化机构的管理与运营。公共文体服务政策社会化决策方面，通过设立文化议事会、文化理事会等机构，建立公共文体服务发展战略及策略的“外脑”，让议事会机制参与整个示范区创建及公共文体服务重大决策与执行的全过程。公共文体服务产品社会化采购方面，通过设立“宣传文化体育事业发展专项资金”，每年投入 1 亿元撬动社会力量参与公共文化服务产品供给，激发了文化非营利团体、企业、文艺专才等各类主体参与公共文化服务产品供给的积极性，最终形成了多种主体参与公共文化服务供给的良性互动局面。整体而言，福田的探索是对政府及直属文化事业单位大包大揽公共文化服务决策、生产、评估过程的一种根本性改变，实现了政府、企业、社会、个人广泛参与，各安其位、各显其能的公共文体服务多元治理结构。

南山区则从 2007 年开始就探索公益文化活动社会招标运作的模式，通过采取项目征集、项目招标、项目评审、项目竞价、项目实施与监督 5 个环节实现对公益文化项目及活动的购买。2011 年，开发了“南山区公益文化活动社会化运作管理系统”，引入互联网机制参与公共文体服务活动及项目的公布、资质审核、项目评审等流程，大大降低了公共文体服务项目社会化采购的难度，提升了相关采购的透明度和社会化参与程度。截至 2014 年，已组织了 16 期招标，吸引近千家（次）优秀文化企业和社会组织参与，共举办各类文化活动 18341 场，共节约经费近 2000 万元，打造了南山流行音乐节、社区文化艺术节等较有影响力的公共文化活动品牌。2014 年，南山实施了高雅艺术票价补贴政策。实现对 25 个演出项目 46 场次的 8513 个座位给予低票价补贴，让高雅艺术走进市民生活。①

① 《南山公共文化服务社会化运作体系评为省示范项目》，《深圳特区报》2015 年 1 月 23 日，http：//sztqb. sznews. com/html/2015 －01/23/content_ 3130813. htm。

2014 年，宝安区“文化春雨行动”作为深圳唯一项目获评“全国基层文化志愿服务示范项目”，通过深化文化机制体制改革，推动政府职能由办文化向管文化转变，“文化春雨行动”通过整合社会资源，挖掘体制外文化力量，创造性地将社会化运作的目标投向个人，发展“文化义工”、“文化钟点工”、“文化辅导员”，同时建立相应的资质考核、服务跟踪、评估激励、培训考核机制措施，让具有公共文体服务热情、公共文体服务专业才能的个人以合法主体的身份参与到政府公共文体服务的社会供给体系当中。相比面向企业、文化非营利社团的服务采购，面向个人的服务采购一定程度上更加符合宝安区外来人口聚集、公共文体服务基础设施及体制内专业人员相对匮乏的实际状况，也符合党的十八届三中、四中全会精神中关于调动人民群众参与公共文化服务的精神导向。

2014 年，龙华新区面对区域公共文体基础设施发展相对滞后的实际问题，出台《鼓励社会资金投资公共设施规定（试行）》，旨在鼓励相关企业通过 BT 模式参与公共文体服务设施建设项目。与此同时，新区公共事业局还出台了创新公共服务设施市场化建设和运营模式的相关实施方案。通过制定和明确鼓励社会投资的措施和细则，明确开放领域、准入标准、监管措施等，从制度层面对社会资本进入公共领域进行引导和规范。①

总而言之，构建现代化的公共文体服务体系，政府、市场、社会三者缺一不可，要把政府主导和社会参与有机结合起来，引入市场机制，推动文体事业与文体产业协调发展，形成政府、市场、社会共同参与公共文体服务体系建设的生动格局，全面增强公共文体服务活力和发展动力。

① 《龙华创新基础设施和公共服务设施建设运营市场化模式》，《深圳特区报》2014 年 7 月 14 日，http：//www. sznews. com/news/content/2014 －07/14/content_ 9804191. htm。

B.5

2014～2015年深圳市公共交通服务发展趋势与展望

深圳市交通运输委员会*

摘　要：总结深圳市2014年公共交通发展概况及发展特点，着重从法制、政策、需求、监管和安全等方面对2015年深圳市公共交通服务发展形势及挑战进行分析，并有针对性地提出了促进公共交通服务全面再提速发展的五项合理化工作建议。

关键词：深圳市　公共交通服务　提速发展

2014年，面对交通拥堵日益严重的外部环境和公共交通服务提升的内在压力，深圳市交通运输委以改革促发展、以智能强监管、以考核提质量，按照“定好位、分好工、明责任、促协同、增干劲、提效率”的工作理念，秉承“积极稳妥、有求必应、有序高效、热情周到”的工作原则，固化公交行业“决策—执行—服务”的工作体系，以民生需求为导向，进一步深化公交体制机制改革，加强公交行业制度建设，深入实施公交都市发展战略，基本建立了以制度为约束的导向机制、以民意为监督的鞭策机制、以数字为支撑的考评机制、以智能为保障的监管机制，凝聚各方智慧全面提升公共交通服务品质，全力打造民生公交、品质公交、智慧公交，较好地完成了各项工作任务。

---

* 执笔人：韩立清、彭海丰、卢旭、刘辉龙，深圳市交通运输委员会。

一　2014年深圳市公共交通发展概况

深圳市全年公共交通系统共运送乘客36.5亿人次，同比增长2.9%，自2010年以来年均增长7.1%，日均客运量1022万人次。其中，轨道交通284万人次、公共汽车618万人次、出租车120万人次，全市公共交通占机动化出行分担率达55.6%，公交站点500米覆盖率达94.1%，初步形成了以“轨道交通为骨架、常规公交为网络、出租汽车为补充、慢行交通为延伸”的一体化公共交通体系。

（一）轨道交通

全市轨道交通运营线路5条，总长178公里，车站118座。全年累计运输乘客10.37亿人次，日均客流量为284万人次，较2013年同期增长13%。近年轨道客运量保持大幅增长趋势，自2010年以来年均增长58.8%，城市客运中轨道交通权重逐年在提升，2014年轨道交通客运量占公交客运量比重已上升至28.4%，地铁民生公共服务和社会效益都取得了较好成效。

（二）常规公交

全市常规公交线路894条、公交车辆15393辆，其中新能源公交车3050辆；全市共设置公交停靠站9570个，新一代公交候车亭增至2903座；全市公交场站面积为197.6公顷，其中正式场站为70.6公顷；全市公交专用道规模达到819.8车道/公里。全年常规公交累计运输乘客21.79亿人次，日均客流量为618万人次，常规公交仍为城市公共交通出行方式的主要选择。

（三）出租车

全市共有出租车16275辆，其中，红的10503辆、绿的4822辆、纯电动出租车850辆、无障碍出租车100辆。全年累计运输乘客4.38亿人次，日均客流量为120万人次，同比增长1.3%；近期随着轨道呈网络化运营、短途换乘客流的增加，出租车将继续保持增长态势。

（四）慢行交通

全市新建公共自行车网点103处，投放公共自行车2500辆，截至2014年底全市共建成公共自行车网点702处，公共自行车数量21354辆，公共自行车年累计使用1000万次以上。

二 2014年深圳市公共交通发展特点

（一）以科技手段推进智慧公交建设

2014年度实现了公交车辆深标北斗车载终端全覆盖，成为国内首个公交车辆北斗车载终端全覆盖的城市。完成公交基础信息系统建设，稳步推进政府公交监管平台（二期）建设，接入全市15000多辆公交车辆GPS及视频信息，初步满足了公交行业监管需求。

完成了38套车载公交专用道抓拍系统建设，路段视频抓拍及车载抓拍设备日均抓拍违章占用公交专用道违章事件133宗。建设1000套公交无障碍导盲系统，为视障人士提供语音公交到站提醒，提升视障群体公交无障碍出行条件。

向市民提供全市所有线路及站点的换乘信息及700条公交线路实时电子站牌信息，市民可通过手机掌握公交出行线路及车辆的具体运行情况，节省了市民公交出行时间，并在竹子林、市委、葵涌汽车站等站点试点建设了4座公交电子站牌，为市民提供公交实时到离站信息，乘客乘车时间可预期。

（二）公交体制机制改革工作有序推进

进一步探索轨道交通市场化道路，认真梳理地铁二期、三期工程融资需求及资源配置情况，基本解决了历史遗留问题；推动完成了前海枢纽、深湾站、车公庙枢纽等10块地总计90万平方米土地资源的注入工作；确定了前海枢纽综合开发方案，明确了红树湾项目开发模式，推进了深云车辆段上盖文体公园的立项和方案研究工作。通过多渠道的融资体系，全年投融资平台共筹措地铁建设资金417亿元，确保了行业发展需要。

继续推进公共汽车行业体制机制改革。完成了公交特许经营企业财政定额补贴实施方案及《深圳市公交特许经营企业运营指标监督考核办法》、《深圳市公交特许经营企业服务质量考核办法》、《深圳市新开线路专项补贴办法》、《深圳市公共交通财政定额补贴协议》等7个配套文件的编制工作。

（三）轨道交通工程建设推进顺利

截至2014年底，三期7号、9号、11号线共完成投资约200亿元，完成年度计划的168%。三条线车站封顶40个（占68个车站的59%），车站主体结构平均完成85%，区间平均完成83%，超出年度设定目标。2014年底前，5号、9号线延长线前海段土建工程，6号、10号线前期工程均顺利开工。积极推动三期修编规划国家审批工作，组织启动了2号线东延，3号线东延、南延，4号线北延，6号线南延的工可报告编制工作。针对8号线建设有关问题，按照科学原则、从制式等多方面组织有关单位进行严谨论证，目前在加紧开展各项比选研究工作。推动了龙华现代有轨电车试验线项目，项目工可已获得批准，初步设计审查、监理招标工作已完成，线路、车辆、相关配套设施等方案已确定，项目投融资方案和招标方案已上报市政府。

（四）公交基础保障体系进一步完善

2014年正式印发《深圳市民用建筑配建公交场站设计导则（试行）》，为配建公交场站方案设计审查提供了规范指引；完成了光明大道、黄贝岭公交路内换乘枢纽试点建设；建成上横朗新村公交总站，开工建设大宝北路、白石厦公交首末站，完成6个公交场站改造提升项目，推进其余21个公交场站改造提升工作，进一步强化了公交场站保障。年内建成新一代公交候车亭600座以上，全市范围内新一代公交候车亭达到2903座，占全市标准站的58%。原特区内主次干道已实现新一代候车亭全覆盖，原特区外主干道基本实现新一代候车亭全覆盖。年内升级改造公交站534座、新设公交站216座、迁移站点24座，维护公交“四站”设施5932座次。

年内提出公交提速“1.5”战略，规划了“二横七纵”路中式快速公交专用网、“七横四纵”路侧式干线公交专用网、“16片区”路侧式局域公交专用网等三级公交专用道网络，完成了《深圳市公交专用道管理规定》、《深圳市公交专用道设置标准及建设指引》编制，优化新增公交专用道83.4公里，包含新彩通道路中式彩色公交专用道，全市公交专用道整体规模达到819.8公里，基本实现了公交专用道规模化、系统化、网络化发展。

稳步发展慢行交通，制定了《深圳市公共自行车使用深圳通卡借还工作方案》，协调各区政府推进深圳通刷卡设备更新工作；稳步推进全市公共自行车投放工作，全市年内共新建公共自行车网点103处，投放公共自行车2500辆。

（五）公交线网布局得到持续优化

结合目前深圳城区开发、道路设施建设及轨道成网运营后常规公交客流变化情况，2014年共优化调整公交线路108条，其中新增9条、调整68条、取消31条，主要解决了西丽留仙洞、中兴人才公寓、第二高级中学、光明高新科技园、石龙仔工业园、大浪金地工业区、儿童公园、莲花中学、第二人民医院、南岭片区等共58处诉求区域的出行问题。原特区外公交站点500米覆盖率达到92.2%。

随着轨道三期工程7号、9号、11号线建设的加速推进，年内共开展滨海医院、梅景、车公庙等5个片区的轨道建设公交疏解调整工作，调整公交线路58条；结合彩田路北延工程建设需要，成功实施了途经梅东二路3条公交线路的疏解调整工作。在保障轨道等大型市政工程建设的同时，最大限度地降低工程施工对市民公交出行的影响。

优化线网布局，解决出行热点难点问题。一是针对市内大量安居房未配套公交场站严重制约公交保障的现状，采取了路边施划停车位、开行部分高峰专线、增加途经公交线路运力投放等应急措施。二是加强口岸、机场、火车站等热点区域公交服务改善工作，采取延长线路服务时间、增加公交运力、开行夜间及区间线、编印公交出行指南加强宣传引导等措施。三是对新的需求热点快速反应，高效及时地解决市民出行难题，集中解决了万科东海岸等20多处区域出行难的问题。四是针对深莞惠毗邻区域跨界公交需求，深莞惠交通部门调整优化了4条跨界公交线路。

（六）公交运营服务持续改进提升

积极应对客流增长，轨道交通扩大编组、优化交路，多手段缓解运能“瓶颈”问题。一是科学组织行车，进一步缩短行车间隔，5条线运能均有不同程度的提升；二是强力推进4号线列车编组“4改6”相关工作，截至2014年底已有24列6节编组车辆上线运营；三是积极落实列车增购计划，至2014年底，地铁集团计划增购的104列车已到深9列。

大力提升常规公交行业服务水平。一是组织开展了公交服务提升百日专项行动，全面提升车容车貌、营运秩序。二是圆满完成了公交行业全国城市文明迎检工作。三是组织公交行业开展公益宣传活动10次，车载设备播放公益宣传片（信息）6次，张贴宣传标语约22000车次，充分发挥公交车辆公益宣传效能。四是抓住服务核心，提高公交行业队管人员的综合素质和业务水平，组织巴士集团、西部公汽、东部公交1351名队管人员开展系统的培训，并成功举办全市首届“公交杯”知识竞赛。

解决出租车行业热点难点问题。一是破解深圳北汽车站经营发展困局。对场站服务区域、周边交通接驳、班线及客运量等情况进行深入调研，提出以“聚人气”为主线的北站经营发展思路。通过优化配套服务、加强市场培育等方式，进一步疏通北站枢纽内外交通循环，改善北站经营环境，现已取得客运量相比2014年春运期间增长300%的明显成效。二是优化GTC交通组织工作。组织开展新航站楼地面交通调研工作，提出实现GTC市内快线及香港班线车辆五统一管理模式、完善GTC交通指引标识、建立旅客量信息实时共享机制等一系列优化 GTC 交通组织的工作建议，报委有关处室作为决策参考。三是落实市委领导批示，针对罗湖口岸夜间非法营运活动猖獗的情况，制订开行夜间大巴方案，加强宣传引导，根治罗湖口岸夜间非法大巴营运顽疾。

（七）监管力度得到进一步强化

完成 2014 年公交服务指数发布工作。根据服务指数发布结果，已改善 60 条市民反映强烈的公交线路，公交行业服务投诉率由 2013 年的 1.03 次/百万人次下降至 2014 年的 0.59 次/百万人次；市民对公交行业的满意度持续上升，由 2013 年的 80.9 分上升为 2014 年的 82.6 分。

开展公交特许经营企业运营指标监督考核工作，通过对企业线路月发车班次、线路首末班车服务时间、年运营载客里程、年客运量、年车辆保有量 5 项运营指标及服务质量考核结果，确定企业的年度财政补贴总额，促进企业进一步管控成本、提升运营效率，实现保障公益性服务和激励企业增收节支的目标。认真落实服务质量考核。一是完成 2013 年公交特许经营企业服务质量考核，将服务质量考核结果与公交企业财政补贴挂钩；开展 2014 年公交特许经营企业服务质量考核检查，对 120 条线路的开设及调整情况、两起线路停运事件进行考核，通过强化考核，公交行业服务水平得到大幅提升。二是完成 2014 年公交非专营巴士企业服务质量考核，对深圳市 15 家非公交特许经营企业、1097 辆车辆进行全方位的考核，并将考核结果与线路资源分配、经营权延期挂钩。

强力推进公交行业安全监管，全年公交行业安全生产死亡事故 22 宗，死亡 22 人，同比上年，事故数减少 4 宗，死亡人数减少 4 人，安全生产态势平稳可控，公交行业安全管理工作总体情况良好。

三　2015年深圳市公共交通发展形势分析及展望

2014 年 5 月，习近平总书记提出了“新常态”概念，强调从当前我国经济发展的阶段性特征出发，保持战略上的平常心态。“新常态”深刻揭示了我国经济发展阶段的新变化，公共交通作为涉及民生的社会公益性事业，其发展将面临新的形势与挑战。

（一）新常态下公交行业改革与创新工作须进一步贯彻法治思维

党的十八届四中全会强调依法行政，提出了“依法全面履行政府职能、健全依法决策机制”的要求。为全面推进深化改革工作，从容应对管理中的新生事物，必须把法治作为公共交通科学发展的根本保障，建立健全公共交通规章制度体系，完善重大决策合法性审查机制，深入开展法治宣传教育，增强依法行政观念，全面提高公共交通行业管理充分运用法治思维和法治方式，推进科学发展能力。

（二）城市快速发展以及职住分离导致机动化交通需求急剧增长

目前，深圳城市结构呈现“圈层扩展＋轴线推进”的生长形态，随着福田、罗湖中心区域的日益饱和外溢，城市多中心布局结构趋势逐渐强化，中心城区仍然是最重要的工作和商业岗位聚集区，居住人口向原特区外的第二圈层外溢，形成大量以居住功能为主、用地相对单一的卧城，职住分离进一步加重，诱发大规模的潮汐式向心通勤交通。其结果是出行距离不断增加，由2000年的5.5公里增长至2010年的9.8公里，由此带来的机动化出行需求急剧增长，跨原二线关的日均机动化出行总量比2000年增长了约10倍，达到双向290万人次，使跨原二线关道路在高峰期的拥堵已呈常态。

（三）外部因素如轨道交通施工对公交运行空间的影响依然突出

截至2014年12月20日，深圳市机动车保有量超过314万辆，近5年年均增长率约16%，每公里道路机动车约500辆，车辆密度居全国第一。伴随着机动车的持续快速增长，交通拥堵时长不断增加，拥堵区域不断扩大。与此同时，3条轨道交通线路同时施工占道、城市发展过快和人口激增带来的片区规划建设赶不上实际需求等多种因素综合作用，致使深圳交通面临全面拥堵困境，尽管深圳已建成819.8车道/公里的公交专用道网络，但公交运行态势依然严峻，交通拥堵严重降低了公交周转效率。

（四）汽车限购等政策刺激使得市民对公交服务提升有新的期待

为了城市的长远发展和市民的根本利益，继北京、上海、广州、天津、杭州和贵阳之后，深圳成为第七个实施汽车限购政策的城市。但是北京、上海等地的“汽车限购”实践，也证明动用行政手段治堵的效应在昙花一现之后会逐步递减，通过小汽车增量调控也仅仅能为实施综合治堵和发展公共交通赢得一定的时间。东京、香港等国际大都市的经验表明，只要公共交通设施、服务质量跟上去，大多数居民还是愿意乘坐公共交通工具出行的。同时，从2014年7月的路边停车收费管理试点，到后续的全城启动收费管理，给车主停车造成了不便及用车成本进一步提高。这些政策的实施，更加刺激市民对公共交通服务质量提升的期待。

（五）信息技术的推广应用对公共交通行业监管提出了更高要求

面对新一代信息技术引领的科技革命浪潮，公交行业创新驱动的主战场和主动力在哪里？快的打车、滴滴专车、接我拼车等新兴交通运输方式的风起雨涌表明，当今影响最大的还是新一代互联网技术。李克强总理曾经说过，互联网是大众创业、万众创新的新工具，是政府施政的新平台，是经济发展的新引擎。通俗上来讲，互联网不只是技术，还是一种思想，它改变了人们活动的空间轴、时间轴和思维纬度，既是一场科技革命，也是一场社会变革。如果跟不上互联网的发展变化，不仅无法创新，更会落后于这个时代。在需求和竞争的推动下，公交行业必将智能化、互联网化，作为行业主管部门，转变思维、主动应对、鼓励创新、趋利避害、规范管理才是应有之举。

（六）行业安全生产仍是打造“深圳质量、品质交通”的重中之重

深圳作为千万级人口的大都市，目前公共交通的日均客运量已突破千万

人次。面对安全发展这一行业的永恒主题，唯有全面落实安全生产责任，健全完善隐患排查治理和安全防控体系，健全舆情预警机制，正确处理好发展和稳定的关系，积极回应社会公众关切的问题，依法、依规化解矛盾纠纷，才能够有效维护行业和谐稳定，为打造“深圳质量、品质交通”提供基础保障。

四　促进公共交通服务全面再提速发展的建议

（一）进一步强化规划引领

2015年，对深圳来说，是全面深化交通运输改革、全面提速公交智能化建设的重要一年，是“十二五”的收官之年，也是《深圳市打造国际水准公交都市五年实施方案》加快落实的关键年份。因此，应在对深圳市公共交通“十二五”规划落实情况以及公交都市创建目标完成情况评估的基础上，对2015年以及后续更长一段时间的公共交通发展做出规划部署。

（1）启动公共交通“十三五”规划研究。编制《深圳市公共交通“十三五”规划》，确定深圳市大公交体系在“十三五”期间的发展战略、发展目标、发展任务、保障措施和行动计划，为深圳市“十三五”期间公交体系发展提供依据和指引。

（2）编制年度公交都市创建行动计划。按照交通运输部工作要求及《深圳市打造国际水准公交都市五年实施方案》工作部署，在对深圳市2014年公交都市创建目标完成情况评估工作基础上，编制年度公交都市创建行动计划，建立督查机制有序推进，确保各项目标任务顺利完成。

（3）启动深圳市多层次公交票价体系实施方案研究。结合深圳市现行公共交通票价体系，开展多层次公交票价体系实施方案研究工作，完善价格形成机制，构建多层次、差别化的公交票制票价体系，增强公共交通吸引力。

（4）启动基于互联网络的城市新兴交通运输方式管理模式研究。调研掌握移动互联网技术在客运交通方式中的运用状况及存在问题，分析其对城市客运格局的影响以及对行业管理提出的挑战，提出相应的客运交通行业管理模式，以此规范互联网技术扩张下的行业管理。

（5）继续推动轨道交通规划研究工作。要着手研究未来深圳轨道交通发展战略，同时加快完成轨道交通远景线网规划稳定及审批工作；要在分析城市发展布局、科学预测客流的基础上，尽快研究提出四期建设线路的选择、线网布局及线站位、车辆基地、敷设方式、运营组织、系统制式等方面的选择建议，力争年内初步完成四期建设规划研究工作。

（6）以市政府名义出台《深圳市关于优先发展城市公共交通的实施意见》。贯彻落实《国务院关于城市优先发展公共交通的指导意见》、《交通运输部关于贯彻落实〈国务院关于城市优先发展公共交通的指导意见〉的实施意见》和《广东省人民政府关于城市优先发展公共交通的实施意见》，研究并以市政府名义出台《深圳市关于优先发展城市公共交通的实施意见》，为公交优先发展提供政策保障。

（7）研究制定《深圳市公交线网规划调整标准》。保障公交线网规划合理化、科学化、规范化，加强对公交线网规划的技术指导和监督，提高公交线网的规划水平，提高公交的竞争力和吸引力，适应市民差异化、多样化的公交出行需求，按照社会能承受、财政可支撑、民众得实惠的前提条件，出台深圳市公交线网规划标准与实施条件。

（8）研究制定《深圳市公交专用道设置标准指引》。以深圳地方标准出台《深圳市公交专用道设置标准指引》，明确公交专用道设置的条件和标准，推进公交专用道的设置和施划工作，加快公交1.5战略建设步伐。

（9）研究制定《深圳市校车行驶线路和停靠站点设置规范》。为进一步规范校车许可审查工作，尽快出台《深圳市校车行驶线路和停靠站点设置规范》，指导各交通运输局有序开展校车许可审查工作。

（10）研究出台《深圳市公交专用道管理办法》。一是出台《深圳市公交专用道管理办法》，规范深圳市公交专用道规划、建设、运行、维护及管理工作。二是依靠制度和科技，严格公交专用道日常管理，加强公交车路权保障。

（11）研究出台《深圳市公交行业车辆卫星定位监控管理办法》，规范深圳市公交车辆车载设备及视频管理。

（二）进一步提升智能化水平

实践表明，通过将智能化技术应用于城市公共交通系统，可有效提高公交运营效率，增强政府监管能力，提升公交服务水平。国家发改委、交通运输部等部委联合发布的《进一步落实优先发展城市公共交通的指导意见》明确提出鼓励智能交通系统建设，鼓励信息化、智能化技术在公交行业内的应用，对智能公交系统的建设给予资金支持。深圳是我国首批智能交通试点城市之一，大力建设智能公交体系是“公交都市”的核心技术支撑。

1. 完成政府监管平台二期建设

在公交行业信息化管理方面，深圳市已初步建成了包括交通行业GPS监管平台、公交场站视频监测系统、公交图文管理系统在内的智能公交管理系统，但智能公交总体尚处在发展初级阶段，发展水平与城市发展和市民的要求尚存在较大差距。在已有工作的基础上，应进一步实现数据中心、GPS实时监控、运营指标考核、安全服务监管、运营监管分析、运行速度监控、应急及假日保障七大功能，提高公交行业监管水平。

2. 依托智能系统加强对公交大数据的挖掘与应用

《深圳市打造国际水准公交都市五年实施方案》、《深圳市公共交通“十二五”规划》均提出要提高深圳市对公交客流、运营数据和深圳通卡数据等海量信息的挖掘及处理能力，提升对公交出行特征数据应用分析水平，为全市公共交通行业的政策制定、线网优化、运力投放、设施配套、运营组织、服务考评、应急保障等提供量化数据支撑。

（三）贯彻落实公交提速1.5战略

公交优先的本质是公交优先小汽车发展，可与小汽车竞争，深圳市将“公交全程出行时间为小汽车1.5倍内”作为公交发展的理想目标。轨道交通具有独立路权，平均行程车速达到30～35公里/小时，全程出行时间均可控制在小汽车出行时间的1.5倍以内，具有较强竞争力；常规公交仅为2.3倍，将“提速”作为主攻方向，打造“路中式—通道式—局域式”三级公交专用网，提升公交全网运行速度，努力实现“公交全程出行时间为小汽车1.5倍内”的发展目标。

（1）着力提升轨道交通全网运能。为适应限牌后市民对城市轨道交通的更高需求，着力提升全网运能，确保增购列车按时到位、“4改6”顺利实施。

（2）进一步加快公交专用网建设。一是打通关键节点，构建福田、南山、龙岗中心城等10片区局域公交专用网，年内新增优化路侧式公交专用道100公里以上。二是进一步推广公交专用道抓拍系统，安装100套以上车载公交专用道抓拍设备，保障公交路权优先。三是协调公安交警部门，加大执法力度，保障公交专用道路权专用。

（3）拓展公交场站供应新渠道。一是全面梳理全市公交场站需求缺口，建立“配建公交场站—临时公交场站—路内换乘枢纽—路内发车点”四层次公交场站供应新体系，拓展公交场站供应新渠道。二是参与配建公交场站方案审查，提高配建公交场站使用效率。三是推进公交路内换乘枢纽建设，在全市推出8个左右路内换乘枢纽。四是开展全市公交路内发车点规划建设，解决一批公交线路首末站无生产调度设施影响运营生产的问题。

（4）进一步优化公交线网。一是新增、优化公交线路60条以上，开行高峰线15条、节假日交通保障专线20条，原特区外公交站点500米覆盖率提高至93%。二是以优化公交线网结构为导向，以换乘枢纽、路内换乘为支撑，建立层次清晰、结构合理、功能互补、高效便捷的一体化公交接驳换乘体系，实现常规公交之间以及常规公交与轨道、综合交通枢纽间的高效接驳，提升公交体系运行效率。

（四）全面推进行业文化建设

公交行业文化建设不是一朝一夕的快餐工程，它需要平时点滴积累与沉淀，只有在实践中不断丰富公交行业文化建设的内涵和外延，才能确保公交又快又好地持续发展。

1. 加强行业文化建设

加强公交行业文化体系建设，抓好行业文化宣传平台建设、行业文化活动平台建设、行业文化知识平台建设，有序组织开展行业文明服务评比、行业知识文化竞赛等各类文化建设活动，树立先进思想理念，培育行业核心价值体系，打造公交行业特色文化品牌。

2. 加强行业培训，提升从业人员素质

组织行业一线员工开展文明礼仪、安全生产、工作技能、职业道德等方面的培训，年度培训不少于12次，提升公交行业一线从业人员职业素质、文明服务水平。

3. 构建行业和谐劳动关系

一是深入调查公交行业一线员工基本状态，认真分析公交企业劳动关系现状，厘清政府、企业在和谐劳动关系中的定位与职责，研究构建公交行业和谐劳动关系的基本路径和措施，形成构建公交行业和谐劳动关系的指导性意见，努力构建公交行业和谐劳动关系的保障体系。二是完善家访制度，尊重、关心一线司乘人员，提升从业人员对行业的认同感、对企业的归宿感、对服务的责任感。

4. 弘扬公交行业正能量

有计划地组织新闻媒体全方位、多角度宣扬公交行业正能量，增强社会各界对公交行业的关注度、认可度，弘扬公交行业正气、树立公交行业新风，加强老百姓对公共交通的热爱关心与支持理解。

（五）打造平安公交系统

交通运输行业点多、线长、面广、体大，从业者众，安全生产工作任务十分艰巨，安全生产始终是行业管理的重中之重。

（1）持续构建行业安全监管体系。持续打造分工明确、责任到位的行业安全监管体系，完善安全监管规程，构建分级的行业安全监管体系。

（2）强化行业安全监管。持续开展公交行业安全隐患大排查行动，围绕隐患和事故强化监管；加强行业安全培训，提升行业安全生产水平。

B.6 2014～2015年深圳市民政事业发展报告

向木杨*

摘 要： 总结回顾了2014年深圳民政事业发展的成就，突出介绍了2014年深圳民政事业全面深化改革的进展和成果，对2015年深圳民政事业改革与发展进行了展望。

关键词： 深圳市 民政事业 深化改革

2014年，深圳民政系统深入贯彻党的十八大和十八届三中、四中全会及习近平总书记系列重要讲话精神，围绕充分发挥民政在社会建设中的骨干作用，全面深化民政公共服务和社会治理改革创新，各项工作取得新的成绩，民政事业改革和发展取得新的进展和突破。

一 社会组织改革发展实现新突破

（一）创新社会组织政策法规体系

推动出台《深圳经济特区行业协会条例》、《深圳市社会组织抽查监督办法》等地方法规和政策文件，为社会组织健康发展提供有力支撑。

---

* 向木杨，深圳市民政局。

（二）深化社会组织登记管理体制改革

全面推行8类社会组织直接登记。截至2014年12月，全市共有社会组织8241家，较2013年增长了18.7%，其中，社团、民办非企业单位、基金会数量分别为4174家、3940家、127家；经济类、科学研究类、社会事业类、慈善类等不同类别社会组织分别占7.8%、5.42%、57.7%、22.8%。

（三）加大政府职能转移委托力度

采取政府采购、定向委托等不同方式，将部分社会管理和公共服务职能转移给社会组织行使。2014年，推出两批次具备承接政府转移职能和购买服务资格的市级社会组织目录，推动出台深圳市首个政府转移职能目录、政府购买服务目录。

（四）探索建立行政司法监管、社会公众监督、社会组织自律“三位一体”的综合监管体系

2014年12月，市委办公厅、市政府办公厅转发实施《关于构建社会组织综合监管体制的意见》。推进社会组织年检制度改革，制定实施《深圳市社会组织抽查监督办法》。2014年，共对173起社会组织违法违规行为进行了查处。

二　基层社会治理推出新举措

（一）积极探索创新社区治理

制定形成《深圳市基层管理体制改革指导意见》并获市委常委会原则通过，为推进社区党建、社区服务、社区管理、社区自治协调发展的改革奠定了基础。

（二）积极推进社区服务模式创新

落实社会建设“风景林工程”和“织网工程”，推进社区服务中心项目，加大社区家园网建设力度，积极动员社会参与，发挥社会组织服务主体功能，巩固社区服务机制创新成果。截至2014年底，全市共建成社区服务中心501家，已在559个社区开通运行社区家园网。

（三）积极推进基层民主建设

探索建立社区居民议事会制度，动员更多市民有序参与社区自治和基层民主，目前全市已成立744个社区居民议事会。顺利完成居委会换届工作，社区综合党委书记兼任居委会主任、综合党委与居委会双向兼职分别达到91%、84%，共有62名非户籍居民当选为居委会成员，比上届增加14名。在国内率先探索培育发展社区基金会，助推基层社区治理创新，全市共登记社区基金会10家。2014年1月，民政部授予深圳市罗湖区、坪山新区“全国社区治理和服务创新实验区”称号。2014年10月，深圳市被民政部评为“全国和谐社会建设示范城市”。

三　社会养老服务体系建设取得重大进展

（一）出台新的养老服务政策措施

推动出台《深圳市老龄服务产业专项行动计划（2014～2015）》、《深圳市养老基础设施提升工程实施方案（2014～2020）》、《深圳市机构养老设施用地供应暂行办法》、《深圳市公办养老机构建设和运营指引》等重要文件。

（二）加快养老服务设施建设步伐

市养老护理院、市社会福利中心（新址）以及罗湖区社会福利中心二期、南山区社会福利中心二期等多个养老项目开工建设或建成使用。截至2014年底，全市共有社区星光老年之家916个、老年人日间照料中心25家、养老院31家，全市养老床位总数达9186张，养老床位较2011年翻了一番。

（三）加大力度拓展养老服务项目

实施高龄老年人意外伤害及意外医疗保险、高龄老人津贴、敬老优待证、“幸福老人计划”、独居老人紧急呼援救助等项目，深入开展敬老月系列活动和“银龄行动”。

（四）鼓励和支持社会力量参与养老服务

已有康馨、福泰年、粤华、置富、招商、深业、隆泰、康达、金地、平安、中信、万科、国寿、泰康、生命人寿、前海人寿、深业等企业拟投资建设养老机构或养老公寓。2014年9月，民政部、国家发改委批复深圳市为全国首批开展养老服务业综合改革试点城市。“深化养老服务产业体制改革，构建现代养老新格局”改革项目入选全市“改革英雄榜”。

四　社会救助和社会福利工作得到新加强

（一）困难群众帮扶进一步加强

再次大幅度提高低保标准，从560元/月/人提高至620元/月/人，居全省最高水平和国内大中城市前列。实施流浪乞讨人员分类救助和管理，全市共救助3万余人次，街面流浪乞讨现象过多过滥现象得到较好治理。“来深建设者重病救助”、“来深建设者子女重病救助”、“寻找需要帮助的人”和“雏鹰展翅计划”等继续项目，共救助困难群体达2127人次。

（二）社会福利均等化、普惠化加快推进

继续试行不分户籍殡葬基本服务免费政策，截至2014年底全市共免殡葬基本服务费用近6000万元，并实行殡葬用品招投标，使采购价格下降40%，推出“莲池”慈善救助计划，为困难殡葬对象提供社会救助，较好地解决了“死不起”的问题。市殡仪馆被授予广东省五一劳动奖状。推行婚姻登记数字化、规范化颁证仪式，塑造文明健康婚姻文化。将老年优待范围扩大到符合条件的非户籍人群，常住深圳、年满65周岁的非户籍老人可享受免费乘坐市内公共汽车和地铁的待遇。

（三）孤儿和困境儿童保障服务水平进一步提升

建立孤儿基本生活最低养育标准自然增长机制，自2014年1月起，孤儿最低养育标准提高15%。建立政府福利机构接收安置没有监护人的服刑人员，吸毒人员的未成年子女和确定查不到家庭、无法查明身份的流浪未成年人机制。深入实施残疾儿童人工耳蜗手术项目、助听器资助计划、残疾儿童康复和教育补助等项目。

（四）健全防灾、减灾、救灾体制机制

构建和完善灾害救助体系，增强减灾备灾、应急响应、灾民救助、社会动员、灾后恢复重建功能，形成常态减灾和应急救灾相结合的长效机制。推进综合减灾社区、应急避难场所建设，全市应急避难场所达到438个。在全国率先建立巨灾保险制度，实现从以财政为主的经济补偿模式向以财政、保险赔付、巨灾基金共同支撑的多元化补偿模式转变。

（五）完善社会力量参与社会救助机制

搭建政府部门救助资源、社会组织救助项目与困难群众救助需求对接的信息平台，积极引导社会组织、企事业单位和爱心人士等社会力量参与社会救助活动。

五　公益慈善体制机制改革迈出新步伐

（一）成功举办三届中国公益慈善项目交流展示会

共有来自31个省（区、市）和港澳台地区的896个机构和项目参展，现场签约对接项目合计438个，对接金额达50.79亿元，比第二届增长102.18%；16万余人进场观展；120多家中外媒体、600多名记者参与展会报道。

（二）推动公益慈善组织发展

积极推动市、区两级慈善会去行政化改革，促进公益慈善组织的民间化、专业化和运作机制的高效化、公开化、透明化。截至2014年底，全市共有公益慈善组织1880家，其中公益慈善基金会166个，分别比2013年增长了25%、43%。

（三）在全国率先探索发展社区基金会

出台《深圳市社区基金会培育发展暂行办法》等政策文件，助推基层社区治理创新。截至目前，全市共登记成立社区基金会10家。

（四）积极开展各种公益慈善活动

开展“广东扶贫济困日”、“深圳慈善日、慈善月”、公益金百万行等多种形式的公益慈善活动，以及支援云南鲁甸等抗震救灾活动。2014年，深圳连续第三次被评为全国最具爱心和最慷慨的城市，被授予最高级别的七星级“慈善城市”称号。

六　专业社会工作人才队伍建设迈上新台阶

第一，政策体系进一步完善。先后出台服务拓展、人才成长、评估监管等多个部门规范性文件，把社工人才纳入全市人才安居工程保障范围。完善社工登记注册制度，将在职社工全面纳入登记注册管理范畴。

第二，服务领域进一步拓展。不断拓展社工服务领域，大力培育社区社工、企业社工、教育社工、医务社工、民族宗教等各类别社工，全市专业社工接近7000人，社工服务机构80多家，开发了1100多个社会工作服务岗位和160多个服务项目，社会工作直接服务达10多万人次，覆盖了250多万人，社工服务已覆盖社会建设各主要领域和全市所有街道。

第三，在全国率先将社工引入新一轮援疆工作。以“心的援助”为特色，在新疆喀什实施“小母羊”社区经济发展项目、巾帼家政项目、残疾人培训项目、“彩虹飞越”项目、“深喀1+1”项目、流浪儿童救助项目等10余个项目，服务4万余人，辐射20万余人，成为援疆工作的“深圳品牌”。

第四，“社工+义工”志愿服务体系逐步形成。建立实施社区服务登记制度，志愿服务深入发展。截至2014年底，全市注册登记志愿者达105万人。

七　创新开展双拥优抚安置工作

全面推进双拥创建工作。积极开展全国烈士纪念日活动。认真落实各项优抚安置政策，完善优抚对象补助制度。针对相关困难群体组织开展帮扶解困活动，开展优抚对象节日慰问和精神抚慰活动。落实退役士兵安置政策，做好军供保障工作，推动军休服务管理社会化和烈士褒扬工作。扎实开展“双拥共建百对行”、“困难军人帮扶”和“军徽映夕阳，军徽照晨曦”等活动。

八　2015年民政事业发展展望

2015年，全市民政系统仍将坚持以改革创新为根本动力，认真贯彻中央、省委和市委各项政策精神，以全面建成小康社会和全面深化改革为导向，重点推进民生改善保障和社会治理体系改革发展，努力打造民政工作的“深圳质量”、“深圳标准”，争当全国民政事业改革发展的领头羊和排头兵。

第一，推进社会组织管理体制改革。深化社会组织登记改革，探索建立社会组织直接登记负面清单制度；探索社会组织分类培育发展清单制度，健全统一登记、各司其职、协调配合、分级负责、依法监管的社会组织综合监管体系，促进社会组织规范健康发展；加大力度推进政府转移职能和购买服务，更好地发挥社会组织服务经济社会发展的功能作用。

第二，抓好基本民生保障工作。加强和改进困难群众帮扶工作，完善低保标准调整机制和临时救助制度、医疗救助制度、住房救助制度、教育救助制度、物价联动机制等，建立申请救助家庭经济状况核对机制；健全市、区两级防灾、减灾、救灾综合协调机构，健全市、区两级救灾物资储备和保障体系；推动儿童福利制度建设和未成年人社会保护工作。

第三，推进基层社会治理体系创新。整合街道办事处与社区工作站的管理和服务资源，转变基层政府及其派出机构职能，将其工作重心逐步转移到社会治理和公共服务上来；合理划分社区管理、服务自治等各类事务，理顺社区各类组织之间的关系，实现政府管理服务和居民自治之间的良性互动；加强社区服务中心、社区家园网建设，健全基层群众自治机制。

第四，加快养老服务体系建设。积极推进全国养老服务业综合改革试点，完善养老服务政策和标准体系，探索医养结合、异地养老等养老服务新模式；发挥社会力量主体性功能，加大养老服务业向社会资本开放力度；抓好养老服务设施提升工程，加快构建由居家养老、社区养老、机构养老组成的基本养老服务体系；制订实施老龄服务产业发展专项行动计划，培育发展养老服务产业。

第五，推进公益慈善体制改革。办好第四届中国公益慈善项目交流展示会，进一步打造好慈展会品牌；在公益慈善领域引入市场运作机制，积极探索第三方财务托管及评估、慈善信托、公益创投等公益慈善现代模式；总结和推广光明新区试点经验，进一步做好社区基金会培育发展工作。

第六，提升专业社会工作服务。建立和完善社工专业技术职称和职级评聘制度；继续拓展社工服务领域，提升社工服务水平；加强和改进社工职业培训和再教育，积极建立深圳社会工作学院；建立完善志愿服务记录制度，健全社会志愿服务的长效机制。

第七，抓好双拥优抚和安置工作。推动军民融合发展，健全行业拥军、社区拥军、企业拥军等社会化拥军机制，争创新一轮全国、全省双拥模范城市；健全优待抚恤制度，推动优抚保障制度与社会保障制度实现有机衔接；深化退役士兵安置改革。

第八，抓好民政法治建设。加强和改进民政领域立法，提高民政工作依法行政水平；推进民政标准化建设，打造民政工作深圳质量。

社会治理篇

Social Governance

BLUE BOOK

B.7
深圳市创新社会治理方式研究报告

深圳市社会工作委员会

摘　要：党的十八届三中全会报告首次使用了“社会治理”概念，四中全会则对创新社会治理方式进行了系统阐述。省委、省政府高度重视社会治理创新，强调要提高社会治理创新能力，核心是要处理好政府与市场、政府与社会的关系，重点要加快转变政府职能，推动政府逐步向社会放权，把不该由政府负责的事项转移到社会和市场上去，把该由政府负责的工作切实做好，减少因政府一元管理而造成的社会矛盾和冲突。创新社会治理体制的关键是转变社会治理方式。社会治理方式具体包括四方面的内涵：即系统治理、依法治理、综合治理、源头治理，它们涵盖了社会治理创新的方向、关键和手段、办法。近年来，深圳市在系统治理、依法治理、综合治理、源头治理上已经做出了一些探索，但仍存在着一些问题。本文以深圳市社会治理方式创新的实践探索为例，通过分析当前社会治理存在的主要问题，提出进一步创新社会治理的对策、建议。

关键词： 深圳 社会治理 创新

一 深圳市社会治理方式创新的实践探索

（一）“一核多元”的治理系统基本建立

1. 党委政府“元治理”的作用得到充分发挥

深圳市在社会治理创新过程中始终坚持“党委领导、政府负责”的大局。党委和政府的“元治理”功能具体体现为：一是顶层设计推陈出新。在社会治理创新的“深圳经验”中，最重要的是市委市政府制定的具有深圳特色的政策体系，以顶层设计指导社会治理创新实践，确保社会治理改革创新的正确方向及其系统性、整体性、协同性。二是高度重视财政保障。2013 年市级财政对九类重点民生领域投入预算达 678 亿元，比重比上年提高 23.5%。从财政投入水平来看，在全国副省级城市中处于领先水平。三是持续夯实组织基础。以加强党组织在社会治理中的领导核心和政治核心为关键，大力实施扎根凝聚工程，全面推进党建区域化建设，形成了全覆盖、广吸纳、大包容的社区基层党组织体系，初步形成了“一核多元”的社区治理体系。① 四是加强统筹协调功能。市社工委不断完善运行机制，把 31 个民生和社会管理部门确定为社工委委员单位，制定了《市社工委委员单

① 全市 642 个社区建立综合党组织，实现“全覆盖”；社区“两委”书记（主任）一肩挑比例达 91.1%，“两委”成员交叉任职比例为 86%。组织部门出台了《关于进一步加强社区综合党组织规范化建设的指导意见》。

位职责》，并把委员单位分为7个专项小组，制定了《社会建设领导小组会议制度》等规定，规范决策运行机制。

2. 社会协同参与的局面已初步形成

一是群团组织全面参与社会治理创新。工青妇等积极发挥枢纽作用，孵化、培育和引导其他社会组织，推动基层化、草根化、社区化发展，全市共培育了8个非营利性社会组织孵化基地，凝聚和带动了数百家社会组织发展。二是基层社会治理中已经基本形成了以居委会为载体的居民自治、以业委会为载体的业主自治、以楼（栋）长制为载体的楼（栋）“微自治”、以社团为载体的社会组织自治、以企事业单位为载体的职工自治等多层次、多样性的群众自治体系。三是多元化社区共治体系已经初步形成。以社区综合党组织为核心，居委会、工作站和股份合作公司、业委会、物业管理公司、社区社会组织、驻辖区单位等多元主体共驻共建、共治共享。四是“三工一社”模式发挥了积极作用。2007年深圳就探索构建了“社工＋义工”联动模式，经过多年的发展，目前全市注册社工数近5000人，注册义工逾百万人。在此基础上，南岭村首创“妇工＋社工＋义工＋社会组织”的“三工一社”联动模式正在全市推广。五是公私合作伙伴关系已经基本构建。深圳市在全国最早实行公共服务合同外包，建立起城市管理与服务的政府购买机制。2007年，借民政部将深圳市定为社工队伍建设试点的契机，深圳市开始探索向社会组织购买服务，最近4年多来市、区两级政府用于购买社会工作的资金就达3亿多元。六是不断拓展群众参与社会治理的广度和深度。社区居委会参选率稳步提升，非户籍居民参与率逐步提高；大力推进居民议事会的建设，目前全市已组建776个议事会，形成了各种类型的居民参与机制或议事平台；全面推动小区楼栋“微治理”，目前全市楼（栋）长已达14.4万人，基本实现了全市“城中村”出租屋全覆盖。

（二）以法治化引领社会治理创新

1. 社会建设领域的法规已成体系

市委、市人大、市政府高度重视社会领域立法工作，编制了《深圳社会领域立法框架》，出台了《深圳经济特区社会建设促进条例》，确立了社会建设的基本法体系。市人大自成立以来共制定了213部地方性法规，使深圳成为全国地方立法最多的城市，其中40%属于社会建设领域的立法，确保立法与改革决策相衔接。

2. 依法治理领导工作机制已经建立

构筑了市、区、街道、社区依法治理的工作组织机制，形成了市委直接领导、依法治市领导小组指挥、依法治市办公室和联络员协调各单位、各街道、各社区具体落实的“领导—指挥—协调—落实”的上下联动的工作格局。

3. 依法治理绩效考核体系成套运行

深圳注重以国家相关测评体系为统领，使法治外化为制度成果。《深圳市法治政府建设指标体系（试行)》是全国首个地方“法治政府建设量化指标体系”，此外，《深圳市法治城区创建工作指导标准（试行)》、《深圳市法治街道创建工作指导标准（试行)》、《基层（街道）文明创建和社会建设基本工作测评体系》等测评体系，为基层社会建设工作立定标杆，提供科学规范的指引。

4. 以法治刚性提升文明素质

深圳不断推进城市文明领域的立法和执法进程，让法治内化为市民文明行为习惯的精神驱动。《深圳经济特区道路交通安全违法行为处罚条例》使深圳成为全国交通违法行为罚款额度最高、最严厉的城市；《深圳经济特区文明行为促进条例》是全国首个有关市民文明行为的法规；《深圳经济特区救助人权益保护规定》是全国首个保护救助人的专门立法。

（三）从源头上多举并施综合治理

1. 建立了矛盾纠纷“大调解”工作体系

全市设立了区、街道、社区三级“综治信访维稳中心”，构建了人民调解、行政调解、司法调解联动的“大调解”工作机制，出现了人民调解的“福田模式”、司法调解的“横岗模式”。全市建立调解室736个，基本实现了对交警、医院、劳动等矛盾纠纷较为集中的单位全覆盖。

2. 创造性地实践“织网工程”

市委推动、各区和各部门扎实推进“织网工程”建设，目前市级公共信息资源库已联通10个区和23家市直部门，还同步构建了公共信息资源库的标准体系、安全体系和应用体系。“织网工程”得到了国家发改委、信息产业部等七部委的高度肯定，将深圳市列为信息惠民国家示范城市，在全国推广“织网工程”的做法和经验。

3. 优化了房屋出租管理服务模式

积极探索创新流动人口和出租屋管理模式，在“旅业式”、“物业式”、“单位自管式”、“散居包片式”、“院区围合式”出租屋管理模式基础上，打造“宜居出租屋”、高层楼宇出租屋管理“2+5”模式，并取得明显的实施效果，实现了“两降三增四达标”。①

4. 不断完善社会治安立体防控体系

创建了社会治安“六项工作机制”②，制定了《平安深圳视频监控系统建设工作方案》。全市安装各类摄像头近50万个，监控室9000余个，视频监控员20000余人，形成了一整套技术防范链条，实现了全市重点行业和区域安全技术监控系统全覆盖。此外，还开拓性地开展了群防群治工作，构建了特殊群体管理帮教体系。

二　当前深圳社会治理方式中存在的主要问题

（一）多元共治的效果还不够明显

1. 基层党组织领导核心作用发挥不够充分

一是基层党组织设置方式不够健全，多数部门不是按建制单位而是根据

---

① “两降”：一是治安案件明显下降；二是行政成本明显下降，不再配置综管员，节省行政成本。“三增”：一是私房税收明显增长；二是物业公司收入明显增长；三是业主收入增加。“四达标”：指流动人口信息采集率和未注销率、出租屋信息采集率、居住证办证率达标。

② 即情报信息机制、基础防范机制、视频监控机制、网络管控机制、打击整治机制、区域协防机制。

党员数量的多少设立党支部，党支部开展工作受到一定的影响和制约。二是社区党组织职责范畴不清晰。一方面对社区党组织的功能定位和作用发挥认识不够到位；另一方面因社区承担着越来越烦琐的任务、越来越密集的考核评比，社区党组织的领导核心作用在一定程度上被限制。三是社区党组织人才流失现象比较严重。全市 642 个社区累计配备党建专职组织员 852 人，其中从事党建工作 3 年及以下的有 548 人，占比 64.3%。大部分年轻专职党务工作者一旦有好的机会就会离开。

2. 基层行政体制尚没有完全理顺

一是行政区体制中条块协作依然困难。在六个行政区中，因“居站分设”情况的不同而向下实行四级管理或五级管理体系①，都存在着自上而下的垂直整合及“条条”运行中的“科层制障碍”，使过多的责任和矛盾集中在基层政府。二是功能新区行政管理体制转型较慢。一方面，“大部门、大综合”体制不能支撑所有工作，使新区在基层社会管理方面的职责难以到位；另一方面，新区在运行机制上沿袭了旧体制的惯例和特点，尚不能完全从社会事务的管制者向治理者转型。三是基层政府绩效考核体系还不完善。主要体现在上级政府对基层政府的考核，大都只考虑应该干什么的问题，却不大考虑基层政府的职能边界。

3. 新兴社会组织的服务承载能力有限

一是新兴社会组织服务领域分布失衡。社会团体中互益类占总数的 2/3 以上，民办非企业单位中教育培训类占总数的 80% 以上，在街道备案的社区社会组织中文体娱乐类占总数的 80%。二是专业社工机构服务经验不足，多数缺乏足够的服务承载能力。目前比较突出的问题是：运作资金有限；专业化水平较低，服务内容高度同质；供需之间错位；全市社工人才流失率呈逐年上升趋势，2010 年为 13.5%，2011 年为 17.6%，2012 年为 18.1%，2013 年为 19.8%。

---

① “四级管理”是指市—区—街道—社区工作站（社区居委会），其中体系末梢是“一站一居”模式；“五级管理”是指市—区—街道—社区工作站—社区居委会，其中体系末梢是“一站多居”模式。

4. 群众自治组织自治功能未能充分履行

一是居委会角色失调。“居站分设”使居委会去行政化，但之前所附带的行政资源也随之转移，导致居委会行政触角被切断、社会末梢又无力延伸的局面。2014 年“两委”换届使大多数居委会与社区工作站又重合在一起。二是业委会发育不成熟。主要在于业主委员会成立难，换届也难，在社区综合性治理中尚未发挥重要作用。三是各种驻社区单位囿于组织内部的事务，在基层公共治理中发挥的作用有限。四是商品房小区楼（栋）长的作用发挥不明显。

（二）法治化水平有待进一步提升

1. 顶层设计的系统性和统筹力不够

面对全面深化社会体制改革、创新社会治理方式的新课题，深圳已经有了初步的思考与设计，但还缺乏整体性、系统性考虑。在区、街道和社区层面，社会治理创新在一定程度上出现过度竞争态势，这一方面导致一些改革创新失去了问题意识，只为“新”而“创”；另一方面出现了改革创新碎片化、形式化的现象。全市对众多基层“微创新”成果的系统性总结不够。

2. 无法可依的情况在一定程度上存在

目前的立法还不能满足社会治理创新的需要，部门利益在立法过程还时有体现，在基层治理中特别是在城市管理综合执法过程中，执法队有时还面临着部分执法事项无法可依的窘境。此外，部分地方法规和规章缺乏可操作性，没有明确的执法细则，导致执法效果差，这一情况在城市管理综合执法领域尤其明显。

3. 基层行政执法体制不够顺畅

基层特别是办事处层级中，部门执法与综合执法关系不顺，职能部门执法的主体责任逐渐淡化，使综合执法过程产生了角色冲突，大大影响了执法效果。比如目前街道综合执法队承担了城管综合执法与土地规划监察的双重任务，存在“一班人马、一部用车、两套制服、两套执法证、两套法律文书”的现象。此外，基层执法人员专业化程度不够高，队伍老化现象比较严重，同时没有执法权的协管员或临聘人员构成了街道综合执法队伍的主体，在辅助执法过程中常出现越界行为，影响了执法部门形象。

（三）治理资源和手段配置不够协调

1. 基层管理幅度和资源配置不够科学

主要表现为街道和社区管理规模过大。无论从管理的人口规模还是从区域规模上看，目前全市 57 个街道办事处（新区为办事处）的设置规模不平衡，多数超大。从人口规模的角度看，平均每个街道办人口规模超 30 万人，部分街道辖区内超过百万人。此外，社区规模也严重超大，大多数社区人口超过 10 万人，有的社区人口甚至多达 30 多万人。同时，公共人力资源不足的情况比较普遍，在街道和社区层面更为严重。

2. 源头综合治理中行政协作困难

以“织网工程”为例，部门协作困难成为当前各区推进过程中的一个共性的、突出的问题。表现在以下四个方面：一是“织网工程”信息传输的集散模式迟迟难以健全；二是不同社区网格之间工作量差异较为明显，网格数量不足以满足其工作量要求；三是基础网格与专业网格实现叠加、联动存在着一定困难；四是一些基层官员对网格化的认识仍停留在管控的层面，导致网格化管理可能陷入“技术管制”的误区。①

3. 治理方式还存在着滞后性

主要表现为政府职能转变尚未完全到位，很多情况下政府还是集裁判员和运动员于一身，管理过多，同时也承担了过多的责任，导致社会治理的体系、手段和方法还滞后于经济和社会发展，治理方式上主要还依靠政府的力量，靠单向的、自上而下的管控手段，在综合运用市场手段、志愿手段、教育手段、法律手段、自治手段等方面尚不够充足。

---

① 井西晓：《挑战与变革：从网格化管理到网格化治理——基于城市基层社会管理的变革》，《理论探索》2013 年第 1 期。

三 进一步创新深圳社会治理方式的建议

（一）总体思路和目标

总体思路：以系统治理为方向构建整体性治理框架，在“一核多元”的基础上建设“强核多元”的社会治理系统；以依法治理为准则加强社会治理的制度化建设，建设法治化城市；以源头治理和综合治理为手段并运用伙伴关系理念和现代技术方法，建设智慧化城市，实现技术创新与制度创新的链接，形成新型的社会治理运行机制。

总体目标：构建全市统筹、城区（新区）执行、街区共治、居民多层次自治的社会治理体系，打造幅度适中、层级合理、权责清晰、多元参与、分工合作、充满活力的社会治理模式，为促进深圳经济社会发展和社会和谐稳定创造良好的基层基础和社会环境。

（二）主要举措

1. 确立创新方向：建构“强核多元”的系统治理体系

第一，树立“强核多元”新标杆。深圳市首倡并实践的“一核多元”城市基层社会治理模式，体现了党的十八届三中全会、四中全会有关党委领导、政府主导、多元主体共同参与的改革要求，实践表明基本符合深圳基层社会治理的实际情况，因此应持续巩固、深化、完善“一核多元”的治理结构。在此基础上，通过党内治理和政治领导方式转型，进一步优化、强化党委系统尤其是基层党组织的领导力，形成“强核”；通过政府“放权”、“还权”、“赋权”，激发社会活力，形成“多元”协同参与的格局，从而打造“强核多元”的社会治理模式。

第二，着力优化党委领导方式。一是要强化党内治理意识，要推动各级党组织书记切实履行“第一责任人”的职责，坚持以法治思维和法治方式加强党内政治生活的规制和引导，将党内治理过程有机嵌入社会治理结构中，实现党内治理和党外治理的融合与创新。二是要创新政治领导机制。建议参照成立社工委的模式，重新塑造并加强社区建设指导委员会工作机构、工作力量，在市、区两级将现有社区建设指导委员会的领导职能、人员分布重新调整，纳入党的建设工作领导小组办公室，吸纳市、区党委政府部门为委员单位，负责全市社区党建的领导和统筹工作。三是要明确落实职责范畴。认真执行中组部有关街道、社区党组织的职责规定，明确落实社区综合党组织的职责范围。

第三，深入厘清行政权力关系。一是要深入推进权责清单工作。总体上要进一步厘清政府与市场、政府与社会组织、政府层级与部门、政府与事业单位、街道与社区之间的权责关系。明细市、区、街道、社区职责定位，错位配置市、区、街道、社区工作职责，原则上一类事项由一个层级主要承担，避免职能交叉重叠和工作推诿。二是要完善社区工作准入制度。梳理社区工作站、社区居委会工作事务清单，制定出台相应的《深圳市街道社区工作准入制度》，研究修订、完善《深圳市社区工作站管理试行办法》，规范区职能部门向街道、社区下放任务的程序、标准和类别，避免上级职能部门简单随意地向社区委派工作。三是要减少并规范各种检查项目。研究出台规范、清理街道、社区考核检查的工作方案，并以减少和规范基层各种繁杂的检查项目为突破口，实行主管部门责任与属地管理责任相结合的责任追究制度。

第四，充分发挥市场和社会组织作用。一是要推进社区服务中心（党群服务中心）、老人日间照料中心建设，加快推进“智慧社区”建设。二是持续发展基层社会组织，引导其拓展参与社会治理的领域。鼓励基层社会组织吸纳大学生、失业者或外来劳务工就业，鼓励社会组织通过开展多种多样的服务和活动，把个体化群众组织起来参与社会治理。健全监管体制，改进社会组织服务绩效评估机制，使深圳的社会组织发展继续走在全国前列。三是积极发展合作伙伴关系。充分利用物业、清扫保洁、绿化、保安等行业企业的优势，通过政府购买服务等方式，委托企业承担部分基层市政管理和社区服务的事务性工作。积极引导各类驻社区单位共同参与基层社会治理，推动共驻共建、资源共享。

第五，探索居委会有效自治形式。一是实施《关于加强居委会建设的指导意见》。强化居委会“枢纽、议事、监督、服务”职能，进一步完善居委会内部治理结构，落实居委会服务场地、经费和人员保障。探索实践居委会主任和委员的专职化和属地化，探索居委会与“两代表一委员”的有效沟通联动机制。二是充分发挥居民议事会的作用。居民议事会除了社区党组织、居委会、社区工作站的代表外，还要根据社区的特点有选择地吸纳社区内的企事业单位代表、业主代表、困难群体代表、外来劳务工代表、社区民警和其他行政执法人员代表、党代表、人大代表、政协委员等，搭建一个社会各界力量对话、议事和合作的制度化平台，鼓励用协商方式解决问题。三是理顺居委会与业委会的职责权限，推动居委会与业委会参与社区治理的一体化建设，使其成为居民和业主的权益代表者和服务提供者。

2. 把握创新关键：立法先行与执法严格并举

首先，加强顶层制度设计。一是要及时转换成熟的创新经验。对全市社会治理领域中已经趋于成熟、表现形式多样但实质相同或相近的改革实践或创新探索，及时进行总结归纳，在此基础上转换为全市层面的顶层设计。探索制定《深圳市社会治理方式创新指导意见》，为全市相关领域的创新探索提供系统的制度规范。进一步加强社会领域法治化建设，充分发挥社会建设咨询委员会的专家智库作用，积极引导全市社会各界结合深圳实际情况提出社会治理领域的立法项目建议。当前应加快推进《社会诚信体系建设条例》等立法项目。二是及时改善既有制度设计。定期或不定期地对全市既有的行政规章和规范性文件进行全面排查，重点清理一些不合时宜、相互冲突和缺乏可操作性的行政规章制度和政策文件。

其次，深化行政执法体制改革。一是贯彻落实市委关于加快建设一流法治城市的“1+6”文件，当前重点应深化行政执法体制改革，改善综合执法；建议将“城管执法”列为试点机构，进行专题研究，通过城管执法改革为下一步改革行政执法体制探路。二是科学配置基层执法力量。对全市基层执法人员配备和执法任务比例失调的情况进行专题调查研究，在此基础上配齐配强基层执法队伍。鉴于目前关外基层执法力量不足的情况，建议适当增加关外街道派出所、街道城管综合执法中队的人员编制。从长远来看，要根据公安部和住建部规定的标准配备执法人员，逐步充实基层执法人员缺口。进一步完善行政执法人员资质考核制度，严格规范行政执法人员资格管理，完善行政执法人员培训平台建设和机制，加快提升基层执法人员专业化水平。三是规范委托执法和辅助执法行为。对全市行政执法部门委托执法情况、辅助人员参与执法的情况进行专题研究，探索出台委托执法和辅助人员参与执法的管理办法，最大限度地规范协管员队伍或辅助人员队伍，并建立相应的权益保障制度。四是理顺综合执法与专业执法的关系。明晰综合执法与专业执法的边界和职能范围，改变目前职能部门将大部分执法任务层层下放、把执法责任转嫁给街道和社区等的推诿现象，并将其作为衡量法治城区建设是否取得实际性进展的重要指标，加以重视和考核。五是探索构建行政协助制度。学习国际大都市治理结构中的行政协助制度实践，探索建立公安、城管、规土、市场监督、工商、食药监管、税务等部门之间的行政协助制度，以法规约束保障行政执法部门的执法合力，提高执法效率。建议首先探索城市管理综合执法中的行政协助制度，并尽快将城管执法与土地规划监察进行分类管理，着力重点解决街道执法队“一班人马、一部用车、两套制服、两套执法证、两套法律文书”的问题。

3. 完善创新手段：加强源头预防和综合治理

首先，合理确定基层治理规模和资源。一是调整街道和社区管辖幅度。加快对原特区外特大街道调整的步伐，并在重配街道规模的同时，对特区外超大型的社区工作站辖区进行调整。根据相关规定和标准，对超大型或超小型居委会重新配置，逐渐使居民委员会数量达到1000~2000个，提高基层社会治理效度[①]。二是研究出台基层治理资源配置办法。修订《深圳社区工作站管理试行办法》（2006年），出台改革后全市街道办事处职能配置、领导班子配备、机构设置、人员编制等事宜的指导意见。研究出台全市社区工

① 北京市、上海市居民委员会（村民委员会）建制数分别在5000个左右。

作人员岗位、薪酬、福利待遇等问题的指导意见，建设专职化、专业化的社区工作队伍。

其次，加强社会问题源头综治。一是加强源头识别和预防。对矛盾隐患做到先期介入、先期化解；疏通民意表达渠道，确保群众诉求有回应；加强矛盾纠纷的调处，形成源头治理、动态管理、应急处置相结合的良性社会治理机制。二是完善区、街道、社区三级综治信访维稳中心运作衔接机制，畅通综治信访维稳信息上达渠道，处理好调解与司法有机衔接的问题。三是持续完善出租屋管理模式。进一步加大流动人口和出租屋等基础信息的采集力度，实现“以屋管人”、“以业管人”的立体管理模式和动态跟踪管理机制。加强出租屋管理服务中心与派出所、社区警务室的协调沟通，定期联合各方力量，逐步梳理高层楼宇出租屋，排查各类治安隐患、消防隐患。四是继续完善综合性、全方位和立体式的治安防控体系。在“城中村”社区成立“出租屋业主协会”和“租客协会”，充分发挥它们在改善“城中村”治安环境中的自治作用。进一步加强群防群治制度建设，积极完善楼（栋）长制，重视并善加利用技术手段在社会治理中的作用。

最后，不断改善基层治理的载体。一是充分发挥“风景林工程”的功能作用，继续将其作为完善基层治理的重要载体和主要抓手，强化“风景林工程”各个项目功能的发挥，带动引领基层社会治理创新。二是全面推进“织网工程”，进一步完善基层管理网格划分，优化网格信息员队伍、确保队伍整体素质，进一步完善公共信息资源库建设，加快推进信息惠民应用，强化有效管理，提升有效服务。

B.8

2014年深圳市社会治安综合治理发展报告

顾伟伦　王树章　孙周雄*

摘　要：作为改革开放的"试验田"和"窗口"，受特殊的区位、人口数量和严重倒挂的人口结构等各种因素影响，深圳综治工作和平安建设任务非常繁重。2014 年，深圳市紧密结合特区实际，坚持以平安创建活动为载体、以基层基础建设为重点、以机制创新为动力，不断提升社会治理水平，促进了社会治安持续好转、公众安全感逐年提升。

关键词：深圳市　社会治安　综合治理

深圳近 2000 平方公里土地上聚集了约 1700 万的人口，户籍人口与外来人口的比例约为 1∶5，出租屋数量达 64 万栋，平安建设和社会治安任务较为繁重。2014 年，深圳市各级各部门，在市委市政府的正确领导下，坚持以平安创建活动为载体、以基层基础建设为重点、以机制创新为动力，全面推进平安深圳及社会治安综合治理各项工作，社会治安持续好转，刑事治安警情实现连续 5 年下降，"八类"、"两抢"、"两盗" 警情数同比分别下降 30.1%、46.2%、21.1%，群众安全感和满意度不断提升。主要做法有以下几种。

* 顾伟伦、王树章、孙周雄，深圳市社会管理综合治理委员会。

一 强化源头治理，构筑平安防线

坚持重心下移、关口前探，切实把风险隐患掌握在始发、预警预防落实在同步、化解稳控跟进在源头，及时把矛盾纠纷和问题隐患化解在萌芽阶段。

（一）关口前移抓预警

一是坚持开展研判分析。提前找准风险点，市、区两级建立周、月、季、半年定期治安、维稳形式研判分析，定期对重点领域集中开展分析研判。二是全面建立工作台账。综合开展定期排查、敏感期排查、专项排查等活动，建立健全工作台账制度，制定出台《深圳重大不稳定问题工作台账》和《工作台账示意图》，对14类重大社会矛盾纠纷类型实行动态管理。三是重点完善预防预案机制。从制度着眼，总结固化具体维稳经验，建立“禁止滞留区”、“进京非访”、“拆除横幅”等工作预案体系，并结合实际情况，印发了《关于组织开展群体性突发事件应急演练的通知》，各区各部门积极开展应急演练工作。四是严格执行社会稳定风险评估制度。全年对141个重大事项进行评估，其中因风险较大暂缓实施25项，不予实施2项；积极提升风险评估能力水平，在深圳大学建立社会稳定风险评估中心，制定评估备案办法，及时启动《社会稳定风险评估办法》的修订工作。

（二）多方力量抓群防

按照社会化、市场化、职业化、规范化的总体思路和责权利相结合的原则，不断拓宽群防群治新路。积极有序地发展壮大平安志愿者、保治安员、楼（栋）长、治安信息员、综治社工、综治协管员等多种形式的群防群治队伍，整合企事业单位的内保组织、物业管理保安队伍、社区和居民实业股份公司巡防队、义务巡逻队及其他群众性治安组织，动员“五老”人员、社区在职党团员和干部参与群防群治组织，重点加强案件高发区域、重点目标、重点对象和高发时段的巡逻防范，提高社会层面的见警率、管事率，有效提升群众安全感。目前，全市群防群治队伍已达67万人。

（三）立体推进抓调解

为及时有效地化解矛盾纠纷，确保社会和谐稳定，深圳市做了大量的探索，着力构建人民调解、司法调解、行政调解三调对接的大调解体系，大力推广以“一购四化广覆盖”为特点的人民调解“福田模式”。2014年主要做法：一是抓平台建设。2014年全市增加投入推广经费2000多万元（推广以来共投入经费7000多万元），建设人民调解委员会2275个、人民调解室736个、专兼职调解员12861人，实现了人民调解对全市法院（庭）、公安派出所、交警大（中）队、大型公立医院、社区等矛盾多发、易发重点区域、重点场所的全覆盖。全年通过人民调解化解的矛盾纠纷近87000宗，调解成功率达95.4%，有效地把大量的矛盾纠纷依法妥善解决在基层。二是抓规范建设。针对调解室发展不均衡、建设不规范等问题，制定出台全市性的《关于人民调解室规范化建设》、《派驻人民调解室量化考核办法》、《派驻人民调解室管理办法》、《人民调解员绩效考核办法》、《律师事务所调解规范》等制度性文件，人民调解室达到“五有”、“六统一”要求，规范化程度不断上升。三是抓能力建设。广泛吸纳专业人才、专家、义工、爱心人士等担任兼职调解员，创立一批个人调解品牌；组织开展专门针对调解员的专业培训，提升调解员队伍的法治素质和专业能力。目前，全市已有超过94%的社区实现了配备至少一名专业调解员的目标，兼职调解员深入基层掌握纠纷信息，以专带兼、专兼结合的队伍格局得到进一步发展。

二　强化基层基础，构筑平安根基

（一）打造服务化平台

积极发挥三级综治信访维稳中心的作用，搭建以街道综治中心为纽带的基层平安创建工作平台。一是试点中心更名。2014 年 4 月，在南山区蛇口街道开展试点，将“综治信访维稳中心”更名为“综治服务中心”，通过更名拉近与群众的距离，推动街道中心转型升级。二是整合中心力量。全面施行集综治、信访、劳动、调解等职能于一体的综合服务模式，推行社会治安联防联控、矛盾纠纷联合调解、重点工作联勤联动、突出问题联合治理、基层平安联合创建、出租屋和流动人口联合管理的“六联”工作机制，对群众求助事项实行一站式受理、一条龙服务、一揽子解决。三是改变中心工作方式。近年来，通过建立健全各种基层综治调解组织，街道、社区中心直接受理调处的矛盾纠纷（主要是劳资纠纷），占中心受理事项总量的 80% ~ 90%，其他纠纷则大幅减少。从这一实际出发，基层大部分区、街道对综治中心进行了工作调整。福田、罗湖、龙岗区和光明、坪山新区的街道中心，主导受理的部门已由综治办改为司法所或信访办，同时单独设劳资纠纷受理和调处窗口，既方便群众，又提高了工作效率。

（二）实施网格化管理

深圳市根据社会建设“织网工程”的统一部署，开始在全市范围内全面推行社区网格化管理：一是科学划分社区网格。按照属地管理、街巷定界、规模适度、无缝衔接、动态调整的原则，对城市社区进行网格划分，作为社区服务管理的基本单元和相关职能部门实施网格管理的对接基础。通过实地勘察和反复测算，全市共划分社区基础网格 16417 个。二是成立网格管理机构。经市委市政府和市编委批准，依托各级流动人口和出租屋综管机构，设立了市、区、街道、社区网格管理机构，并明确市社区网格管理机构负责全市网格管理工作的统筹协调、建章立制、督促考核等。三是推进网格队伍整合。以现有出租屋综管队伍为基础，通过整合计生、城管等部门相关力量，组建一支 1.6 万余人的社区网格员队伍，并按照“一格一员、采办分离”的原则，对网格员进行了定岗定责，落实了网格管理任务。四是开展网格信息化建设。专门开发了全市统一的社区综合信息采集系统及终端采集软件，研究制定了《深圳市社区综合信息采集系统工作指引》，利用手持移动终端设备，现场采集各类基础信息，实时传输到市政务资源共享交换平台，实现信息资源共享。

（三）强化治保组织建设

为进一步夯实社会管理的基层基础，全市推广了坪山新区基层治保组织建设运作的成功经验，分类健全社区、企业、机关事业单位内部保卫组织。目前，所有社区全部完成治保组织组建任务，覆盖率达100%；组建企业治保组织3392个，覆盖率达82.2%；学校建立治保组织1184个，覆盖率达88.1%；医院建立治保组织101个，覆盖率达89.4%；共设有专门办公场所4083间，投入专项经费4000多万元，培训治保组织人员4万余人次，基层治保组织建设工作稳步推进。“坪山经验”推广4个月来，全市各基层治保组织队伍在公安机关的指导下，在329条巡段、4542个值守点上参与了社会面巡逻值守，协助公安机关抓获违法犯罪嫌疑人数千人。

三　强化多元共治，提升平安水平

社会治理和平安创建工作是一个系统化工程，单靠政府力量远无法满足需要，动员社会力量参与社会治理创新和平安建设工作是必然趋势。

（一）全面推进平安细胞创建

针对基层创安根基欠账较多、基础不牢等难题，在重点领域全面开展平安细胞建设，夯实基层基础。一是建立创建规范。在深入调研的基础上，制订了平安医院、校园、市场、景区、工地等9个重点平安细胞创建工作方案，以文件的形式明确了创建重点、创建程序和验收标准。二是狠抓创建目标。广泛开展了校园、市场、景区、文化娱乐场所等重点场所的创建活动，全年基本实现30%的创建参与率和80%的创建达标率，为2015年实现全省95%的创建目标奠定了基础。三是建立评价体系。全面梳理了8类平安细胞名单，明确平安细胞的创建标准；探索制定平安细胞治安警情定期统计发布制度，以细胞内部的警情数量作为动态调整的重要依据。2014 年，全市各细胞已经实现了 30% 的创建率，市文体局、市监委等单位和盐田区等已经率先实现了 80% 的达标率，平安细胞创建点和示范点的建设步伐不断加快，各项创建工作进展良好。

（二）全面推进楼（栋）长制管理

近年来，深圳市按照社会管理创新的要求和“谁出租谁负责、谁受益谁负责”的原则，在全市范围内大力推行楼（栋）长制管理，认真落实出租屋业主及相关人员责任，打造了一支维护社会治安和社会稳定的有生力量，实现了群防群治的组织化和规范化。截至目前，全市共选配出租屋楼（栋）长 14 万名，实际管理出租屋近 19 万栋，实现了城中村楼宇全覆盖管理。一是明确了楼（栋）长工作规范。以市综治委名义下发《深圳市出租屋楼长管理暂行办法》，明确楼（栋）长工作职责和管理要求；各区结合实际，不断完善楼（栋）长工作制度，将出租屋楼（栋）长姓名、管理范围、工作职责和监督电话张挂上墙，公示于众，接受监督。二是创新了楼（栋）长自治形式。制定下发《关于加强楼长自治组织建设的意见》，重新规范楼（栋）长自治组织的形式，完善职能，理顺关系，更好地发挥楼（栋）长自我管理、自我服务的机制，促进楼（栋）长履职。截至目前，全市已有 46 个街道经民政部门批准后正式组建了楼（栋）长联合会，共建立社区楼（栋）长服务站近 200 个，发展楼（栋）长联合会会员 12 万名。三是出台了楼（栋）长激励措施。宝安区专门下发文件，对做出突出贡献的楼（栋）长，给予物质奖励和入户奖励；光明新区每年安排不低于 100 万元专项经费，对见义勇为和评为十佳、优秀、先进的楼（栋）长予以奖励；坪山新区拨出专款，按照每申报一条信息奖励 3 元的标准，对楼（栋）长工作进行量化定补。

（三）全面推进爱民固边

在市、区两级成立综治委专项组，推动边防部队领导进综治委班子，多举措积极发动各级各成员单位和社会各界广泛参与，共同开展“爱民固边”活动。建立公安边防支队与市公安局、司法局、出租屋综管办的联勤联动机制，开创海上流动人口排查登记比对新机制，建立海上流动调解室，优秀武警官兵兼任流动党员党支部委员等，及时就地化解渔民间海事渔事纠纷，开创了海上“枫桥经验”新格局。

（四）全面推进社会力量参与治安治理

探索将社区平安志愿者组织注册为具有独立法人资格等方式，建立社会力量常态化管理机制。龙岗区已在全区109个社区建立了和谐共建促进会，目前正在全区推广的平安社区促进会、平安联合会也都将在全区109个社区实现全覆盖。龙华新区西头新村外来人自建小区注册成立了西头新村社区共建促进会，为小区居民搭建起了参与小区事务治理的平台。罗湖区在水库新村、湖贝新村、渔民新村三个城中村区域尝试社区网格信息采集向集体股份公司购买服务、网格员由本村村民担任的全新管理模式，实现了政府、股份公司和村民“三赢”。龙华新区创新物业管理小区房主自治模式，建立并完善“城中村”小区物业管理机制，成立小区物业管理房主自治组织，以小区自治的模式破解了“城中村”物管难题。福田区近日率先试水引入物管企业承接部分政府管理和服务职能，参与社会公共服务，成立全市首个区级物管企业联合会，促进物管企业积极参与社会治理，实现物业管理从单一的小区服务向全方位的社区社会服务转变。长城物业已在福田区园岭街道百花片区建成全国首家“3H颐养康复中心百花园”旗舰店，成为深圳市物业企业开办社区养老事业的典范。盐田区探索“一室多元”的综治服务新模式，全面开展集出租屋、治保、调解工作于一体的社区组织综治服务室建设，引导发动物业公司、业主单位、业主委员会等社区组织打造民间版“综治办”。宝安区以西乡街道马鞍山小区为试点，通过民主选举成立小区物业管理处，成立“小区事务协会”和“邻里互助协会”进行自管自治，探索小区“居民自治”模式，自创建以来，马鞍山小区实现了刑事案件零发生，出租屋租金价格上涨超过30%。

四　强化问题导向，维护平安秩序

（一）强力开展社会治安重点地区排查整治工作

对全市600多个社区的治安情况进行排序，将排名后40位的社区确定为年度社会治安重点整治地区，每个区排名最后的社区定为市综治委挂牌整治的重点社区，全市刑事治安警情数比较高的6个街道为重点街道。制订整治工作方案，明确整治步骤、整治目标、整治措施和工作要求。结合平安建设工作定期、不定期开展明察暗访，督促各区有力推进整治工作，取得实效，切实改变面貌。

（二）强力开展突出问题专项打击行动

认真开展以预防入室盗窃案件、电信诈骗案件、个人极端事件、暴力恐怖案件为主要内容的打击专项行动。第一，针对入室盗窃案件占刑事案件总量15%的实际情况，2014年9月20日至12月20日，在全市集中开展打击入室盗窃犯罪专项行动。全市共立入室盗窃案件同比下降15.3%，破案数同比上升13.2%。全市共立电信诈骗案件同比上升55%，破电信诈骗案件数同比上升251%，完成全年任务指标的360%。第二，着力加强涉恐案件侦办、线索核查和警情处置，全面推进涉恐犯罪活动的侦查工作。

（三）强力开展打击非法营运行动

强力整治口岸、火车站、机场等重点区域非法营运蓝牌车、假冒出租车、“拉客仔”等违法违规行为。自2014年9月上旬开始，市综治办，市交通运输委，公安局，各区、口岸办，机场集团，地铁集团在全市范围开展了集中整治非法营运“百日”专项行动。经过合力整治，深圳市各重点区域的非法营运违法行为得到初步遏制，交通运输营运秩序及社会治安秩序较为平稳。

五　强化机制创新，激发平安活力

（一）创新人口信息申报建设

按照“谁出租谁负责、谁受益谁负责、谁主管谁负责”的原则，强化房屋出租人、提供房屋给流动人口居住的当事人以及各类用人单位的人口信息申报责任。这一模式依托互联信息网络和移动终端APP系统，将居住人员信息“上门采集”转变为“自主申报”，促进社会管理向社会治理转型。同时各区因地制宜，开展多种形式的自主申报工作，盐田区推行了居民住宅小区自主管理模式，宝安、光明、龙华等区推行了工厂模式。福田区还结合实际，出台了激励当事人申报信息的奖励措施。全市推广人口信息自主申报以来，全市各类申报主体共登记申报人口信息249.2万条，占同期新采集人口信息总量的39%。

（二）创新社会治理信息化建设

积极适应以事件为中心的安全观向以人为中心的安全观转变，通过社会管理工作网信息平台，各类数据充分“跑起来”，使各部门形成合力，形成有效的管理链条。通过工作网系统，深圳市不断优化工作流程，人、房、事、网等实现了互相关联，在探索实现政府力量、专业力量和社会力量三方联动工作新机制上走出一条新路。2014年工作网建设进一步深化。一是丰富功能应用。结合人民调解“福田模式”推广工作，充分发挥工作核心业务系统的作用，研究设计人民调解子系统和综治表彰系统，将人民调解的工作内容和调处流程纳入社会管理工作网管理，提示综治工作申报的工作效率；进一步完善群防群治系统建设，实现全市5类13支队伍66万人的信息化整合。二是实现数据互通共享。完成与市交委、市卫计委、市禁毒办等部门数据的互通互享；全市各区（新区）基本实现工作网与中心、社区前台自动读卡系统等的对接联通，确保数据“一网进入”，信息采集高效规范。

三是规范运行机制。进一步研究改进“一网考”考核指标，加强实地抽查，事后倒查、比对等工作，打造数量、质量、难度等指标要素并重的考核体系。四是强化多方联动。通过工作网信息平台，在盐田、坪山等地试点的基础上，制定了《多方联动的工作规则》，有效对接民政、司法、卫生、交通等部门和社工、心理辅导师、慈善爱心组织等资源力量，推进社区矫正、易肇事肇祸精神障碍患者等关注人群信息交换、录入（进入）工作网，依托信息平台在全市推广政府力量、专业力量、社会力量齐抓共管、综合治理的关注人群服务管理三方联动新机制，推动特殊人群“三个一”（一人一档、一人一策、一人一帮扶小组）落地管理。据统计，2014 年全年工作网信息系统共受理矛盾纠纷和问题隐患案件 417612 宗，已办结 410742 宗，办结率达 98.35％。社会管理工作网建设曾被评为 2012 年广东政法十大品牌之一，2014 年 6 月 22 日，《人民日报》以近一个版面的篇幅做了专题报道。

（三）创新综治委规范建设

突出抓好综治委及专项组规范建设，进一步形成齐抓共管、协作配合的工作格局。按照中央决策安排，综治部门主要是围绕社会治安，加强统筹、协调解决跨部门、跨行业、跨领域的体制机制性问题。2014 年，要紧紧围绕构建发挥综治委及其专项组作用，构建齐抓共管工作机制，突出抓好四方面工作。一是突出抓好综治委成员机构建设。本着“精简机构成员、健全工作机制、提高议事效能”的原则，在全省对综治委组成成员进行了优化重组，由承担社会管理和综治工作联系紧密的综治成员单位领导担任综治委委员，与综治工作联系不够紧密、任务较少的单位领导和各区综治委主任则不再担任委员，调整后市综治委领导由 9 名调整为 6 名，将委员由 58 名缩减为 36 名，且综治委委员调整为由该单位分管领导（副职）担任。二是突出抓好综治任务责任机制建设。严格落实综治责任制，组织起草综治委市级成员单位 2014 ~2016 年度社会治安综合治理目标管理责任书，不仅强调以结果为导向，更明确了综治工作前端治理任务，体系更加完善，综治责任更加清晰，平安建设任务更为具体。三是突出抓好综治考核体系建设。系统梳理成员单位的重点工作7项，弱化与综合治理工作关系不紧密的考核，加大了对综治重点工作考核的比重，进一步强调了平安创建和综合治理的工作导向。进一步提升群众评价所占分值，加大客观数据比重，立足客观量化的数据，数据全部来自第三方或其他单位，避免了既当裁判员又当运动员的情况。同时建立考核结果问责机制，对考核名次靠后的区和单位领导进行约谈。公开考核结果，在主流媒体或政务内网公布考核得分及名次。

B.9

2014～2015年深圳市社会治安形势分析及展望

杨 懿*

摘 要： 面对前所未有的动态化、信息化条件下特大型城市治安之困，深圳公安机关以“深圳质量”为标杆，全面深化公安改革创新，着力打造“平安深圳”和“法治公安”，构建“现代化、国际化、规范化、专业化”现代警务运行机制，实现警务生产力和治安管控力双提升，为深圳实施“三化一平台”战略提供更为优质、高效的安全保障。

关键词： 社会治安 公安改革 警务生产力 治安管控力

平安稳定是改革发展的基本前提，是人民安居乐业的基本要求。深圳作为首个经济特区，在30多年的时间里社会经济迅猛发展，经济规模保持在国内大城市前列，随之而来的是城市人口快速增长，社会治安管控压力倍增。深圳公安机关深入践行“忠诚、正义、为民、奉献”的警队核心价值观，不断积极探索符合深圳实际的社会治安治理有效措施，为特区社会经济发展和人民安居乐业保驾护航。

一 2014年深圳市社会治安工作情况及特点

2014年，按照深圳市委市政府实施“三化一平台”战略和建设“一流

* 杨懿，深圳市公安局。

法治城市”的部署，全市公安机关深入开展“平安深圳”创建工作，推进公安改革创新，构筑强大的“人民群众支持网”和先进的“公安机关专业网”，着力打造国内领先、国际一流的现代警务模式。

（一）严密防范、主动作为，着力提升反恐处突能力，保证了特区社会稳定

一是最大限度地降低暴恐风险，构建“大反恐”格局。市公安局成立反恐支队，各公安分局成立反恐大队，提升全市反恐实战水平。强化重点目标巡逻值守、联勤巡控、“动中备勤”，组织市局特警支队和10个区分局特警中队24小时值班备勤，强化应急攻坚；在福田分局组建“反恐特别行动队”，每天实行“四班三运作”执勤。整合侦查资源，横向集成、纵向贯通，基本形成反恐联侦、联打模式。推动反恐宣传进社区、进学校、进网络，辅以举报涉恐线索重奖制度，打响了一场“反恐人民战争”。

二是主动化解处置风险隐患。建立信息快速核查、风险综合评估、问题分级预警等机制，对重点单位和部门定期开展风险评估；与市应急指挥中心和国土规划、劳动保障等部门建立了沟通协作制度，从源头上化解不稳定因素。组建13支机训队伍，战训合一，分区布防，随时准备处置突发事件。

三是保障大型活动安全有序。完善大型活动安全管理警务规范，建立了分级审批、承办方负责、购买安保服务等新机制，推动大型活动安保工作流程化、规范化运作，实现了文博会、高交会、国际马拉松赛等290多场活动安全有序。

（二）源头管控、打防结合，构建“人民群众支持网”和“公安机关专业网”，巩固治安持续向好的大趋势

一是创新社会治安治理体系。打造强大的“人民群众支持网”和先进的“公安机关专业网”，织严、织密防范犯罪的“天罗地网”。创新推出“平安巡城”行动，完善动态巡逻勤务制度。2014年内，全市接报的110刑

事治安警情同比下降8.4%，其中刑事警情下降11%，“两抢”、“两盗”警情分别下降46%、21%。

二是强化“平安细胞”创建工作。全面推进平安校园、平安医院创建。组织开展打击涉医违法犯罪专项行动，督促医院落实安全保卫制度。共督促整改治安隐患398个，破获涉医治安案件74宗、刑事案件14宗；组织开展“护校安园”专项行动，强化部门联动和综合治理，共建立校园周边治安岗亭309个，排查校园内部安全隐患1450处，整治校园周边治安乱点1201处，较好地维护了全市校园安全。

三是发展群防群治力量。推动治安管理社会化，推广治安理事会、“混编巡逻”、“轮值轮训”、“内保外用”等工作模式，以社区“治安自治”为突破口，创新组织、宣传、发动群众参与群防群治的形式和载体，营造“人人关心治安、人人参与治安”的良好氛围。全市641个社区全部完成治保组织组建，群防群治力量共协助破获刑事、治安案件20000多宗。

四是创新网络社会服务管理机制。率先在全国开展移动互联网源头管理，联合市经贸信息委出台了《深圳市公益性公共场所无线局域网建设与服务规范（试行）》。构建“网络安全和信息化犯罪防控新模式”，完善被诈骗资金拦阻、涉嫌诈骗网络电话阻断等应急、防控机制。打掉电信诈骗犯罪团伙62个，冻结涉案账户7800余个、涉案金额5300余万元。反信息诈骗中心荣获“全国公安机关爱民模范集体”称号。

（三）严打开路、以打促防，用好现有警力资源，拓展全领域打击犯罪新空间

一是注重合成作战，完善“大刑侦”格局。完善各警种同步上案、“捆绑”作战模式，实行“类案联手打击、要案联合攻坚、大案连续深挖”，构建起职能融合、优势互补、精干高效的“大刑侦”格局。全市刑事案件立案数同比下降11.2%，破案数上升20%；八类严重案件占刑事案件的比重降至3.7%，破案率86%，均为历年来最好水平。

二是注重专项打击，严打整治全线提速。以省公安厅部署的“六大专项”行动为中心，重拳打击各类严重刑事犯罪，重点打击多发性、新型犯罪。强力开展“扫黄禁赌”专项行动，行政拘留、逮捕数同比明显上升；与有关单位联合构建“大查控”体系，实现缉毒破案数和刑拘数连续4年排名全省第一；从严打击涉食药违法犯罪，联合多部门开展专项行动，破获了一批重大案件。

三是注重护航发展，打击经济犯罪取得新战果。严打突出型、涉众型、多发型经济犯罪；重点开展打击银行卡犯罪专项行动，综合排名全省第一。强力推进打击制假售假专项行动，发起集群战役并成功收网28起，摧毁多条产、运、储、销犯罪链。严厉打击涉税犯罪，侦破全国首宗免抵退企业特大骗税案，并打掉深圳市首个套购、虚开普通发票犯罪团伙，有力地服务了社会经济发展大局。

（四）法治为先、科学治理，提升安全管理水平，为市民安居乐业创造安全环境

一是交通管理繁中求序。创新开展“法治通城”行动，推出“十大重点整治”、“十项严管措施”，严管泥头车、货车、校车等重点车辆，严查酒驾、醉驾、乱变线等交通违法行为；倡导机动车“礼让斑马线”，推行并道车辆“拉链式”交替通行，有效地促进了城市交通文明指数屡创新高。率先在全国建立救护车“无忧避让系统”，被中央电视台《焦点访谈》誉为中国式避让救护车的“深圳样本”。全市交通事故死亡人数连续9年下降，提前两年实现了全国《道路交通安全“十二五”规划》提出的目标。

二是消防管理稳中求进。持续开展“清剿火患”战役及“利剑”行动，启动“查、处分离”改革试点，组建消防临时执法机动大队，查在先、防在前。着力打造“消防安全文明示范小区”样板，以住宅小区、工业园区、商业片区、写字楼区四类功能性小区为单元，在全市组织开展创建活动。提升全民消防意识，创建校园消防安全体验室、消防安全主题公园，推出全国

首个消防安全流动宣传站。从难从严组织实施消防战训，全年共扑灭火灾7439宗，抢险救灾7358宗，解救被困群众4251名。

三是危爆管理严中求安。针对深圳市年均使用炸药和剧毒化学品总量位居全国前列的实际，推动全市危爆物品生产、储存、运输、使用、销售环节标准化管理，全面推广电子标签制度，确保实时有效监控。督促相关单位严格贯彻执行民爆条例和爆破安全规程要求，协调成立爆破证作业专家库，杜绝各类爆破作业违规行为的发生。对重点单位和部位推行专业化防护；全面实施地铁安检，累计安检2.7亿人次，收缴违禁品7.1万件，确保了地铁安全。

（五）热情服务、便民利民，着力提升行政管理水平，为市民提供优质公共服务

一是先行先试，完善居住证制度。全力配合并全程参与市人大立法，提出“科学定位居住证的功能定位、建立全市流动人口居住登记制度”两大核心立法目标。10月30日，《深圳经济特区居住证条例》获市人大审议通过，成为深圳市今后一个时期流动人口管理的重要法规。

二是便民利民，寓管理于服务。以信息化手段深度挖潜，以标准化运作保证质量，努力让群众感到管理更人性、服务更贴心、办事更便利。建成了指挥中心ISO 9001质量管理体系，处置警情更加规范高效。试点整合部分派出所户政窗口，建立区域户政服务中心，探索户政业务办理“全城通”模式；建立境外人员办理出入境业务网上预申请系统，基本实现自助申请、缴费、签注“一体化”服务；全面推行出入境业务网上预约办理，既减轻了窗口压力，也节省了市民等候时间。

三是互通互动，密切警民关系。完善网上便民工作室、警察公共关系联络员、警察开放日等制度，主动满足市民对治安工作的知情权、参与权、监督权。注重“微阵地、大沟通”，市公安局官方微博“@深圳公安”、交警支队官方微博“@深圳交警”获得2014年度“全国十大政务机构微博”和“全国十大公安微博”荣誉。组织开展“铁肩担道义、忠诚写平安”主题公

关宣传活动，激发正能量。成功举办第十届警察开放日活动，主会场首次突破 10 万人，取得了显著的宣传效果和社会反响。

二 影响深圳市社会治安的因素分析

在全面深化改革和依法治国的大背景下，一方面，公安工作处于重要的战略机遇期和窗口期；另一方面，治安高度动态化带来的管控压力成倍增加，而公安工作和公安队伍自身也存在一些问题亟待解决。当前和今后一个时期，社会治安仍将面对“五大挑战”。

（一）社会治安高度动态化带来巨大冲击

大量无业人员和违法犯罪前科人员长期滞留，实有人口总量巨大、结构复杂和高流动性等问题短期内难以解决，仍将对城市治安治理形成深层次挑战。地铁线路、高层建筑、危险品使用量、重点场所、人员密集区域数量持续增长，治安管控任务进一步加重。同时，多发性侵财犯罪、流窜犯罪、职业性犯罪突出，“黄赌毒”违法犯罪活动时有反复，电信诈骗犯罪持续高发，在侦查破案和有效防范方面仍存在较大难度。

（二）警情指标降幅收窄

2010 年以来，深圳市刑事警情年均下降 10% 以上，八类严重刑事案件的比重从 6.4% 降至 3.7% 。但从外部环境影响看，全国、全省犯罪多发的总体态势未发生明显改变，深圳市社会治安仍受到大环境的影响，还存在变数；从后续投入效果看，较长一个时期内警力资源投入很难出现质的突破，主要警情指标的降幅收窄、持续下降的难度越来越大；从治安结构形态看，原特区内外治安的“二元格局”未变，宝安、龙岗、光明、龙华四区的刑事治安警情占全市的 60% 以上，进一步好转的难度大。

（三）基础薄弱导致治安问题较为突出

全市拥有出租屋500多万间（套），一些老旧"城中村"房租低廉，吸纳了大量无业、无稳定收入者聚居，成为藏污纳垢之所，"黄赌毒"、黑网吧、黑作坊、黑诊所、制假售假等问题层出不穷。

（四）交通消防安全形势十分严峻

全市机动车保有量已超过314万辆，交通拥堵、违法行为增多等一系列问题在短期内难以解决，道路交通管理压力依然巨大。全市手续不全的既有建筑总量大，且普遍存在消防基础设施缺乏、电线私拉乱接等问题；消防水源规划不足，消火栓缺口大，尤其原特区外十分突出；全市消防站建成区平均覆盖率低于国家标准，消防安全压力大，基础薄弱。

（五）警力配备滞后的困局一时难以突破

全市万人配备民警数仅为10.5名，低于15个副省级城市的平均水平（16.49名）。参照广州市的民警配置标准，深圳市警力缺口达1.9万人。在大幅度增加警力编制异常困难的情况下，民警普遍长期超负荷工作，透支身心健康，影响了基层一线战斗力。

三　2015年深圳市社会治安工作展望

2015年，市公安局将深入贯彻落实党的十八大和十八届三中、四中全会精神，围绕建设"平安深圳"、"法治公安"的总目标，以全面深化改革为动力，以"四项建设"为抓手，深入打造强大的"人民群众支持网"和先进的"公安机关专业网"，构建"现代化、国际化、规范化、专业化"的警务运行机制，打造具有中国特色、中国风格、中国气派的一流警队，为深圳市实施"三化一平台"发展战略保驾护航。

（一）深化公安改革创新，全面提升服务经济社会发展能力

借助物联网、大数据、云计算等先进技术，着力构建智慧型、主动式城市安全防护体系，更加主动高效地维护社会治安的良好局面。

加快建立深圳警务标准体系。落实打造“深圳标准”战略部署，借鉴境内外先进经验，打造深圳警务品牌，逐步建立一流的警务标准体系。

以落实《深圳经济特区居住证条例》为契机，深化流动人口居住管理服务，力争在全国率先实现新突破，为国家整体改革探索经验。积极推动行政管理服务改革，进一步精简行政许可审批项目，加快推行消防“行政审批与技术审查分离”等涉及民生的重大改革。全面推行窗口服务网上预约、网上申请、“一站式办理”、自助式办理等创新举措，用优质的后台服务减少市民排队等候，让数据多跑腿，让群众少跑路。

（二）深入推进“法治公安”建设，不断提升执法公信力

针对执法问题、权力腐败易发多发的关键环节、重点领域，加强执法制度规范体系建设，保障公正执法。全面推进执法办案场所规范化改造，强化内部安全管理。深入推进“阳光警务”，最大限度地公开执法依据、执法程序、执法结果等，以阳光促公正。

按照“谁办案谁负责、谁审核谁负责、谁审批谁负责”的原则，健全错案预防、纠正和责任追究等机制，对冤假错案实行终生追责；完善执法质量考评体系，以规范执法为中心，提升执法管理精细化水平，筑牢执法管理“高压线”。

稳步推进涉法涉诉信访工作改革，完善与检、法等机关工作衔接配合机制，建立依法终结信访制度；推动建立互动、互信、协商、对接的利益表达机制，引导信访人理性表达诉求，通过法定程序维护权益。

（三）大力加强“平安深圳”建设，促进社会治安持续好转

坚持依法严打方针，着力整治突出治安问题，针对“黄赌毒”和“黑、

拐、抢”等难点问题，建立常态化打击整治机制。坚持保障民生的打击导向，着重打击“两抢一盗”、电信诈骗等多发性侵财犯罪和涉食药品、环境污染等违法犯罪活动。

强化重点区域整治，推动全市治安工作均衡发展，完善治安复杂区域滚动排查、常态整治机制，以街道为中心推进整治行动，最大限度地消除治安隐患。

深化社会治安立体防控体系建设，培育推广群防群治新机制、新经验、新模式，深入构建强大的“人民群众支持网”；加强和改进警务公关工作，密切与市民互动沟通，深入宣讲“深圳警察好故事”，促进警队形象和公安工作满意度提升。

（四）大力整治安全隐患，维护城市公共安全

坚持严查严管严处，积极应对机动车迅猛增长带来的挑战，固化“法治通城”经验，形成严管严治长效机制；强化“禁摩限电”措施，并对“酒驾”、“毒驾”、泥头车违章、交通肇事逃逸等违法行为实施常态整治、从严查处。

加强消防基础建设，减少火灾隐患。推动强化消防基础设施建设，提升隐患排查和灭火救援能力；严格落实消防安全管理责任制，以“城中村”、“三小场所”、商贸市场、高层建筑为重点，用好有奖举报机制，常态排查、强力整治消防隐患，防止出现回潮。

加强危爆物品日常监管，杜绝发生失控漏管事故。常态化检查危爆物品生产、存储、使用情况，督促从严管理，杜绝违规作业，最大限度地减少群死群伤的安全事故。

（五）加强队伍正规化建设，打造一流过硬警队

以国家司法体制改革为契机，推动完善深圳市公安专业化改革，进一步解决职位归类、能级管理、激励机制等方面的实际问题，强化内部管理创新，构建具有鲜明深圳特色、适应公安职业需要的警队管理体系，增强民警

的职业自豪感、认同感和归属感，提升队伍的凝聚力。

坚持从严治警，形成过硬纪律作风。以严格落实“从严治警十项规定”为抓手，完善具有公安特色的惩治和预防腐败体系，对队伍中出现的腐败问题和苗头实行“零容忍”，特别是对行政审批、案件审批、治安管理等重点岗位、重点单位强化监督、巡察、审计，发现问题及时依法查处。

强化从优待警，进一步激励士气。以落实“从优待警十项措施”为契机，协调解决民警家属两地分居、因公牺牲民警家属就学就业等困难。

B.10

2014~2015年深圳市物业管理发展报告

肖琳 田卓*

摘 要： 总结2014年深圳物业管理发展基本情况及特点，深入分析深圳物业管理发展的主要经验和做法。同时针对当前行业存在的突出问题，文章提出了2015年将开展的几项主要工作。

关键词： 深圳市 物业管理 业主自治

2014年，深圳物业管理在市委市政府高度重视和大力支持下，主动探索转型升级，积极应对各种问题和挑战，取得了不俗的成绩，为打造和谐社区、建设美丽深圳发挥了积极的作用。

一 2014年物业管理行业基本情况及特点

我国内地物业管理发源于深圳。作为深圳市为数不多具有原产地标识的行业，深圳物业管理自1981年3月诞生至今，历经30多年的探索和实践，形成了较为成熟独立的产业形态，行业规模不断扩大，产值大幅增长，已稳居全国领先地位，在促进深圳市经济社会发展、提升城市建设管理水平以及维护社会和谐稳定等方面均发挥了重要作用。

（一）市场健康快速发展

目前，深圳市已形成了以物业服务企业为主导，各专业机构紧密配合的

* 肖琳、田卓，深圳市住房和建设局。

关联产业形态。截至2014年底，全市核准资质的物业服务企业达1889家，其中具有一级资质的116家、二级资质的163家、三级资质的（及三级暂定）的1610家。中国物业管理协会公布的2014年全国物业服务百强企业排行榜中，深圳市占22家，前20强深圳市占9家。2014年6月，彩生活服务集团有限公司在香港联合交易所主板成功上市，成为深圳首家在香港上市的物业公司，引领物业管理行业发展。截至2014年底，深圳市物业服务企业在管物业项目共9100个（其中在管本市物业项目5800余个），在管物业项目总面积9.3亿平方米。行业从业人员达33万余人，已归集物业专项维修资金约95亿元。2014年全年营业收入接近400亿元，行业年利润总额约20亿元。

（二）法规体系日臻完善

在《物权法》、国务院《物业管理条例》统领下，截至目前，深圳已形成了以《深圳经济特区物业管理条例》（简称《条例》）为主、规范性文件和技术规则为辅的“1+32”政策体系，为行业健康发展提供了法制保障。这些法规政策主要涉及资质管理、招投标管理、维修资金管理、业主大会业主委员会建设、电子投票、绿色物业管理、物业服务收费、物业服务规范、行业自律等多个方面。

（三）市场监管模式不断创新

1. 行政监管组织架构健全

目前，深圳市物业管理行业监管形成了以市房屋和物业管理委员会（市政府层面的决策议事机构，常务副市长担任主任）为核心，市主管部门、区主管部门、街道三级监管，市局直属事业单位、行业自律组织和其他辅助性单位紧密配合的组织架构。在此组织架构下，大量行政处罚权下放区局，实现事权下放，街道办及其社区工作站纳入物业管理监管体系，监管工作重心逐渐下移，实现了物业管理和社区管理的有机结合。

2. 建立了市、区、街道三级联席会议制度

根据《条例》有关规定，深圳市已建立市区街道三级物业管理联席会

议制度，定期召开联席会议，协调处理行业有关重大问题。实践证明，联席会议制度强化了市主管部门对各区物业监管工作的指导作用，成为协调、处理社区物业管理重大问题的有效途径，促进了疑难和重大问题的有效解决。

（四）多措并举促进行业转型升级

近年来，针对深圳市物业管理行业发展不平衡、创新乏力、服务质量参差不齐等现状，深圳市积极鼓励企业大胆创新，倡导行业转型升级，大力发展绿色物业管理，开展智慧社区建设，加快推进行业标准化，鼓励物业服务企业参与社区养老事业。为建立绿色物业管理标准化体系和评价体系，深圳市出台了《深圳市绿色物业管理导则（试行）》、《深圳市绿色物业管理项目评价办法（试行）》、《深圳市绿色物业管理项目评价细则（试行）》，截至2014年12月底，已在240余个项目中开展了绿色物业管理试点，完成了80余个“智慧社区”建设试点工作，超额完成市政府民生实事工作任务，建立起较为完善的物业管理标准体系及绿色物业管理评价体系，积极引导企业通过现代信息技术手段落实行业标准，提升技术含量，开展节能减排，努力实现物业管理智能化，有效提高了行业收益率，提升了行业整体服务品质，改善了行业生存环境。

（五）信访维稳工作扎实有效

物业管理与人们的生活息息相关，关涉百姓民生。近年来，社区物业管理矛盾纠纷频发，稳控难度也不断升级，已上升到与医患纠纷、劳资纠纷、环保纠纷并重的层级，调处形势非常严峻。面对逐年增长的物业管理矛盾纠纷，深圳市建立了物业管理纠纷人民调解机制，注重关口前移，做到勤下基层，及时给予基层同志业务指导，并尝试与市区人大代表、优秀业主委员会代表一起下基层参与调处各类物业管理矛盾纠纷，将矛盾纠纷有效地化解在基层，化解在萌芽状态，较好地维护了社会和谐。2014年底，市、区两级主管部门共受理信访3120件，信访投诉处理率为100%，满意率为98%。

二　主要经验与做法

（一）狠抓物业管理法规政策体系建设

《〈深圳经济特区物业管理条例〉实施若干规定》已于2014年1月1日正式实施；目前正在起草《深圳市物业管理市场主体信用信息管理办法》、《深圳市物业管理权交接管理办法》、《深圳市智慧社区建设导则》，以及《智慧社区评价规范》、《物业管理术语标准》、《物业服务技术等级规范》6个标准文本；同时继续推进《深圳经济特区物业管理条例》修订工作。

（二）注重业主自治组织建设，完善业主自治制度

1. 推广应用物业管理电子投票系统

市住建局积极指导各区推广应用物业管理电子投票系统，至2014年底已完成430个小区的业主信息批量注册工作，指导67个小区使用电子投票系统召开业主大会。针对物业管理电子投票系统使用中出现的问题，对系统的操作界面、使用流程、投票账号设定等问题进行了优化，提高了操作的便利性。

2. 举办业主委员会培训

2014年，市住建局组织各区业主委员会负责人等共130余人参加业主委员会培训，学习新出台的《〈深圳经济特区物业管理条例〉实施若干规定》，为提高业主委员会工作人员素质、推动业主大会业主委员会规范运作起到了积极作用。

3. 积极探索业主自治组织建设

根据市领导关于做好业主组织建设的批示精神，2014年市住建局多次与市社工委、市民政局等沟通协调，并组织召开有北京、天津、深圳等地知名专家、业主委员会代表参加的业主自治组织建设座谈会，积极探索法人化

条件下的业主自治组织建设。目前，市住建局正指导罗湖区开展业主大会社团法人登记试点工作。

（三）转变作风，服务基层服务企业

1. 推进前海合作

2014年6月，市住建局指导市物业管理协会与香港房屋经理学会签订了《香港房屋经理前海执业资格认定协议书》，为前海引进香港物业管理先进理念和专业人才奠定了基础。

2. 简化行政许可事项办理环节，方便企业办事

根据商事登记制度改革要求，市住建局编制了《行政许可事项和服务事项登录表》、《行政职权事项内部外部流程图》、《廉政风险点以及工作自查报告》等；对1项行政许可事项和6项行政服务事项的收文材料、办理环节进行精简优化，精简材料平均达到40%，办理时限平均缩短38%，物业服务企业资质变更等50%的服务事项实现窗口即到即办；使用省住建厅“三库一平台”系统办理的二级资质初审事项共计6项，100%实现网上办事。

3. 积极开展下基层、访企业工作

走访了罗湖、福田、宝安、龙岗、龙华新区等区主管部门和长城物业、彩生活物业、万科物业等物业服务企业，认真听取各基层和物业服务企业的工作意见，指导和协调各区工作，为企业纾难解困。

4. 重视物业管理政策法规宣传贯彻

先后举办了《〈深圳经济特区物业管理条例〉实施若干规定》宣贯活动和2014年物业管理宣传月活动。编印了《若干规定》知识问答共10000册并发放到各区主管部门、街道办、社区工作站等；指导各区主管部门、行业组织和物业服务企业举办物业管理相关培训和社区宣传活动。上述活动有效提高了政府部门相关工作人员和业委会工作人员的专业水平和工作能力，推进了《若干规定》的贯彻落实。

（四）加强行业诚信体系建设，构建良好市场秩序

1. 积极推动行业诚信体系建设

2014 年市住建局组织起草了《深圳市物业管理市场主体信用信息管理办法》，现已完成各有关单位的意见征求，力争 2015 年年内出台。

2. 加大对企业违纪违规和不诚信行为的惩处力度，规范市场主体行为，构建良好的物业服务市场秩序

对龙悦居保障房项目在管物业服务企业擅自在架空层搭建家居展示样板房行为及时进行了调查处理，并给予了通报批评。

3. 推进物业监管综合信息系统建设，创新监管方式

结合住建局正推进物业管理信息化建设，开发建设一个集服务、审批和监管三大功能于一体的物业监管综合信息平台，覆盖全市所有物业管理项目，方便居民查询物业服务企业诚信记录、投诉举报，对物业管理行业进行实时、动态监管。

4. 多次会同发改部门、市场监管部门积极推进物业管理收费指导标准的修订和完善工作

目前正结合国务院价格改革最新政策和规定开展相关配套工作，积极推动物业管理收费市场化改革。

（五）高度重视行业转型升级

第一，大力发展绿色物业管理。2014 年市住建局举办了绿色物业管理培训班，共培训物业服务企业负责人 650 余人次，为物业服务企业顺利推进绿色物业管理试点提供了有力的技术指导；为继续加大绿色物业管理工作的宣传、培训和指导力度，市住建局组织力量编印《深圳市绿色物业管理法规政策汇编》第 2 版；目前，市住建局正在积极地开展物业管理标准化工作，将绿色物业管理的理念和要求引入物业管理标准体系设计和标准化文件编制，并将绿色物业管理技术指标列为物业管理标准化考核的一项重要内容。

第二，积极推进“智慧社区”建设。在万科城等52个物业项目启动智慧社区建设试点工作；完成了《深圳市智慧社区建设导则》的编写工作，并通过了国家级专家的评审。

第三，加快推进物业管理标准化工作。2014年，深圳市启动了《智慧社区评价规范》、《物业管理术语标准》、《物业服务技术等级规范》等6个标准文本的起草和论证、报批工作，并争取19个已出初稿的标准技术文本的立项、修订和论证、报批工作。2015年将争取另外20个标准技术文本编制工作的启动、立项。

第四，鼓励物业服务企业参与养老事业。2014年实施的《〈深圳经济特区物业管理条例〉实施若干规定》，从政府层面明确支持和鼓励物业企业参与社区养老事业。例如，长城物业集团股份有限公司在深圳福田区成立了首家“3H颐养复康中心·百花旗舰店”，中心已接收入住24小时持续护理长者40人，日间康复照料长者20人。客户平均年龄为85岁，客户类别主要包括因体弱或者疾病而需要康复护理照顾的长者、离院后需要康复治疗的中风长者、阿尔兹海默症患者（老年痴呆症）及退休人士等。目前，该企业正在与民政、街道等部门沟通协调，拟计划2015年在园岭社区开设第二家旗舰店“3H颐养复康中心·园岭旗舰店”，为该辖区的长者提供专业的社区养老服务。此外，长城物业集团股份有限公司在2013年正式成立旗下公司“深圳市家应居家养老服务有限公司”，并于2013年12月加盟美国护明德居家养老公司（Home Instead Senior Care ®），计划在2015年分别在罗湖、南山区开设护明德居家养老连锁经营分店。同时，长城物业将积极与其他物业公司合作，共同摸索养老服务新机制。

三　存在的突出问题

（一）企业创新能力不足与业主不断增长的服务需求之间的矛盾

深圳市目前虽然拥有1889家物业服务企业，且在行业创立之初拥有较高的美誉度和认同感。但企业间发展不平衡、原特区内外发展不平衡和部分企业缺乏创新能力等，导致了物业服务产品同质度高、技术含量低、市场恶性竞争，物业服务品质屡遭业主质疑，企业创新乏力与业主不断增长的服务需求之间的矛盾不断显现，业主对物业服务企业的不满情绪越来越强烈。

（二）业主自治组织运作难与业主不断增强的维权意识之间的矛盾

目前，深圳市业主大会、业主委员会成立率约34%。业主大会成立难、召开难、表决难一直是困扰行业的老大难问题，直接导致的是业主大会、业主委员会有效决策难以形成，效率低下。业主大会、业主委员会法律地位不明晰，权责不对称，业主大会难以规范运作，业主权利得不到保障。随着广大业主公共事务表达意识的不断增强，目前的业主自治体制机制亟待完善。

（三）缺乏弹性的价格机制与不断攀升的管理成本之间的矛盾

目前，深圳市住宅前期物业服务收费实施政府指导价，但物业服务收费定价具有较强的延续性，前期物业服务价格确定后，后期要上调非常困难。近10年来，深圳市居民消费指数提高1.25倍，职工年平均工资增长了2倍。但物业服务收费标准却一直未能调整，物业服务收费与成本变动严重脱节，给劳动密集型的物业管理行业带来巨大的生存压力。

物业管理行业是典型的劳动密集型产业。据了解，随着物价上涨及最低工资标准的不断上调，深圳市绝大部分物业管理企业70%～80%的物业费主要用于人员工资开支，而本应用于住宅维修养护的物业费仅10%左右真正用在住宅维修养护上。这一现象已成为业界的奇怪现象，令人忧虑。

（四）基层政府人员编制较少，工作压力大

根据《条例》规定，街道办事处负责业主大会、业委会的成立和运作的监督指导工作。但目前各街道办事处本身工作量大、人员编制不足，难以有足够的人员和精力开展物业管理工作。随着业主组织建设工作量越来越大，街道办事处的工作压力将有增无减。

四　2015年工作展望

（一）加快推进《条例》修订工作，明确业主组织的法律地位

目前《条例》修订已推进到第五稿，通过2013年的全面调研和2014年征求市社工委、政法委、法院、律协以及各区主管部门、各街道的意见，力争在2015年上半年对业主组织建设和物业服务企业管理进一步深入调研，下半年将《条例》修订送审稿报送市法制部门审议。长期以来，作为物业管理市场买方主体的业主大会，一致未能成为独立的法人，业主大会法人地位的缺失直接导致其不能成为具有独立运作权益的市场主体，民事权利能力和民事行为能力受到限制，权责不对等。现实中，业主组织已经暴露出越来越多的问题和缺陷：业主大会召开难、表决难、业主组织运作不规范、政府监管难以开展。2015年，市住建局将会同市社工委、市民政局等部门指导罗湖区开展业主大会社团法人试点登记工作和业委会联合会成立工作，争取在特区物业管理条例修订时对业主组织法律地位认定做出突破，以提升业主组织自治能力和责任意识，做到权利义务对等。

（二）加大信息化建设力度，创新政府监管方式

2014年，市政府已将开发建设物业管理综合监管信息平台列入民生实事，借此契机，市住建局将重点推进物业管理信息化建设，研究开发一个集服务、审批和监管三大功能于一体的物业监管综合信息平台，对物业管理行业进行实时、动态监管，包括日常事务督查、诚信档案管理、投诉信访管理、电子投票管理及物业招标管理等。通过该平台，建立市、区、街道数据共享平台，实现物业管理重点环节的有效监管；优化电子投票系统，实现投票方式多样化、使用功能便捷化，激励业主积极参与小区事务建设；同时依托“织网工程”的社区家园网平台，与物业管理有关的基础数据全部纳入公共基础信息资源库，将物业管理有关的服务事项、便民服务、投诉建议等以信息化手段延伸到全市各小区，实现零距离服务。

（三）贯彻落实国家政策，推动物业管理收费改革

随着国家放开物业管理收费定价，各地均在制定落实政策措施。而深圳物业管理除住宅前期收费仍有政府指导价以外，其余均已实现市场定价。2015年，市住建局将会同市发改委积极推进物业管理收费定价市场化步伐，争取实现除保障性住房以外，所有物业项目收费定价全面市场化，真正实现市场在资源配置中起决定性作用。

（四）高举“深圳质量”大旗，推进物业管理标准化工作

作为“深圳质量”的重要内容，市委市政府高度重视标准化体系建设工作。2015年，市住建局将在上年工作基础上，着力推进物业管理标准体系建设工作，起草包括《共用设备设施维护管理规范》在内的19个物业管理分项标准，在全国率先构建比较完备的物业管理标准体系，为未来物业管理健康发展奠定坚实基础。

（五）依托绿色物业管理和“智慧社区”，推动行业转型升级

2015年，全市将完成110个绿色物业管理项目和80个“智慧社区”试点工作，引导企业运用现代信息技术手段来落实行业标准，实现物业管理智能化，提升技术含量，开展节能减排、开源节流，降低企业经营成本，推动行业转型升级，提高行业收益率，提升行业整体服务品质，改善行业生存环境。

（六）积极培育物业管理独立的第三方评估机构

目前，深圳市物业管理第三方机构及中介组织的发展较为滞后，而近年来北京物业管理行业第三方机构得到了长足的发展。因此，2015年深圳市将积极学习北京等地经验，研究制定相关政策措施，大力培育和支持第三方机构等中介组织的发展，引导和鼓励它们通过承担物业管理承接查验、服务

质量评估、物业服务费核定、物业服务企业或业主组织财务审计等，通过市场经济手段改变业主与物业企业间信息不对称格局，进而化解物业管理矛盾纠纷，提升物业企业管理服务水平，促进契约双方和谐共处。同时，推动政府带头购买服务，以减轻基层政府工作压力。

（七）加大培训宣传力度，提高各方对物业管理的正确认识

积极沟通协调市广电、报业、新闻网等主流媒体，加强对物业管理在建设文明城市、和谐社区中的积极作用进行正面宣传，提高广大市民对物业管理的正确认识。同时，继续邀请专家学者、优秀业委会主任等专业人士，重点对各区业委会成员进行履职培训，提高业委会成员履职能力。

B.11
福田区社会建设主要进展、形势分析与工作展望

福田区社会工作委员会*

摘　要：以党的十八大和十八届三中、四中全会精神以及习近平总书记"四个全面"重要批示精神为指引，全面总结2014年福田区社会建设主要进展，深刻分析当前面临的发展形势，提出2015年福田社会建设工作的目标任务和具体措施。

关键词：社会活力　公共服务　基层治理　社会组织　信息化

2014年，福田区在区委区政府的领导下，加快推进社会事业改革和社会治理体制创新，紧紧围绕激发社会活力、创新社会治理总体要求，从格局建设、服务建设、载体建设、体制建设、网络建设5个方面着手，狠抓社会建设具体项目实施，辖区社会建设工作呈现良好局面。2015年，面对新形势、新任务、新要求，福田区将紧紧围绕"全面建设一流国际化中心城区"的目标，坚持增量创新和存量改革"双轮驱动"，着力构建民生幸福普惠共享新格局、社会组织综合管理服务新体系、社区治理多元共治新模式、城区服务管理新机制，倾力打造深圳社会建设CBD。

---

* 执笔人：胡丽娟，福田区社会工作委员会。

一 2014年福田区社会建设主要进展

（一）努力构建同责共为格局，社会活力显著增强

设立“社会建设专项资金”激发社会参与活力。为撬动、引导和扶持社会组织参与公共服务和社会治理，2014 年，福田区设立起步规模为 2000 万元的社会建设专项资金，资助各类社会组织申报实施的社会服务和社会创新项目。自 2014 年 8 月 7 日发布政策以来，已开展两期资助申报工作，共资助 109 个项目，投入资助资金总额 1185.1 万元，吸引社会配套资金总额达 1585.6 万元，财政资助与社会投入比例为 1∶1.34。同时，也带动了一批专家、学者、志愿者参与，吸引了各种技术、资源、场地、器材等的投入，专项资金在引领社会资本主动参与社会建设和社会创新方面的作用充分显现。

搭建跨界合作平台，凝聚社会创新合力。与深圳市关爱办共同指导发起成立了“深圳（福田）企业社会责任联盟”，成员企业 53 家，捐资 230 万元成立了“深圳市关爱行动公益基金会·深圳（福田）梦想公益基金”，探索企业参与社会治理从输出型慈善到聚集本土社会建设的新路子。开展“社会创新公益下午茶”系列活动，多家单位通过该活动受到资助。“大爱福田·涉罪未成年人帮教工程”获得深圳（福田）企业社会责任联盟成员 30 万元捐款，福民小学获得 15 万元社会资金资助“梦想中心教室”项目。此外，建设银行、上海银行为全区社会组织提供三年总计约 180 亿元人民币的授信额度。据统计，建设银行目前已累计为各类社工机构、养老机构提供小额、短期、低息贷款近 1000 万元，并正在与学前教育协会和环保产业协会对接，商讨行业金融服务细节。

开展“社会创新百舸行动”推动部门创新。围绕改善民生和社会治理创新，推动社工委委员单位在本单位财政预算范围内，主动与社会组织等社会力量合作，开展由社会力量主要实施的社会建设创新项目，推动形成政府主导、社会协同、共建共享的社会治理新格局。2014 年，57 个委员单位委托相

关社会组织实施社会创新项目 68 个，遴选确定其中 20 个项目作为 2014 年社会创新重点观察项目，由分管区领导和社工委全年跟踪指导，并评选 10 个年度优秀项目向社会公布，着力把该行动打造成福田区社会改革创新的品牌。

（二）不断完善公共服务体系，重点民生持续改善

社会事业蓬勃发展。2014 年福田区累计民生支出 93.6 亿元，占财政支出比重的 78%，同比增加 1.2 个百分点。教育、医疗、卫生、文化等各项社会事业快速发展，在全市率先实施学前教育普惠行动计划，建成普惠性幼儿园 61 所，解决学位缺口 3300 多个；社康中心、家庭医生服务社区实现全区全覆盖；建成并投入运营老人日间照料中心 15 家，提前覆盖全区，相关经验被全市推广；开发就业岗位 4.9 万个，促进 6689 名失业人员再就业；向 839 名求职大学生提供“青年驿站”7 天免费住和就业指导服务；打造“一公里文化圈”、“福田健身房”，基本实现区、街道、社区三级公共文化设施无盲点均衡覆盖；国家公共文化服务体系示范区创建项目以国家东部地区第一名的成绩通过文化部中期督查；市、区投入 2.1 亿元开展交通设施维护建设，高效完成 27 个交通拥堵治理项目；深化“平安福田”创建，完成“智慧警务”一期建设，刑事、“两抢”、“两盗”、“黄赌毒”案件分别下降 10.8%、53.6%、11.9%、73.3%，获得全市群众安全感和治安满意度调查第一名。

民生实事稳步推进。坚持开门办民生，年初通过现场活动、网络问计等方式向群众征集并从中选定民生实事项目；年终通过市民代表体验、第三方评估、现场答辩和网络问政四种方式开展民生实事群众评议活动。2014 年区政府牵头的 20 项民生实事全面完成，平均分在 82 分以上，获居民点赞。其中“福田健身房”项目获得了年度最高分 90.1 分。福田区政府还获得深圳首个民间评议政府公共服务白皮书“金秤砣”奖。

行政服务“零收费”改革成效显著。作为广东省“零收费”试点区，福田区通过停收、免收或由区财政代缴行政服务收费，减轻企业和个人负担。目前，行政事业性收费项目从原来的 20 项减少到 8 项，其中行政服务类项目减少 100%，每年可为辖区企业、居民节省费用约 1100 万元，惠及居民约 19

万人次，中央电视台《改革进行时》栏目首篇开播就报道了该项改革成果。

政府职能转移实现突破。发布《福田区转变政府职能事项目录（第一批）》共130项，取消职能37项，暂时“冰冻”68项，转移25项；出台了《福田区2014年度具备承接政府职能转移和购买服务资质的社会组织目录》，共44家社会组织获得了资质认证；逐步建立健全政府与社会力量的供需对接机制，定期在深圳社会组织总部基地（福田）发布区政府职能转移、向社会力量购买服务相关信息；推动各部门、各街道积极向社会力量转移职能和购买服务，2014年全区57个社工委委员单位共实施购买服务事项211项，涉及金额近2亿元。

（三）着力开展社区治理创新，基层基础不断夯实

创新社区治理模式。一是构建新型社区治理架构。以“建立现代社区治理体系”和“构建社区良性社会生态”为目标，探索以“多元主体、多元平台、多元服务”为基本结构的多元共治社区治理体系。在此基础上，鼓励各街道、各社区大胆创新、大胆实践，南园街道东园和巴登社区试点实施“一站两委三平台”社区治理模式，香蜜湖街道侨香社区在不设工作站的前提下，实行“党居社企”共同推进模式。二是制定各类治理主体职能清单。指导南园街道编制了社区综合党委、工作站、居委会、社区服务中心四个社区基本组织的职能清单，共涉及29个大项206个小项的社区基本职能。通过“收权、放权、让权、还权”，让各类权责归位，工作站职能减至45项，居委会职能回归71项。香蜜湖街道侨香社区权责清单则明确，社区联合党总支负责49项，居委会负责37项，还有12个大类90项工作采取购买服务的方式，由辖区物业企业孵化的社会组织承接。三是拓宽多元参与社区治理渠道。指导南园街道东园、巴登社区通过建立“议事决策、服务执行、评议监督”三个平台，让社区居民通过不同途径、不同方式参与社区事务的决策、执行和监督。香蜜湖街道侨香社区则通过政府购买服务委托物业企业下属民办非企业组织承担侨香社区12个大类90项社区公共管理服务事项，在11个小区设立政务服务代办点，从7点到24点全天候为居民免费

提供政务代办服务11项，服务效果和居民反映良好。引导成立了福田区物业企业联合会，推进物业企业在转型发展、承接基层社会管理服务职能、行业守信自律等方面的探索。四是通过营造“熟人社区”促进社区自治单元建设。福田街道福安社区以“都市田园”项目为抓手，开展“五手相连”（学习“手拉手”、互助“手牵手”、同乐“手握手”、平安“手连手”、相融“手挽手”）系列活动，通过组织25场专项活动、3项常态性活动，打造出邻里新关系，构建熟人社区，营造了社区自治良好氛围。

建立“民生微实事”居民自治办理机制。政府投入3210万元，吸引社会资金投入1280多万元，共办理百姓身边的小事、急事、难事632件，被新闻媒体评为“街坊口碑榜十大金奖”之一，目前已在全市推广。在制度设计上，一方面突出“由民做主”，优化项目推进的资金预算、立项审批等七道程序，所有项目“服务民需、尊重民意、体现民愿”，实行“三议三公开”（三议：居民自主提议、街道组织商议、居民议事会决议；三公开：决议结果公开、实施过程公开、实施结果和评价公开）。另一方面突出“多元参与”，辖区居民、社会组织、义工、“两代表一委员”等众多力量踊跃参与，或提出建议，或提供资金，或免费提供场地等。该机制有效改善了社区环境，化解了基层矛盾，激发了社会参与，促进了自治能力培育，推动了政府依法行政与社区依法自治的有效衔接和良性互动。

深化社会建设“风景林工程”。持续推进区域化党建、居民议事会、楼（栋）长制，社区服务中心、社区公益服务项目，完善项目功能，拓展实施渠道，切实发挥作用，编制21个典型案例，推广学习。认真培育，适时总结，为全市“风景林工程”贡献新盆景。福保街道益田社区宜居社区项目由省社会创新观察项目晋升为试点项目，并被遴选为“省社会创新实验基地”，“人民调解福田模式”在全市推广。

（四）全面加强扶持培育，社会组织发展迅速

建成社会组织总部基地助力社会组织发展。作为目前全市最大的社会组织综合服务平台，深圳社会组织总部基地（福田）于2014年5月9日正式

开园运营。现有深圳市创意谷公益文化发展中心等 34 家社会组织入驻，其中合作组织 28 家、孵化组织 6 家。目前，已建立了社会组织发展服务和创新项目发展服务两大服务体系，累计为 428 家区级社会组织提供年检培训服务，为 45 家区级社会组织提供政府职能转移和购买服务资质初审服务，为 44 家福田区级社区服务中心提供了评估服务，为 880 家次社会组织提供财务、人事、法律等相关服务，组织开展社会组织能力培训和资源对接活动 20 余场，140 家次社会组织举办 159 场活动，吸引 14925 人次参与。孵化蓝天救援队等 6 家社会组织获得省级社会组织扶持资金支持。通过优质服务和示范引领，有效促进社会组织良性健康发展。在 2014 年第三届慈展会上，总部基地作为组委会“社会创新之旅”的指定观摩单位，吸引近百个机构，近千名公益人士、社会公众参观访问。

登记管理体制改革为社会组织“松绑”。通过登记流程再造，实现社会组织登记“一站式”办理，简化登记类社会组织的往返次数从最少 8 次缩减为 4 次；直接登记类社会组织的办事往返次数从最少 6 次缩减为 2 次；登记材料上最多可精简 3 项，同时实行免交复印件、免交部门间共享资料；办事时限上最多可从法定 60 日缩减为承诺的 14 日。2014 年，福田区社会组织发展迅速，全年新成立社会组织 43 家（民非 20 家、社团 23 家），目前全区社会组织实有数 497 家（民非 291 家、社团 206 家）。

系列评选加强对社会组织的激励。为树立典型、弘扬公益文化，每年举行社会组织系列评选活动。首届 2013 年度评选共认定“年度突出贡献社会组织”5 家、“社会组织领军人才”5 名和“年度优秀社会服务项目”10 个，并通过社会建设专项资金给予了奖励。

（五）强力推进“织网工程”，智慧福田建设成效突出

6 个规定项目按照要求完成。按照“织网工程”、“一库一队伍，两网两系统”统一建设要求，全区划分基础网格 1227 个，配备网格信息员 1342 名，采购 PDA 信息采集终端 1500 台。分三轮组织网格信息员、网格管理机构人员、社区各类工作人员进行网格管理和信息采集培训，及时建立部署社

会管理工作网、社区家园网和综合信息采集管理系统、决策分析支持系统，为全市“织网工程”整体工作推进做好了充分的准备。

6个创新项目深化大数据应用。“三厅融合”行政审批系统将省市网上办事大厅与区、街道两级实体办事大厅“三厅融合”起来，通过部门循环、流程再造、智能推送，实现“让数据多跑腿，让百姓少走路”。333项行政审批事项中，155项已实现网上申报，77项已实现“一窗办”，145项已实现“一网办”，176项实现“一站办”。2014年，福田区被工信部确定为全国“基于云计算的电子政务公共平台建设和应用试点”。“居住人员自主申报系统”从2013年建成及试运行至今，实现了信息数据从上门采集向上门核对转变，从被动管理向主动服务转变，该系统已在全市推广。“楼宇房屋管理系统”通过将门楼牌、房屋编码、文字描述等地址信息进行标准化处理，建立了福田区标准地址库，以及公开查询访问系统、地址翻译系统和地址管理系统三个应用系统，通过楼宇房屋的分类管理、网格化管理和不动产登记管理，实现了“以屋管人”；“智能街道”工作平台让街道、社区、网格在同一个平台上实行“派单式”管理，所有工作人员通过不同的终端凭单作业，变条状式工作为模块化机制，形成业务循环、部门联动的扁平化街道工作机制。“智能街道”工作平台已在福保街道试点建成，初步实现了“居民办事便捷化、社区服务个性化、社会管理精细化、证照档案电子化、日常工作终端化、工作流程标准化、检查考核无纸化、决策分析可视化”。“公共信用体系”设计了“一库一系统、一网一办法”系统建设框架，制定了《福田区公共信息管理暂行办法》及其配套文件，采取“公主社建、公助社营”的政社合作方式（即以政府名义主办，由社会力量出资建设；政府给予适当补贴，让社会力量负责管理运营），公开邀约社会力量合作建设；在华强北、福保和莲花街道试点开始公共信用信息征集工作，有效促进了基层行政管理尤其是行政执法等工作。“政府管理服务大数据研究”结合23个职能部门的管理服务职能，对自然人从生到死、法人从登记到注销、城市部件从建设到拆除，进行全周期的管理服务研究，为各部门深化大数据应用提供了工具支撑。

二 福田区社会建设形势分析

一方面，福田区委区政府高度重视，社会各界积极参与，福田区社会建设取得了长足发展。通过充分发挥党委、人大、政府、政协、工青妇群团组织的作用，启用深圳社会组织总部基地（福田），设立社会建设专项资金，开展“社会创新百舸行动”，促使更多社会力量和资源参与社会服务和创新项目，社会建设同责共为的格局初步形成。通过试点探索，初步形成了以“多元主体、多元平台、多元服务”为基本架构的多元共治社区治理模式。“民生微实事”改革项目有效激活了社区居民自治，推动了政府治理理念和治理方式的变革。总体来看，福田的社会建设呈现良好的发展态势。

另一方面，当前，改革进入攻坚期和深水区，经济发展进入新常态，社会治理面临新使命，与新形势、新任务的要求相比，福田区社会建设工作还存在一些问题和不足。一是改革的力度和深度有待加强，现代化的社会治理体系还有待系统构建，社会活力未得到充分激发；二是公共服务供给的多样性、均衡性、优质性还跟不上人民群众的需求，城区“包容性发展”还需进一步提升；三是社会组织发展还处于起步阶段，在承接政府职能转移、提供多样化公共服务等方面的能力还有待进一步提高；四是基层体制改革面临诸多阻力和困难亟待解决，基层治理的法治化、多元化、科学化程度有待进一步加强；五是信息化手段运用还不够广泛和深入，社会治理现代化、精细化水平有待进一步提高。这些问题和不足，使福田区社会建设工作既面临诸多挑战，也存在较大的发展和提升空间。

三 2015年福田区社会建设工作展望

（一）构建社会建设同责共为新局势

加大统筹协调力度，增强社会建设工作合力；推动各职能部门结合职能转移，联合社会组织、企业等社会力量开展“社会创新百舸行动”；充分发挥专项资金的杠杆作用，探索采用“创投”与“招投”相结合的方式，牵引、拉动更多社会力量参与社会建设；以深圳社会组织总部基地（福田）为平台，以对接活动组织、社会责任示范企业评选、公益项目新媒体渠道建设等为抓手，加强社会组织与政府、企业、金融机构等资源对接；依托知名网络建设社会公益网络众筹微平台，促进社会资源整合，提升社会参与能力；进一步做实做强企业社会责任联盟，组织开展企业社会责任示范评选，激发辖区企业参与福田社会建设的积极性，凝聚社会创新合力；加大网站、微博、微信等社会工作互动平台建设力度，营造社会建设共建共享的良好氛围。

（二）构建民生幸福普惠共享新格局

继续着力发展民生事业，高质量、广覆盖，做好教育、卫生、文化、就业等基本民生，增进居民的幸福感；认真推进 2015 年度 20 件民生实事，确保每一件民生实事取得预期效果；进一步组织好“民生微实事”项目，完善居民自治办理机制，拓展、规范项目“三议三公开”渠道和方式，提高居民知晓率和参与率，强化社会资源动员措施，培育新增 1～2 家社区基金会，做好与企业社会责任衔接工作，激发社会参与；出台基本公共服务和增益性公共服务清单，丰富社区公共服务项目，逐步实现社区基本公共服务项目的多渠道供给、全辖区覆盖；及时公布和更新福田区具备承接政府职能转移和购买服务资质的社会组织目录、政府职能转移目录、政府职能部门购买服务目录，做好三个目录的对接应用，促进政府职能转移常态化、制度化。

（三）构建社会组织综合管理服务新体系

充分利用深圳市民政局和福田区政府合作开展社会组织建设改革创新试点的契机，进一步深化社会组织登记改革，探索以负面清单形式放开社会组织登记，推进部分小微社区社会组织实施备案管理试点；探索取消社会组织年检，通过建立社会组织异常名录，实行年度报告公开与登记管理机关抽检相结合的方式，创新社会组织信用监管；探索将社会组织信息采集等基础监管工作纳入“织网工程”体系，建立行政监管信息共享工作机制和社会监督公开机制，初步形成各类主体共同参与的以社会组织人员、场所、活动、资金等监管为基本链条的综合监管体系；逐步建立社会化的第三方社会组织评估机制，引导社会组织完善内部治理机制；丰富和完善专业服务项目，组织开展社会组织能力建设、资源对接、合作交流、指导评估、优秀评选等方面的系列活动。

（四）构建社区治理多元共治新模式

出台《福田区基层体制改革方案》，明晰街道与区、社区职责定位，开展优化街道机构设置、部分社区工作站合署合并工作试点，做实做强网格，发挥网格在服务和管理上的基础作用；改进完善街道、社区事权事务准入机制，严格准入依据和程序；依照“多元主体、多元平台、多元服务”的社区治理架构，以职责清单管理为抓手，进一步理顺社区“一站两委”的关系，着力构建以社区综合党委为核心、以居委会自治为基础、以社区工作站为政务管理服务平台，社区各类主体共同参与的社区治理新机制；大力培育发展社区服务类、慈善公益类、文化体育类等社会组织，引导社会组织、物业企业等各类驻社区单位共同参与社区建设，建设一批基层治理示范社区、示范小区；深入推进社会建设“风景林工程”。

（五）构建城区服务管理新机制

继续推进“织网工程”暨智慧福田建设，推进社会治理协同工作平台建设，建立完善统一信息采集、统一事件分拨、统一服务受理机制；进一步总结推广“三厅融合”行政审批系统、楼宇房屋基础管理系统、居住人员信息自主申报系统、智慧街道工作平台等“智慧福田”建设项目经验，深化大数据在基层治理中的创新应用；学习借鉴“枫桥经验”，依法广泛吸纳社会力量参与预防和化解社会矛盾纠纷；深化人民调解“福田模式”，探索在执法、司法和医疗等领域，组建具有社会力量性质、独立执业的专业化调解队伍；深入推进平安福田创建行动，推进“平安细胞”工程；深化涉法涉诉改革，落实普通信访与涉法涉诉信访分离、信访与诉讼分离要求；创新网络社会服务管理机制，关注网络社会民情动态，完善网络社会民生诉求收集机制，利用舆情应对能力排行榜推动提高舆情工作水平，提升城区智能化、信息化、精细化管理服务水平。

B.12

宝安：推进基层治理现代化提升人民群众幸福感

冀小平　王烨　程再峰*

摘　要：2014年，宝安以“民生”、“基层”、“问题”、“服务”、“创新”五个导向为指引，在提升公共服务水平、促进基层治理水平现代化、化解社会治理突出难题、打通联系服务群众最后一公里、推进社会建设体制机制建设等方面取得了“五个新成效”。目前，宝安的社会建设工作在宏观政策、发展态势等方面迎来了新机遇，但在公共服务基础设施建设水平、治理能力等方面还存在挑战。2015年，宝安将抓住机遇，直面挑战，以习近平总书记重要批示精神为指引，突出做好全面发展民生事业、构建现代社会组织体制、推进社会服务管理信息化、提升“末梢治理”现代化水平、促进“盆景”变“风景”、加快法治社会建设六方面工作，让社会建设发展成果惠及于民，尽快实现现代化、国际化湾区新城的宝安梦。

关键词：宝安　基层治理　人民幸福感

2014年是全面深化改革的开局之年。一年来，宝安区坚持民生导向、基层导向、问题导向、服务导向和创新导向，不断加大社会建设工作力

* 冀小平、王烨、程再峰，宝安区社会工作委员会。

度，取得了“五个新成效”。在由新华网、中国社科院等权威机构发布的《中国县域网络形象排行榜（2013）》上，宝安区获“十佳行政区”第一名。

一 2014年宝安区社会建设新成效

（一）坚持民生导向，回应群众关切，在提升公共服务水平上取得新成效

把保障民生作为构建和谐社会的基本内容和重要抓手，每季度印制《宝安区基本公共服务情况统计分析》，为领导决策提供科学依据。区财政安排民生支出142.6亿元，增长29.4%，办民生实事131件、“为民办实事清单”项目328项高质量完成。一是增加优质学位缓解“上学难”。新改扩建学校5所、幼儿园27所，新增义务教育学位5700个，新增学前教育学位9600多个。完成翻身小学“私改公”改制工作。启动与中国教育学会合作共建的“未来教育家”培养项目。松岗中学获评“国务院第六次全国民族团结进步表彰大会模范集体”，富源学校等7所学校获市民办中小学优质奖。二是改善医疗条件缓解“看病难”。区中医院扩建工程（一期）、妇保院中心区新院等8所公立医院建设加快推进，社康服务管理中心、卫生计生财务管理中心挂牌成立，新建社康中心5个，引进院士团队2个，特聘国内外专家68名，签约高端医疗技术合作52个，成功创建全国基层中医药工作先进单位。统筹推进以电子病历为核心的数字化医院建设，区人民医院、福永人民医院实行“先就诊后收诊金”新流程，预约诊疗率居全市各区之首。三是改善道路交通缓解“出行难”。推动30条“断头路”打通工程，将惠及沿线150万群众、1.3万家企业；实施南头关交通秩序“整治组合拳”5项措施，通行速度有望提高2~3倍；改善石岩中部片区交通微循环，10年未打通的德政路、8年未打通的国泰路等一批道路通车。四是大力推动城市管理建设。回应群众文化需求，深入开展“文化春雨行动”，该项目被列入广东省首批公共文化服务体系创建项目；招募“文化义工”和“文化钟点

工”4000多人，建设“文化钟点工”服务点358个，累计服务近百万个小时。2015年“文化钟点工”作为深圳唯一项目，以广东省总分第一的成绩获评文化部“全国文化志愿者先进示范项目”。开展劳务工大讲堂“订单式服务”活动，数十万名群众和劳务工直接受益。新建、提升公园8座，实现居民出门2公里有社区公园、5公里有综合公园。

（二）坚持基层导向，夯实基层基础，在促进基层治理水平现代化上取得新成效

将社会建设工作的重点向基层延伸，正式启动全区“社企政企”分开改革，“探索新型城镇化下社区多元治理模式及路径”项目成为国家外专局在全国资助的4个项目之一，也是广东省唯一入选的项目。新安街道“探寻社区善治之路——社会治理创新”入选首届国家治理高峰论坛“中国治理创新100佳经验”。一是理顺工作机制，规范社区管理体制。制定《宝安区规范社区管理体制　提升基层治理水平的工作意见》等“1+3”制度，规范社区管理体制。出台《宝安区社区“政企社企分开”改革总体方案》，分3年从9个方面综合推进，完善社区治理结构。探索社区工作准入制度，编制社区党组织、居委会、工作站工作事项清单，规范下放社区工作事项。二是推进多元共治，探索基层善治。组织400多名社区干部在市委党校举办为期一周的社区治理能力提升高级研修班；举办第一期“社会建设大家谈”社区论坛，深圳市委副书记、市社工委主任戴北方同志出席论坛并讲话；规范并推广西乡“说事评理”居民纠纷化解模式和马鞍山小区群众自治管理模式，支持艾美特等28家企业成立石岩罗租社区“黄峰岭工业区治安理事会”；福永街道在辖区凤凰、怀德等4个社区开展“多元共治”试点，扩大各类居民对社区事务的参与面和发言权。建立固定、流动、网络“愿望墙”207个，党员及爱心人士帮助群众实现“微愿望”650个。宝民社区获得中国社区发展协会首届全国十佳“社区发展创新奖”。三是培育发展社会组织，激发和释放社会发展活力。推进社会组织承接政府转移职能和购买服务，2013年以来累计公布了42家具备承接资质的社会组织目录。安排社会组织扶持发展专项资

金200万元，同比增长25%，新增社会组织109家，同比增长11.62%。宝安区社会组织孵化基地已落实460平方米孵化场地，研究制定了《社会组织孵化基地运营管理办法》。降低社区社会组织准入门槛，简化登记程序，新增社区社会组织48家，目前共有社区社会组织352家，登记备案数量在全市最多。在新安街道海裕等社区试点成立社区基金会，搭建包含慈善救助在内的社区综合互助平台。推广成立1个区级平安协会和24家街道级平安建设促进会，实现了"一派出所辖区一平安建设促进会"全覆盖。建立79支社区"社工+义工"服务队，居民议事会实现全覆盖。

（三）坚持问题导向，强化问题意识，在化解社会治理突出难题上取得新成效

梳理社会建设和社会治理的工作短板，宝安区领导开展"破题"项目16个，根据群众意见建议梳理民生项目328项，推动突出问题的解决。一是开门听取意见收集问题。开展"社会建设金点子"征集活动，收集社会建设意见建议388条，并正在积极推动好想法、好项目纳入2015年社会建设工作计划。利用"宝安群众路线网"、微信平台、热线电话、联系邮箱、问卷调查等方式，征集市民意见，欢迎网友"拍砖"。二是领导挂帅解决突出问题。宝安区委常委、副区长确定关系群众切身利益的"破题"项目16个，田夫书记破题项目是"推进老城区精细化管理"，宏彬区长破题项目是"优化政府内部工作运行流程"，梓明副书记的破题项目是"治安难点区域整治工作"。各街道、各部门领导班子成员也结合实际，梳理出328项民生项目，建立"为民办实事清单"，由处级以上领导干部牵头领办。三是注重社会治理的长效机制建设。立足"微观理念"抓早抓小抓精苗头，以法治思维和法治方式化解矛盾，全区重大不稳定突发事件宗数、人数同比分别下降11.8%、27.8%，中央政法委《长安》杂志，中央、省委维稳办专门推广。构建"平安宝安指数"评价体系，全方位反映治安状况，发现治安规律，增强预警能力，提升社会治安综合治理的针对性和科学性水平。

（四）坚持服务导向，提质提效，在打通联系服务群众“最后一公里”上取得新成效

在社会建设工作中充分尊重群众的主体地位，着力推进服务群众工作，党员领导干部开展“民生体验日”活动730次。一是党员干部带头转作风。全区处级以上领导干部到窗口单位和服务行业开展“民生体验日”活动，选派年轻干部到社区进行为期一年的挂职锻炼，向全部社区综合党组织选派第一书记，第一时间发现问题、解决社区突出问题。二是改革部门服务职能。建立“权力清单”和“服务清单”制度，依法公开权力运行和政府服务的运行流程，清理行政职权4011项，压缩办理时限678天；682项行政审批事项实现网上办理，入网率全市第一；审批业务提前办结率超过99%。三是开展便民惠民服务。在全区窗口单位推行“便民联系卡”、“办事明白卡”、“服务意见卡”的“三卡”制度，实行一次性告知和节假日预约服务。区行政服务大厅推行“黄马甲”跟随式服务，实行材料预先审核，即来即办率达80%以上。在公益性公共场所和人流聚集区建设200多个免费无线WIFI网络。宝安区出租屋办等部门推出工作日连续10小时办公及周六预约服务。

（五）坚持改革导向，勇于创新突破，在推进社会建设体制机制建设上取得新成效

以改革为契机，创新工作方式、方法，联合南头海关试点加工贸易业务“全程信息化改革”，办理效率提升200%，被海关总署列入全国海关“金关工程”，将在全国推广。一是加强社会治理改革的统筹领导。成立由区委书记牵头负责的区委全面深化改革领导小组，并设立“社会末梢治理专责领导小组”等8个工作组；在中央党校开办处级干部“新宝安计划”培训班，“社会末梢治理”作为重要培训内容。推行社会建设“一街一品牌、一行一特色”，挖掘培育“妇女社会组织实践基地”等40个“盆景”项目，“马鞍山小区群众自主管理”模式入选市“风景林工程”新的“盆景”项目。二是打造综合性民生工作平台。打造“宝安民生通”服务项目，优化完善纸

质民生“一本”、互联网信息传播平台“一网”、研究开发“一键”APP手机应用，贴合不同群体的使用需求和使用习惯。西乡街道建设2500平方米的一站式民生服务中心，10个单位进驻（包括4个驻街道单位、6个街道内设部门），整合46项行政审批及服务事项。对法律关系明确的劳资纠纷案件，试行三方语音视频、实时在线调解，提升调处效能。石岩街道引进“公益创投”模式，沙井街道首创“政府社区共建场所，社会力量管理运营”的合作共建文体惠民工程新模式。三是推行信息化便民服务手段。推进“织网工程”建设，全区规划基础网格3897个，整合配备网格员3897名，调拨经普PDA 1600台，采购专用PDA 3900套。全年通过PDA终端新增流动人口信息107.8万条，变更信息77.3万条；新增法人机构信息58429条，变更信息31922条，管理工作网事件处理率动态保持在95%以上。创新打造“1+2+N”模式，“1”即一个事件分拨中心，“2”即两项技术支持，“N”是指治安、消防、计生、城管等各种隐患信息采集，网格员将采集到的各种安全隐患信息建档立册，交由整治队会同相关职能部门进行整改，确保大部分隐患得到及时整治。

二　宝安区社会建设形势分析

宝安区社会建设工作虽然取得了一定的成绩，但与党的十八大、十八届三中全会、十八届四中全会的要求相比，与市民群众的期望相比，还存在着一定的不足和一些薄弱环节。随着全面深化改革各项工作的深入推进，宝安区社会建设工作面临着新的机遇和挑战。

（一）发展机遇

从国家的宏观政策和发展态势来看，对社会建设工作的重视程度和推进力度上升到前所未有的高度。党的十八大报告将社会建设纳入“五位一体”的中国特色社会主义总布局，要求“在改善民生和创新管理中进一步加强社会建设”，并第一次鲜明地提出“必须加快推进社会体制改革”；党的十八届三中全会将“推进国家治理体系和治理能力现代化”列为“全面深化改革总目标”之中，并从“推进社会事业改革创新”、“创新社会治理体制”两个方面提出了具体工作要求；党的十八届四中全会首次以“依法治国”为主题，并将“建设社会主义法治国家”作为总目标，“建设法治社会”作为其重要工作目标。两次全会、一次“改革”、一次“法治”，宣示了我们党高扬法治旗帜、开创全面深化改革新格局的坚定信念，也指引我们要在法律的框架与基础上，探索建立与社会主义市场经济体制相适应的社会体制，优化社会建设制度环境，促进社会和谐共融。

从深圳经济社会发展的阶段性特征来看，过去30多年，深圳一直将经济建设放在优先发展的战略地位，社会建设相对滞后。自2012年成立社会建设专门工作机构——“社会工作委员会”，并开全国先河编制了社会建设领域的“基本法”——《深圳经济特区社会建设创新促进条例》以来，深圳大力推进社会建设“织网工程”、“风景林工程”等工作，明确了“加强社会建设，把社会建设摆在与经济建设同等重要的位置，是党中央深刻把握我国经济社会发展规律、基本国情做出的重大战略决策”的工作决心，取得了良好的工作成效。2015年开年，习近平总书记对深圳包含社会建设在内的各项工作给予了充分肯定，并提出了“四个全面”的要求。李克强总理视察深圳工作，又提出“三点希望”。中央领导的要求对我们既是激励，更是机遇。

从宝安区现阶段的发展环境和工作实际来看，宝安区的社会建设具备较好的基础。其一，党委政府的重视程度空前。宝安区五届四次党代会报告，提出2015年要“深化改革和法治‘两大主题’，加快城市、产业、社会‘三个转型’”，将突出“包容发展、末梢治理，加快推进社会转型融合”作为本年度“三个转型”的重点任务之一；区委专门成立“社会末梢治理领导专责小组”，并由宝安区委书记牵头开展“社会末梢治理”重大课题研究；同时新增社会建设创新资金，支持和鼓励社会建设创新等。其二，基层探索已有一些较为成熟的经验，新安街道宝民社区、海裕社区等先后获得“中国社区发展创新奖”、“广东省社会创新实验基地”等荣誉称号，为基层社会治理工作提供了一批可借鉴、可复制的经验。其三，宝安区借靠近港、澳的地理优势，信息传播迅速，各类企事业单位、社会组织、普通民众对社会建设的认知程度、参与热情较高，很多组织及个人已经通过参与社区社会活动、开展志愿服务等方式主动参与社会事业。据统计，截至2014年底，宝安注册义工达到31万人，占全市义工总数的1/4。这也为基层治理的多元参与奠定了良好的基础。

（二）问题与挑战

一是历史欠账多、实有人口不断增长与基本公共服务均等化要求三者相互矛盾的问题。受早期发展规划与二元结构的影响，宝安区公共服务基础设施“先天不足”，服务水平相对落后。比如，按照深圳市特区一体化三年实施方案，到2015年，宝安区每千人床位数要达到2.4张，而目前仅有2.1张，差距仍较大。特别是在优质医疗资源方面，作为辖区面积最大、管理人口最多的宝安，没有一家市属医院（仅新安医院在建）；原特区内4个区的总面积为330平方公里，深圳市属医院却达到12家（罗湖区4家、福田区7家、南山1家），龙岗也有3家，宝安区居民群众对就医难问题的反映非常强烈。又比如，宝安区小一、初一新入学学生，每年都以15%的比例增长，保守估计2014～2016年小一、初一学位需求将增长约6.8万个，而按照目前学校立项和建设计划，到2016年宝安区新增公办义务教育学位仅约2.5万个。同时由于宝安生活环境逐步改善、生活成本相对较低，近年来成为人口流入及居住生活的首选地，进一步加剧了与公共服务需求的差距。

二是现行社会治理模式和治理能力建设与新时期新要求不相适应的问题。随着经济社会的发展，社会主体越来越多元化，人们的利益诉求越来越多样化，社会问题越来越复杂，治理难度越来越大。对人口大区的宝安来说，过去那种政府大包大揽的做法已无法适应新时期基层治理要求，事实上基层很多领域政府不该管，管不了，也管不好。同时在社区治理方面，基层体制机制不顺，绝大多数“村改居”社区采用了“四块牌子一套人马”的运作模式，社区党组织、社区工作站、社区居委会、社区股份合作公司等几类社区运行主体存在定位不清、职能交叉的情况，各主体工作事项交织叠加，且承担了本不应承担的一些行政事务。

三是社会力量参与不足与法治精神相对缺失的问题。宝安区社会组织从1993年的8家到2014年的1014家，发展迅速。然而事实上，宝安区每万人拥有社会组织3.43家的水平，仍远低于世界发达国家水平，也低于全市平均水平。从社会组织自身发展来看，宝安区在社会组织培育方面虽然有了点上的探索却缺少面上的整体推进，有了数量的激增却缺少质量和能力的同步提升以及规范有序的监管，服务水平不高。同时，在社会秩序的构建方面，“大闹大解决，小闹小解决，不闹不解决”等“信访不信法”的错误观念仍然存在，法治精神仍相对缺失。

四是各级党委部门及具体职能单位齐抓共管社会建设工作的体制机制不顺问题。社会建设工作尚未建立国家层面的统一协调机制，目前仅北京、上海、南京等地和广东省建立了社会建设专门领导协调机构，且彼此之间职能定位不完全一样，跨区域沟通协作难度较大。同时，社会建设的大多数工作落在了各具体职能部门，这就导致工作的开展一定程度受部门利益阻碍，同时较为依靠具体执行单位的主观积极性，部分工作推进不力。

三　2015年宝安区社会建设工作设想和规划

2015年是全面推进依法治国的开局之年，是全面深化改革的关键之年。习近平总书记更对深圳提出了“牢记使命、勇于担当，在全面建成小康社会、全面深化改革、全面依法治国、全面从严治党中创造新业绩”的殷切期望。宝安区委区政府、区社工委系统先后召开学习研讨会，认真学习领会习总书记批示精神，力争以改革魄力和法治方式推进社会建设，在做好综合协调和全面统筹全区社会建设工作的同时，具体做到“六个突出”。

（一）突出包容发展，加快民生事业的全面发展

一方面，继续加大民生投入力度。在充分征求人大代表、政协委员和广

大市民群众意见建议的基础上确定141项民生实事。针对“入学难”问题，完成8所学校新改扩建，新增中小学学位10000个以上；新设立幼儿园20所，创建普惠性幼儿园15所以上等。针对“就医难”问题，推进或完成7所医院的扩建工程，深化社康管理体制和运行机制，完成80%社康中心的标准化和特色化建设。针对“养老难”问题，加快建设机构养老与居家养老相融合的新型社区养老体系。另一方面，以提供优质公共服务为目标，完善公共服务政策群众评议机制。通过第三方专业评估、网络评议和公众现场评议相结合的方式，依托宝安区“双年”测评，对政府公共服务政策、民生实事进行公开评议，“倒逼”政策制定部门更加重视公众需求，提高公共服务质量。

（二）突出基层导向，提升“末梢治理”现代化水平

一是推进社区“政企社企分开”改革。按照区委通过的社区“政企社企分开”改革方案，逐步厘清社区各类主体的关系，完善治理机制，实现社区治理机构的法定化、社区治理主体职责的法定化、治理规则的法定化和治理程序的法定化。二是减少对社区的考核评比，编制社区党组织、工作站、居委会工作事项清单，进一步规范下放社区工作事项。今后进入社区的行政事项严格按照程序报区编办、区社工委审核，再经区政府常务会议、区委常委会审批后方可下达。三是推进社区多元治理。宝安区申报的“新型城镇化下社区多元治理模式及路径”项目入选国家外专局在全国资助的社会管理类4个项目之一，借力国家级平台，开展国际化城区社区多元治理研究、研讨，以宝安基层治理的丰富经验更好地对接顶层设计，加强基层善治研究。四是推广福永街道“多元共治”模式，搭建党、政、企、社、群、媒等多元主体合作共治的平台，扩大各类居民对社区事务的参与面和发言权；聚焦群众关注的突出问题和民生问题，定期举办社会建设社区论坛（沙龙）。五是建立社区人才发掘机制。按社区人才专长建立社区人才档案，街道将社区推荐人选列入“社会建设人才库”，适当吸纳社区能人或群众带头人担任居委会兼职委员，带动居民参与社区事务；社区人才成立社区服务小组和居民爱好小组，开展公益活动，并向社会组织方向发展。

（三）突出大数据运用，推进社会服务管理信息化

一是深入抓好“织网工程”。建立网格员信息采集制度、事件信息采集分级分类制度、事件信息办理流程及督察督办制度，加快区、街道两级分拨中心建设，推进系统二次开发，建立服务宝安区实际的“1+2+N”平台管理服务机制，并建成符合区情的决策咨询系统，为全区改革发展服务。二是搭建政务服务统一受理平台。以西乡民生服务中心为试点，打造全市“织网工程”统一事件受理平台“试验田”，实现基层社会服务管理信息收集、事项受理、事件分拨“三个统一”，减少办事环节，提高工作效率。最终实现本区范围内的事项全区通办，受理无障碍，办理无障碍。三是创新推动“指尖上”的政务服务平台建设。引入社会资本参与社会建设，目前，已和华讯方舟达成初步合作意向，建设、运营宝安民生通 APP 软件。整合教育、医疗、社保等部门服务资源，实现一站式的网络查询和实体站点业务联动；运用手机应用互动模块，鼓励居民成为“兼职网格员”，采集社会管理事件信息，并与“织网工程”业务分拨处理中心对接，及时交付处理。

（四）突出社会活力激发，着力构建现代社会组织体制

一是健全社会组织培育扶持机制。出台宝安区政府职能转移目录，启动第三批社会组织目录编制工作，制定向社会组织购买服务实施细则，拓展政府购买服务领域，拓宽社会资本投资领域；区财政安排500万元专门扶持培育社会组织，依托区级社会组织孵化基地和西乡街道社会组织孵化中心，培育公益慈善、文体娱乐和社区服务等社会组织。二是创新社区基金会工作机制。以海裕社区基金会暨农业银行冠名基金挂牌成立为契机，拟试点成立街道基金会，下设的社区成立冠名基金，以此发动社会各界关注社会建设、支持社会建设。三是建立社会组织工作奖惩机制。完善社会组织激励机制，对表现优秀、功能发挥突出的社会组织加大宣传和表彰奖励力度。完善社会组织退出机制，对社会组织的违法违规行为依法追究责任。

（五）突出“盆景”变“风景”的打造，形成社会建设优质项目集聚效应

一是继续推进已有“盆景”变“风景”，重点加大社区综合党组织动员、引导各界力量参与社区建设的力度；健全居民议事会议题落实的保障机制，增加非户籍常住居民在居民议事会中的比重；实现社区服务中心全覆盖；丰富社区公益服务项目。二是推行社会建设“一街一品牌、一行一特色”活动，发挥社会建设创新资金的带动作用，培育一批社会建设工作亮点。巩固海裕社区“省级社会建设创新实验基地”，总结提炼“社会建设宝民模式”、“兴东社区服务中心”及“桃源居公益事业发展基金会模式”等经验。三是对社会建设的好经验、好项目总结、提炼，拍摄“微电影”，使好的做法可宣传、可复制、可推广。

（六）突出法治优势，加快法治社会的建设

一是全民普法守法。借助宝安图书馆、宝安电视台，举办“公民法律大讲堂”公开课。领导干部带头学法、守法，对全区新任处级干部开展任职法律知识考试，并逐步推广到科级干部。组建专业团队，编写面向广大青少年的法治教材，以法治教育为主，兼顾阳光辛勤感恩的文明风尚，运用漫画、案例等开展宣传教育，真正把法治教育从娃娃抓起。同时，研究制定在中小学设立法治知识课程的整体规划。二是着力加强法治政府建设。完善法治政府建设考核指标体系和考评方式，强化考评结果应有力度，发挥考评工作对法治政府建设的导向作用。推行政府部门权责清单制度，厘清区、街道之间，区直部门之间权责边界，规范事权下放、委托，提高政府工作效能。2014 年上半年，完成区政府全部工作部门在政府网站公布权责清单。三是完善居民自治规则，鼓励各社会多元共治主体在不违反法律的前提下，制定社区公约、乡规民约、厂规厂约。宝安区是工业大区，工业园区多，2014 年继续推广黄峰岭工业区成立治安理事会的做法，调动企业经营者和员工履行社会责任的积极性和主动性，在条

件成熟的工业区建立治安理事会，组建治安联防队伍，实行治安防控、市容市貌自治管理。四是继续开展微观维稳，推进平安建设，深化社会治安立体防控体系建设，积极创新围合式小区，大力开展群防群治，推广“六个精细化”、“和事厅”、“移动仲裁庭”，加大食品药品安全监管执法力度。

B.13

坚持多元协同与依法共治　建设和谐龙岗与法治龙岗

——龙岗区社会建设发展现状与展望

龙岗区社会工作委员会*

摘　要：本文以习近平同志关于“四个全面”的系列讲话精神为指针，全面总结了龙岗区2014年社会建设的新进展，深刻分析了龙岗区目前社会建设中存在的问题，展望了2015年龙岗区社会建设面临的新形势，提出了社会建设工作的六项新任务。

关键词：社会建设　社会治理　依法治理　民生工程

一　龙岗区2014年社会建设的新进展

龙岗区地处深圳原特区外地区，存在外来人口多、通勤人口多、低学历人口多，区域人口分布不均衡、区域公共服务设施分布不均衡和各类人群公共服务不均衡的“三多三不均衡”现象，以及社会管理点多面广、基础条件较为滞后等特点。在这种不利的条件下，2014年龙岗区委区政府迎难而上，积极谋篇布局，以深化社会领域改革创新、“织网工程”和“风景林工程”为主要抓手，全区社会建设工作取得突出成绩。龙岗区被评为“全国

* 执笔人：陈卓亮，龙岗区社会工作委员会。

社会组织建设创新示范区”、“全国社会工作服务示范地区”、“全国首批企业社会工作试点城区”，荣膺“2014 中国十佳法治化建设城区”和“全国六五普法中期先进区”称号。

（一）以改革创新为动力，社会治理体制建设迈出重大步伐

一是编制权责清单。率先在全国编制了权力与职责相一致的“权责清单”，实现清单编制主体全覆盖。全区 53 个单位共梳理行政权责事项 12934 项，区委及 77 个党组织机构和 14 个党群部门共梳理党务权责 3446 项。深入推进行政审批制度改革，共精简优化 710 个权责事项，压缩办理时限 4379 个工作日。率先在全国全面实行定额化裁量标准，全区 1987 项行政处罚事项全部实现“零裁量”。中编办专题报道龙岗经验，省纪委将龙岗区纳入全省试点，市编办将龙岗区责任划分标准向全市推广。

二是理顺社区各组织的运作关系。率先将权责清单梳理至社区一级，并以横岗保安社区为样本，对基层治理情况进行专项调研，对社区 4 类主体的 260 多项权责情况进行梳理，在全国推出首份社区权责清单；进一步明确社区综合党委的核心作用，理顺社区居委会与社区相关组织的关系，强化居委会的居民自治职能，提升社区居民参与社区事务的能力，对社区主体权责不清、职能交叉、社区工作繁多等问题进行了系统收集和分析。

三是首推民生实事常态化征集办理机制。在全市率先出台《龙岗区民生实事常态化公开征集办理工作规范》，对区级层面的民生实事面向基层群众、社会各界广泛发放调查问卷，年度征集和月度征集相结合，实行常态化征集、常态化办理。

（二）借助科技力量，“织网工程”和平安建设取得新成效

一是扎实开展织网工程。以“一库一队伍、两网两系统”建设为框架，把全区 109 个社区划分为 3823 个基础网格，设立区、街道、社区三级网格管理机构，建立网格信息员教育培训和绩效管理机制；完成“织网工程”综合信息系统基本模块建设，新增统一采集、受理、分拨、考核和协同办

公、计生功能等模块，与网上办事大厅系统进行对接，并实现分级授权；充实决策分析支持系统中地理信息平台内容，加载了23个业务部门的176项图层。将“织网工程”与基层聘员管理综合改革相结合，整合社区聘员队伍，建立绩效考核体系。

二是加强治安环境整治，群众安全感提升。在2013年实施5个群防群治常态项目的基础上，新增平安示范区建设、群防群治联合会（促进会）创建、基层治保组织建设等5个新项目，并通过严打创安、科技强安、群防促安，推动全区全年刑事、“两抢”、“两盗”警情同比分别下降9.7%、35.46%和19.61%。累计建成城中村出租屋视频门禁系统3.2万套、“猫眼”9.3万个，规划建设“科技围合”小区73个、平安创建LED宣传显示屏209个。“科技围合”管理项目荣获“公安部基层技术革新一等奖”。各部门牵头实施了1738个“平安细胞”项目，创建了800栋平安宜居出租屋，把创建工作延伸到了社区、家庭、学校、医院、出租屋等各个领域。

（三）加大财政投入力度，“风景林工程”等民生建设成果丰硕

一是提高政府财力对民生保障。2014年区财政用于教育、医疗卫生、社会保障和就业、住房保障等九大类民生领域的支出达到69.67亿元，比上年增加18.22%，占公共财政预算支出的59.69%；安排社会建设专项经费1.3亿元，统筹推进社会建设重点工作和创新项目。

二是扎实推进“风景林工程”。综合党委、社区服务中心、居民议事会实现了109个社区全覆盖，社区服务中心建设数量占全市的1/3，提前两年完成了市下达的任务目标；符合推行楼（栋）长制的50811栋楼宇均配备了楼（栋）长，建成楼（栋）长服务站31个，发展楼（栋）长联合会会员1597名；开发公益服务项目70多个，实现有意愿的困难优抚对象100%安排上岗。先后推出南坑、康乐2个市级示范点和紫薇、怡锦等8个区级示范点。坂田南坑作为“村改社”社区的新典型，荣获“全国创先争优先进基层党组织”和“广东省南粤先锋先进基层党组织”称号。

（四）创新管理机制，民生底线保障更加牢固可靠

一是加大困难帮扶力度，构筑托底救急保障网。研究制定《关于进一步加强社会救助体系建设的意见》，改革完善龙岗区帮扶困难群体工作。开展各类长期慈善募捐活动，截至2014年11月底，共接收善款442.36万元，发放扶孤、助学、助医等慈善资助款332.67万元。结合实际情况，科学设置2014年度社区公益服务项目岗位。建立完善社区公益服务岗位开发常态化机制和资金使用监督监管机制。全年扶持困难优抚对象271人，困难优抚对象参与公益服务项目率达100%，全年发放经济补助417.95万元，较好地缓解了部分困难群体的家庭生活困难。加强孤残儿童涉外送养和养教康治工作，做好防灾减灾宣传、救助工作，做好“慈善超市”和捐助工作。

二是积极构建和谐劳动关系，提升群众维权的力度。完善以劳动关系预警、利益协调、诉求表达、矛盾调处、社会化维权为核心的源头治理劳动关系工作机制。切实保障员工权益，帮助劳动者追回工资4400余万元，追回经济补偿金1.13亿元。试点实施“工伤探视”项目，探索职工劳动保护新模式，成为深圳唯一得到“大爱之行——李嘉诚基金会”重点扶持的项目。

三是进一步完善大调解工作体系。推广横岗街道“信访调解司法确认”经验，做好信访调解司法确认推广工作，使自主、自愿的基层矛盾调解行为获得法治的保障，促使群众由“信访”走向“信法”。探索建立转型期工会组织源头参与劳资纠纷治理的新机制，出台《龙岗区关于工会组织参与劳资纠纷预警与处置的工作方案（试行）》。

（五）大力培育发展社会组织，积极推动多元共治

一是推动政府部分职能向民间组织转移。编制完成两批政府职能转移和购买服务社会组织目录，大力培育和发展社会组织。专项培育扶持资金从2013年的200万元增加到2014年的500万元。优化社会组织登记审批流程，缩短审批时限。总结推广坂田街道社会组织“公共空间”经验，积极引导孵化培育的社区组织备案或注册登记。推动南湾、横岗街道筹建社会组织综

合服务平台，取得实质性进展。

二是推动企业履行社会责任。通过政府引导支持、企业自主参与、社会组织承接运营的方式，引导企业更多地履行社会责任。在原有 8 个和谐劳动关系社工综合服务站试点的基础上，积极推进项目的推广工作，推动中小工业园区和南约、龙岗、同乐、夏村等社区股份公司参与和谐劳动关系社工综合服务项目，成功承办“全市劳资纠纷预防和劳动争议调解工作龙岗现场会”。

二　龙岗区社会建设存在的突出问题

龙岗区正处在从传统制造为主导的世界“加工场”向高新技术产业为主导的创新发展“梦工场”转型，从户籍导向的管控型社会向全人口导向的社会治理和社会服务转型，城市建设从乡镇无序建设形态向国际化新城有序规划建设形态转型的三种转型叠加的复杂社会过渡阶段。在这一阶段，各种矛盾交织、叠加，问题纷繁复杂。

（一）人口压力持续加大，问题突出

低学历人口比重较大，全区 67.24% 的人口为初中及以下文化程度，就业人口中专业技术人员和企业管理人员仅占 8.2%，无职业技能等级人员占 89.2%。劳资纠纷频发，集体上访、停工现象频发，2014 年全区发生劳资纠纷 2.1 万余宗，涉及员工 5 万人，发生上访事件 320 批 1142 人次。人口的过度集中和快速流动，带来了拥堵、污染、城市管理等大城市病，而公共资源的不均衡分布迫使人口不能够合理地分布。

（二）公共服务不均等，重点人群的综合服务有待加强

大公共服务水平与深圳原特区差距较大，与深标和福田区仍有较大的差距，人均学位数、医疗床位数、文化设施面积等尤其突出。区内区域公共服务发展也不均衡。布吉街道人口近 100 万，在公共服务投入上却与其

他街道相当，人均可享受的公共服务水平相对较低。以环卫保洁费用为例，布吉片区的保洁费用每年每平方米为5元，而龙城街道为8元，罗湖区东门片区为30元，差距明显。部分人群享受的公共服务条件较差，特别是工业园区企业员工和部分社区原居民，享受到的公共服务设施和服务水平较差。

（三）社会组织培育滞后，多元社会治理体系尚未建立

截至2014年底，全区社会组织总数为1258个（其中登记897家、备案361家），平均每万人拥有社会组织6.5个，与上海、宁波等地相比存在较大差距。同时，社会组织规模小、成立时间短、级别低。注册超过100万元的社会组织仅6家，5万元以下的占62%；员工人数少，超过100人的仅4家，在10人以下的机构数占总数的70%；成立时间短，近三年成立的机构占40%，近五年成立的占53%；级别低，5A级社会组织仅6家，3A级5家。

（四）社会建设和管理法治化和现代化水平有待提升

一方面，社会管理法治化不强。立法科学化、执法规范化、司法公正化、普法常态化、法治队伍和反腐倡廉工作薄弱环节较多。政府制定政策和做出重大项目决策的法治化、规范化程度还有待提高。许多社会建设工作流程还需要从传统的经验层面上升到制度规范的层面。社区股份公司财产、财务、重大投资事项的账务公开、决策公开、联网公开的制度和相应监管措施还仅在少数试点社区股份公司层面，未全面推广；民生项目遴选还缺乏统一、科学、明确的标准和规范评选流程和办法等。另一方面，治理手段单一。许多城市公共服务设施和运营项目，吸收社会资金少，严重制约了公共能力的供给，市场化手段应用不足；织网工程仅注重数据采集，综合联网开发利用工作才刚起步，信息化手段有待进一步提升；心理引导手段应用少，心理引导机制建设、专门心理引导人员队伍及网络建设等方面的工作较欠缺。

三 2015年龙岗区社会建设面临的新形势及六项工作任务

2015年是全面落实各项改革部署的关键之年，是法治建设之年，也是龙岗区加速“三个转型”，加快实施“两创两高”战略的关键之年。龙岗区的社会建设面临新的发展机遇。一是在深入贯彻落实习近平总书记对深圳率先实现“四个全面”的重要批示和李克强总理对深圳提出的“三个发展”要求的新形势下，深圳各级政府将更加重视社会建设工作，这将给龙岗区社会建设带来新的机遇。社会建设的领导重视程度、经费倾斜力度、领域扩展广度、作用凸显强度都将明显提升。二是龙岗区创新驱动战略的实施和东部大学城的建设、四大新城的开发，必将产生巨大的人才吸磁效应，为改善龙岗区的人口结构和人口素质增添新的力量，为龙岗区“风景林建设”提供新亮点。三是智慧城区建设进程的加快，有利于全面提升“织网工程”的质量和水平。龙岗区将认真学习习总书记关于“四个全面”的系列讲话精神，切实贯彻党的十八大和十八届三中、四中全会精神，紧紧围绕龙岗区“高端引领、创新驱动”总体战略目标；坚持以问题和要求为导向，以保障基本民生、底线民生、热点民生为基本工作主线，以“织网工程”和“风景林建设”为工作重点，以顶层设计、资源整合、途径拓展、项目运作、公共服务和平安建设六大任务为主要抓手，继续加大工作力度，务求抓出新的实效，努力做到群众满意，亮点迭出。

（一）抓顶层设计，构建整体协同机制

一是认真抓好龙岗区“十三五”社会建设专项规划的编制。推动政府和社会加大对民生领域资金投入力度，全面谋划龙岗区未来社会建设蓝图和实施路线图。二是全面加强全区人口总量和结构的管控。实施系列的城市规划和调整策略，解决人口分布极不均衡、区域人口密度过大的问题。推动重点开发区域的高素质人口引进。华为新城、大运新城、国际低碳城、平湖金

融基地、阿波罗未来产业基地等区域，严格产业项目准入门槛，把人均GDP、人均税收、人均公共绿地和人均资源等指标纳入准入标准，严格加以控制。三是强化社会建设的整体性、协同性。围绕“织网工程”的运行体制构建，统筹协调全区社会建设成员单位，加强系统运作整体的设计和组织协调探索，积极打造区一级社会管理协同工作平台，进一步拓展民生服务和社会管理领域的各种应用，全面提升公共服务保障能力，提高城市精细化管理水平。

（二）抓资源整合，构建基层多元治理机制

一是整合体制内资源。重点落实好区委区政府新近出台的社区治理“1+7”文件，推动社区的“党、站、居、经、社、服”等基层组织和服务平台各司其职、各尽其职，充分激发基层各类主体的活力。全面推行“政社、社企、居站分开”，强化社区居委会的自治职能，发挥业主委员会和其他社区社会组织的协同作用，鼓励物业服务企业等辖区企事业单位和社区居民深度参与社区治理。以窗口单位服务满意度评判标准为导向，发挥社区行政服务大厅、社区服务中心、社区家园网、社区基金会等各类平台的资源整合和撬动作用，打造“一中心、多站点”的便捷服务圈。二是加大社会组织的培育、服务和监管力度。推动各职能部门加大政府职能转换和购买服务的力度，扶持社会组织发展。探索社会组织登记形式审查、降低审批条件等改革。推动社区社会组织建设，以服务社区居民为重点，大力培育发展社区服务类、公益慈善类、文化体育类等社会组织。总结推广坂田街道的社会组织公共服务空间以及南坑社区的社区基金相关做法。三是突出抓好企业社会工作。继续宣传和推广赐昱、冠旭、宝龙、联创及左右家私等不同类型的企业社会工作模式，鼓励企业履行社会责任，把企业社会工作内化为企业的内部管理。研究解决和谐劳动关系综合服务站试点运行中的相关问题，在加大政府扶持力度的同时，让更多的企业主认识到此项工作的多方共赢价值，从而积极主动履行社会责任。

（三）抓途径拓展，构建综合治理新机制

一是促进社会管理法治化。全面落实龙岗区依法治区工作领导小组印发的《关于贯彻落实党的十八届四中全会精神、加快推进一流法治城区建设的重点工作实施方案》等“1 + 6”文件精神，全面推进一流法治城区各项工作。推进立法质量提升、法治政府、司法体制改革、全民普法守法教育、法治队伍建设和反腐倡廉六大专项工作的各项部署全面落实。二是广泛应用市场机制治理。制定鼓励政策，广泛吸收社会资金用于城市公共服务设施和运营项目，提高公共能力的供给。三是扩展心理引导手段应用。建立专门的心理引导人员队伍及网络，提高心理引导人员的素质和责任感，建立面向潜在心理引导工作对象的提前发现机制。

（四）抓项目运作，深化社会治理两大基础工程

一是扩大“织网工程”成果。按照深圳市社会建设的新要求，在“织网工程”建设的基础上，突出抓好决策分析支撑平台和社会治理协同工作平台这两大平台的建设，明确相关的运行主体，做好相关的整合工作，建立一套行之有效的运行机制。二是深入抓好“风景林工程”。着力提质提效，加强对各项目落实情况的督促检查。通过走访基层社区，倾听群众声音，深入了解各项工作开展情况和实际成效，发现存在问题，提出整改意见，推动工作落实。在巩固第一批项目成果的基础上，实施推广市里推出的社区法律顾问、社区学校、社区U站爱心银行、基层治保组织等第二批“风景林工程”项目，切实提升社区治理水平。

（五）抓公共服务，建设民生幸福工程

一是加快民生工程建设。继续加大和保障区财政对民生的投入力度，同时拓宽社会资本进入渠道，提供均衡优质的公共服务。针对实际管理人口上升态势，保持公办学位合理增速，特别加大人口密集区域民办学校建设力度；提升街道医院、社康中心等基层医疗机构的服务水平。针对不断增多的

高级人才、港澳台胞、外籍人士，持续推进“引进名校办名校”、医疗卫生“三名工程”，积极开办国际学校和高端诊疗机构，打造教育卫生的升级版。针对广大来深建设者中占主体地位的青工群体，扎实推进“大职训”体系建设和“全民素质提升计划”，拓展职业发展路径，加大帮扶关爱力度。加快四大新城和旧工业区的公共设施配套进程。二是建立民生实事常态化办理机制。继续推进民生实事全流程征集办理考核改革。对区级层面的民生实事，实行年度征集和月度征集相结合的方式，常态化征集、常态化办理。对群众迫切需要、普遍关注的小事、急事、难事，全面推动“社区民生大盆菜”改革项目，2015 年将安排 3. 18 亿元专项资金用于全区 109 个社区的小微民生项目，并在制度设计和办理机制上实现创新突破。周密策划、全面部署，务求市民满意。三是完善针对特殊人群的社会救助服务体系。加强对老年人、孤儿、残疾人、流浪乞讨人员、困难优抚对象等困难群体的帮扶救助；注重做好对外来人员突发事件临时救助和抗高寒、高温救助；加强最低生活保障、低收入居民养育扶助金、临时救济，启动低保户临时价格补贴发放联动机制；做好流浪人员和孤儿救助管理工作；加快研究建设区级公办养老护理院，推动布吉、横岗街道敬老院转型升级试点工作，总结推广坂田、南湾老人日间照料中心试点经验，2015 年底前，其他 6 个街道各建成一家社区老年人日间照料中心并开展试运营。

（六）抓平安创建，建设市民安全保障工程

一是创新社会治安综合治理机制。创新社会治安综合治理机制，强化安全稳定信息采集与分析，健全分类分级处置机制，织密维护平安的“防控网”。进一步加强群防群治队伍建设和规范管理，推动物业公司进驻城中村工作，充分发挥股份公司、物业公司等群防群治力量作用。完善社会治安立体防控体系，依法严厉打击暴力恐怖等违法犯罪活动。加强特殊人群服务管理，开展重点青少年群体帮教工作。坚持维稳维权相结合、服务企业与预防劳资矛盾相结合，强化劳资矛盾隐患预防排查和化解。二是改革信访工作制度。完善初信初访办理机制，把信访工作纳入法制轨道。建设全市网上信访

平台，深化 12345 电话平台服务功能。推进基层综治平台建设，推动工作下移、平台下沉，充分发挥基层综治平台作用，完善社会治安联防联控、矛盾纠纷联合调解、重点工作联勤联动、突出问题联合治理、基层平安联合创建、重点人口联合管理的“六联”机制。三是坚守安全底线。以企业生产安全、地下管网安全、防洪防涝安全、防边坡安全、交通安全等为重点，全面加强“一岗双责”制度，深化和完善安全管理监管制度，切实保障人们的生命和财产安全。加快构建水电油气等资源供应和设施运行的“双安全”管理体系。发布《龙岗区城市公共安全评估报告》，提升安全管理科学化水平。

B.14

大数据时代下的群众工作新形势

——坪山新区以“织网工程”推动群众工作的探索与实践

孙艳琼*

摘　要：根据大数据时代的趋势发展需求，从“快”、“全”、“通”、“准”、“智”五个特点出发，重点在搭建网络信息平台、“问政于民”制度化、创建基层服务管理平台、精细化贴心服务以及基层党建智慧化五个方面介绍坪山新区依托“织网工程”开展群众工作的探索与实践，以及全面适应坪山新区“政治新生态、发展新常态、改革新春天、法治新征程”下群众工作新形势的思考。

关键词：大数据　信息化　群众工作

近年来，伴随“物联网”、“云计算”和“大数据”等词语逐渐进入公众视野，一个大数据时代正大踏步走进我们的生活，走进我们的工作。在这一背景下，群众工作的社会环境发生了重大变化，如何“借力使力”，利用大数据做好群众工作，是我们面临的重大课题。坪山新区在全市社会建设“织网工程”综合试点基础上，以“织网工程”为抓手，积极探索创新，构建了大数据时代下的群众工作新形势，突出体现五个特点。

* 孙艳琼，坪山新区社会工作委员会。

一 “快”：搭建网络信息平台，直通群众利益诉求

大数据的第一个特征是“快”。特别是网络信息平台，能够集文字、声音、图像于一体，实现信息传递的即时性、超时空性、共享性，使传统的自下而上的层级制沟通方式转为扁平化沟通方式，极大地缩短了党员干部和群众之间的距离，为党员干部与群众的交流提供了新的路径，为发布信息、了解民意、会集民智提供了便利。新区在坚持党员干部上门走访群众的基础上，依托“织网工程”，搭建了快捷反映和处理群众诉求的网络信息平台。一是升级社区家园网。家园网是面向社区老百姓解决“我要咨询、我要办事、我要投诉”的主要信息平台。坪山新区升级了原社区家园网，建立了“社区论坛”，居民可以在这里谈论问题、反映诉求、提出意见，由社区专职人员梳理后报送平台分派处理，让群众的心声“百分百”得到响应、事件“百分百”得到处置、结果“百分百”得到反馈，群众已把家园网作为自己身边最重要的网站。目前，社区家园网点击量已从 2013 年的 20000 多人次增加到 26 万多人次，发布信息 12191 条，论坛发帖 411 篇。二是联通“网上民声”。将新区政府在线的“网上民声”内容接入“织网工程”，统一回复，分拨处置。目前，“网上民声”收集群众反映问题 573 件，已办结 556 件，在线响应率 100%，回复率 100%，办结率 97.03%。三是开设社区家园网 APP 应用与公众微信账号。作为社区家园网和“网上民声”的补充，群众可以免费登录，随时随地地提出诉求、反映意见。2014 年新区“十佳社区社会组织”评选、新区改革“金点子”公开征集活动，很多都是群众通过家园网 APP、公众微信账号投票完成的。

二 “全”：“问政于民”制度化，保障群众切身利益

大数据的第二个特征是“全”。在处理涉及群众利益的事项时，应综合

考虑群体利益，最大限度地保障群众的利益。2014 年 6 月，坪山依托“织网工程”，在全国率先建立群众决策咨询委员会制度，创新政府决策方式，实现了三个“全”。一是全群众。改变传统的专家咨询、网络咨询、书面咨询渠道，以及由政府部门全程引导的方式，将咨询主动权全部交给群众，形成开放性的咨询模式，广纳言路、问政于民，实现“群众的事群众议”。二是全覆盖。通过公共信息资源库查询，结合网上公告报名，邀请与拟决策事项有直接利益关联、代表性较强、多方参与的群众代表参加会议，保障群众真实诉求和意愿自由表达，实现“问需于民”。三是全公开。通过新区政府在线、“织网工程”社区家园网等方式，将重大民生决策事项进行群众咨询，从事项遴选、委员申报、现场咨询到咨询结果等全过程、全方位公开，群众意见是政策出台前的必要参考依据，保障群众的知情权、参与权和表达权，能够最大限度地保障群众的利益。2014 年 8 ~9 月，从“织网工程”数据库中分别抽取了 25 名、35 名利益相关群众代表，对石井社区公园建设、《坪山新区保民生专项救助办法》做决策前的民意咨询，在充分听取群众意愿后，优化了工作方案，将决策事项办成群众真正需要和满意的事，实现“为民做主”向“让民做主”的重要转变。

三 “通”：创建基层服务管理平台，把服务建在群众“家门口”

大数据的第三个特征是“通”。通过数据之间的互通与共享，可以把服务建在群众“家门口”，为群众提供更加便捷的服务，让“数据多跑路、群众少走路”。坪山新区把社区居民最迫切需要的服务事项细化为 8 个大项 43 个小项，在社区推出“一窗式”受理、一张网流转、一条龙服务，居民跑一个窗口，甚至在自己家中就能申请办理 43 项常遇常办事项；设立了“义工服务”模块，包括帮困助弱类、文体科教类、应急救援等 7 个大类 51 项服务，与“织网工程”对接，根据群众实际需求提供义工服务；新增“坪山菜价”等接地气栏目，把新区各集贸市场菜价实时公布在家园网。同时，新区依托“全服务”和综治维稳平台，整合空间、系统、职责、人员等社区资源，试点创建基层综合服务管理平台，让群众的日常生活、工作大小事情，都能在社区得到办理和落实，实现“社区事社区办”、“小事不出社区”。平台运行两年来，已办理服务事项5689件，完成义工服务申请35次。

四 “准”：精细化的贴心服务，送服务到群众“家里”

大数据的第四个特征是“准”。新区通过数据的充分挖掘与精确指引，可以找齐找准服务群众的对象，为群众提供精准的贴心服务，送服务到“家里”，实现“管理型政府”向“服务型政府”的转变。一是界定群众对象的籍贯、年龄、居住地及“低保”、“残疾”等个性化条件，迅速、准确地找齐全体服务群众对象，改变过去因找不齐、找不准对象而导致服务可能出现的遗漏、不公平情况。二是根据准确的群众对象数据，快速、精准地评估活动所需经费和预期效果，将厉行节约与服务群众紧密结合，改变过去因数据不准造成的经费预算不准确、预期效果不明的情况。三是在群众对象范围初步确定的基础上，网格员结合上门信息采集工作，对服务活动对象及其真实需求和期待进行摸底，让服务真正满足群众“最所想”、“最所需”，改变过去不贴近群众需求、群众不满意的情况。四是党员干部及网格员借助信息化和网格化实施服务，缩短服务链条，减低行政成本，改变过去开展服务需要民政、群团、办事处、社区等多部门参加，时间长、成本高、效果差的情况。如：2013年冬天比较寒冷，网格员上门采集信息时了解到有部分老人希望有暖风产品。新区通过信息库搜寻到全区有237位85岁以上高龄老人，通过快递方式把暖风机从商家直接送到老人家中。今年春节，新区根据“必送家庭全送、一般家庭抽取”原则，按照低保、残疾、高龄老人100%全覆盖，外来人口、一般家庭各50%的比例，组织“春节问访”活动，首次实现了对全区约700名80岁以上户籍老人、500名残疾人、350名低保户的100%全覆盖。

五 “智”：基层党建智慧化，群众工作常态化

大数据的第五个特征是“智”。基于这个特征，建设信息化、智慧化的党建群众工作，更加规范、有序、高效。在基层党建智慧化方面，新区依托社会服务管理网，将党员志愿者服务组织及其服务群众的信息登记、跟踪和评价。全区111个党组织、683名党员干部、3207名党员志愿者下沉到每一个网格，与义工、社工等社会服务力量形成合力，智慧党建初步建成。目前，已完成服务1560件，服务总时长达到2505小时。在群众工作常态化方面，按照群众工作“培根固本”行动要求，开发了“走访服务”模块，形成了常态化工作机制。一是把全区参加行动的680多名党员干部及1369名联系对象整合上图，以图层的形式直观显示，实现动态、实时的管理；二是优化党员干部挂点联系社区、企业、群众工作程序，制定“走访服务”基本模板，将走访时间、对象、干部、方式、内容等事项整合固化，形成标准化的操作流程，指导党员干部规范化开展工作；三是每一次走访都做到“六有”（有记录、有分拨、有处理、有反馈、有跟踪、有统计），对群众反映的每一件事和实际困难，做到“快速响应、迅速处理、及时反馈”。同时，党员干部走访中发现的许多情况，通过系统转化为服务和管理事件，分拨到业务部门处理，将矛盾纠纷及时排查化解在萌芽中，将温暖服务及时送到群众家中。

2015年，是全面贯彻落实习近平总书记“四个全面”指示精神的关键年，新区社工委将在市社工委的指导下，全面适应新区“政治新生态、发展新常态、改革新春天、法治新征程”，依托“织网工程”，深入践行群众路线，进一步创新群众工作方法，完善群众工作机制。重点抓好如下四个方面。

一是以“织网工程”促进法治建设。法律既是治国之良器，也是维护党群、干群关系的法宝。当下的群众工作，要转变以往的观念，将法治理念培植于心，树立在法的框架内行事、维护群众正当权益的法治观念和意识。

学会运用法治思维思考问题、开展工作，善用法治方法和法治手段，公平、公正地协调群众利益关系。“织网工程”是将法治思维转化为“日常行为”的有力工具，对程序和流程进行优化并固化下来，为部门开展群众工作提供规范指导。

二是以“织网工程”体现民意为先。依托“织网工程”，进一步完善重大民生决策公众咨询委员会，将医院、学校、公园等重大民生事项规划纳入“决策必先咨询”的范围。依托新区政府在线、“社区家园网”及社会服务管理网，拓展提升“随手拍”、“网上民声”等应用功能，畅通群众参与决策渠道，提升新区重大民生的科学决策水平，保障群众切身利益。

三是以“织网工程”实现民愿为标。群众是否幸福、是否满意是新区社会建设和群众工作是否达标的指南。充分调动社会建设专家咨询委员会、社会智库和群众的力量，研判评估新区社会建设和群众工作情况，探索建立社会建设群众满意度指标体系，力争全面了解群众需求和意愿，客观反映社会建设和群众工作成效。将社会建设、群众工作指标嵌入“织网工程”，为各部门实施服务管理提供指南。

四是以“织网工程”落实民生为本。加快推动“织网工程”与“网上办事大厅”、新区OA办公系统的深度对接与联通，便利政府提供服务，便利群众办事；依托“织网工程”大数据分析，建立新区居民个人服务主页，让他们知道现阶段能享受什么样的服务、怎么样享受服务，服务清单转化成部门任务清单，推送职能部门开展主动服务。

B.15

龙华新区社会建设“织网工程”的改革探索及未来展望

李昆刚　蒋春忠　胡　平*

摘　要：“织网工程”是深圳市委市政府在大数据时代背景下的前瞻性思考和突破式创新。“织网工程”在龙华新区有其特殊重要性和必要性。按照全市社会建设“织网工程”的统一部署，在坪山新区试点基础上，新区在机构队伍整合、数据互通共享、统一平台建设、开发应用和评价考核体系等方面做了新的改革探索。下一步，龙华新区将继续把“织网工程”做深做实，进一步在政府流程再造、便民利民惠民和激发社会活力上下功夫。

关键词：龙华新区　社会建设　织网工程　改革探索

党的十八大报告对“在改善民生和创新管理中加强社会建设”做出了重要部署，首次提出“提高社会管理科学化水平，必须加强社会管理法律、体制机制、能力、人才队伍和信息化建设”，信息化建设在社会建设领域的重要性日益凸显。十八届三中全会指出，要“以网格化管理、社会化服务为方向，健全基层综合服务管理平台”，“推进部门信息共享”；四中全会提出要“系统治理、依法治理、综合治理、源头治理”，为创新社会治理方式

* 李昆刚、蒋春忠、胡平，深圳市龙华新区社会工作委员会。

指明了新的方向和路径。随着大数据时代的到来，信息化、智能化发展迅猛，现在线上和线下、有线和无线、移动终端和固定网络等在社会化、市场化管理和服务方面已经形成一种常态。这种常态给政府强大的压力，倒逼政府做出变革以适应这种常态。“织网工程”正是市委市政府主动适应这种常态，在大数据背景下推进精细化服务管理、加快转变政府职能、推进治理体系和治理能力现代化的战略选择，与党的十八大、十八届三中和四中全会以及习总书记重要批示等精神高度契合，其核心是通过信息化手段建立以网格为基础的社会服务管理模式，促进社会建设和社会管理创新。

一 “织网工程”在龙华新区的现实意义

龙华新区高度重视社会建设“织网工程”。自2013年11月深圳市全面部署推进“织网工程”以来，龙华新区以高度的政治自觉和改革创新的思维，不断深化对这一新生事物的认识。没有将认识仅仅停留在深圳市委市政府部署的一项常规性工作上，也没有仅仅停留在一项简单的信息化工程上，而是深刻地认识到“织网工程”的深层含义和战略意义。对龙华新区而言，“织网工程”更是建设“两区一城”（加快转型升级典范区、特区一体化示范区和现代化国际化中轴新城）的重要支撑，不但势在必行，而且大有可为。这主要表现在以下三个方面。

一是龙华新区的改革发展迫切需要推进“织网工程”。“织网工程”不是一个单项的信息化工程，是综合性、基础性的重大改革，涉及政府、企业、社会和个人等方方面面，涉及政府管理和服务的各个领域，涉及政府所有的部门和层级，对政府运作必将产生颠覆性冲击，倒逼政府对传统的理念思维、体制机制以及工作的方式方法，进行一个全面的、深层次的根本性改变，否则“织网工程”很难取得真正的效果。龙华新区本身就是改革创新的产物，肩负着在全市先行先试、推进综合配套改革的重任，更需要大力推进“织网工程”，努力实现以新体制开创新局面。

二是龙华新区的特殊区情迫切需要推进“织网工程”。龙华新区是深圳产业大区、人口大区。实际管理人口 289 万，户籍人口 12.9 万，倒挂比例约 22∶1。社会二元化严重，群众诉求多元，社会治理难度大。且龙华新区是新区新体制，机构人员高度精简，人少事多，社会服务管理任务异常繁重，发动社会力量参与社会建设非常必要和紧迫。有了“织网工程”，政府可以通过它把涉及公共管理和服务的内容推送给企业和市民群众，企业和市民群众的诉求也可以通过它得到反映和处理，社区的各种活动、各种服务、社区自治等可以通过社区家园网等得以更好地组织和开展，所以“织网工程”是新区进行社会动员、发动多元主体参与社会治理、解决“小马拉大车”、实现“小马拉好车”的一个很好的平台。

三是践行群众路线迫切需要推进“织网工程”。2014 年新区推行“织网工程”，刚好与群众路线教育实践活动同步进行。通过“织网工程”，建立信息化、网格化、全覆盖的管理服务体系，将政府服务直通百姓需求“终端”，切实打通了联系服务群众的“最后一公里”。同时，“织网工程”要求信息互联共享、工作协同处置，这就必须打破部门之间的隔离、优化再造部门原有的工作流程，从而对服务型政府建设起到有力的推动作用。所以，“织网工程”所编织的网，不仅仅是管理网，更是服务网、安全网、幸福网，最终成为凝聚民心之网。

正是认识到“织网工程”的重要性、综合性、系统性和复杂性，龙华新区坚定地把“织网工程”作为 2014 年新区改革元年最重要的一项改革，坚持把“织网工程”作为新区各项工作的重中之重，作为一把手工程来抓，集全区之力强势推进，不断深化顶层设计，不断加强组织领导，并结合龙华实际，提出努力打造“织网工程”龙华升级版。2014 年初，龙华新区在全市较早召开“织网工程”工作会议进行动员部署，随即在民治办事处开展试点工作。在出台全区总体实施方案的基础上，龙华新区专门召开改革领导小组会议，研究出台《龙华新区社会建设“织网工程”网格化管理运行机制建设工作方案》，对“织网工程”的组织架构、互联互通、平台统一、运行机制、管理制度等做了更加具体的设计和明确要求。2014 年 9 月，在总结民治试点经验的基础上，“织网工程”开始在全区全面推进。在此过程中，深圳市委戴北方副书记和市社工委领导多次来龙华具体指导，给龙华新区的“织网工程”把脉问诊；龙华新区领导也多次就“织网工程”进展情况进行调研，并多次开会进行专题研讨。“织网工程”已成为龙华新区议事日程上的重中之重。

二　龙华新区社会建设“织网工程”的改革探索

按照全市社会建设“织网工程”的统一部署，在深圳市社工委等市直部门的全程具体指导下，在虚心学习借鉴坪山新区等兄弟区经验的基础上，龙华新区紧紧围绕市委市政府《关于全面推进社会建设“织网工程”的实施方案（试行）》的相关要求，迅速行动、强力落实。经过一年多的努力，新区“织网工程”、“一库一队伍两网两系统”基本架构已搭建完成。特别是在坪山新区试点基础上，结合龙华实际，在一些关键环节的突破上下功夫，为市“织网工程”顶层设计在区一级落地进行了一些新的探索，形成了龙华特色，工作进度和力度在全市10个区中排名前列，市社工委确定在龙华召开市“织网工程”现场会。

一是整合了机构和队伍。在机构整合方面，为确保“织网工程”有统一、独立、权威的管理机构，充分发挥它在网格化管理服务方面指挥调度、承上启下、协调左右的重要作用，新区在机构编制极为紧张的情况下，整合原有的“两办一中心”（新区出租屋综管办、社区网格办与数字化城管指挥中心），成立了直属于新区的副处级事业单位——社区网格管理中心。中心设8名职员、5名雇员，不增加1个编制，作为新区非应急类事件的指挥调度中心和绩效评价中心，同时将成为新区的大数据分析决策中心。办事处一级，按照撤一增一或已有机构合并的原则，在不增加机构编制总数的前提下，成立独立的科级事业单位——网格管理中心。社区一级，成立网格管理工作站。在队伍整合方面，新区在市里整合出租屋、计生、城管三支队伍的基础上，探索基层采集力量在更大范围的整合，将劳动、安监两支队伍吸纳进来，实现“五员整合”。同时，在整合过程中，坚持“减员增效”的基本原则，五支队伍整合后，不仅总人数较原先五支队伍有所减少，而且工作效能大大提升，实现了人力资源的充分利用。比如，以前新区175.58平方公里的范围内，主要依靠100多名安监巡查员采集安全生产隐患信息，工作力量有限，只能集中在工厂范围内、粗线条的业务网格里进行采集处置，而现在，一支几千人的网格队伍在工业区、商业区、住宅区内，在精细划分的网格里全方位、无死角地轮番发现安全隐患，实时进行采集。无论采集的广度、精度，还是各业务条线之间的协同度都大大提高，采集量也从2000条/月增长到现在的将近10000条/月。

二是建立统一的协同工作平台。除了前端的采集，在后端的处置方面，针对过去不同政府部门信息化系统各自之间信息不互通、工作不协同、存在严重的信息壁垒和信息孤岛的问题，新区除了市里要求的社区家园网和社会管理工作网之外，还将OA系统、数字化城管、网上办事大厅、政府在线等10多个信息系统整合进一个统一的“织网工程”协同工作平台。只要登录了协同工作平台，就能实现单点登录，同时打开10多个业务系统，用一个账号随时切换、查看、调取各业务系统信息，实现了整个“织网工程”的事件处理和部门日常的工作业务处理紧密结合、浑然一体。新区要求今后所有新建的系统，都必须集成到“织网工程”的协同工作平台上。新区目前信息系统不多，有的刚刚建成，有的正在建，相对来讲，系统整合有优势。

三是探索出了统一的运行机制。依托这个高度集成的统一工作平台，新区积极探索，形成了一整套统一的运行机制。统一的运行机制有四个核心环节：统一采集、统一分拨、协同处置、统一考核。在统一采集方面，除了网格员采集信息之外，新区还对接了各业务系统，实现了业务信息的实时报送。除此之外，新区创新性地对接了企业诉求和物业诉求，如对接富士康78585热线（谐音“请帮我帮我”），按期接收居民诉求，并就员工反映较多的问题进行专题研究，采取多项措施。各种渠道的信息，包括网格员采集的信息，业务部门办理业务生成的信息，社区家园网上的信息以及对接大型企业、大型工业园区过来的诉求信息，等等，都统一进入“织网工程”的协同工作平台。在统一分拨方面，对于各种渠道采集的事件，新区按照一定的编码规则（在全市率先制定“5W”编码规则，即在什么时间、地点，采集了什么事件，由哪个部门处置），进行统一编码，为事件统一分拨以及处置、反馈和评价等环节提供可追溯的依据。在协同处置方面，事件编码之后，涉及单一部门、标准化、规范化的案件，通过系统自动分拨给相应级别的相应部门进行处置，跨部门的案件、疑难和回退案件进入系统后通过人工干预后分拨到相应处置部门。各单位在平台上领取事件后，回到自己的业务系统处置，处置完成后再把结果反馈给平台，从而形成一个派遣、处置、反馈、核查、结案的闭环。在统一考核方面，基于电子轨迹，建立了全流程的考核评价体系，包括对事件处置单位、网格员、工作平台自身的考核评价以及如何对接市部门对新区考核，都有具体规定，考核结果纳入绩效考核体系。原先的工作模式中，各业务条线多头采集、多头分拨，职责交叉（如各部门处置事件时通常先交社区处理，社区处置不了再层层上报），有时相互推诿，有时又重复处置，导致案件虚高，效率低下。现在，通过分级分类编码和统一分拨，划清了各级各部门的职责边界，该到哪个层级就到哪个层级，大家都清楚地知道了“谁家的娃娃谁抱走”，提升了处置的效率，逐步实现了错位管理。

四是拓展了一批管理和服务方面的应用。“织网工程”的生命力在于应用。新区要求，平台建好后，不能成为摆设，必须为用而建，边建边用。要让老百姓会用，让职能部门能用，让领导好用。在“三统一”（统一的机构队伍、统一的工作平台和统一的运行机制）的基础上，新区利用高度集成的数据信息库，从管理和服务方面，深化拓展了多项应用。在具体实施过程中，新区提出“一证走龙华”。针对老百姓普遍反映的办证难问题，新区主管部门换位思考，设身处地地站在便民利用的角度，充分利用“织网工程”证照信息互通共享的优势，探索普通居民只用一个身份证，不需再提供其他证照和材料，就能轻松办理小孩学位申请、房屋租赁合同、计划生育证明、敬老优待证、高龄老人津贴等，从而解决居民办事“跑断腿”的困难。如之前办理房屋租赁合同，需要居民双方携带身份证、居住证、计生证明和产权证明去租赁窗口办理，经过层层核查和审批，需要花费11天时间才能领取房屋租赁证，而现在居民双方在网上申请办证，系统调用基础信息库的数据，自动比对居住双方的信息，看居民是否符合办证条件，若符合，系统审批后即可取证，耗时不到10分钟。同时，还可以通过手机应用“龙华便民通”来申请“一证走龙华”业务的办理，把有线的服务延伸到无线的手机上，让居民通过手机办理有些家园网上办不了的事项，给了居民更多的选择。通过“龙华便民通”，可以约医生、查交通、买东西、办理物业等。此外，借助“织网工程”的决策分析支持系统，新区还开发了经济运行、未缴社保人群、富士康员工服务需求、民治片区教育等专题分析，帮助各相关职能部门找齐找准自己的服务管理对象，摸清群众需求，提供精准特色服务，也为领导决策提供更加准确、翔实的参考依据。

三 龙华新区社会建设“织网工程”的未来展望

一年来，尽管龙华新区“织网工程”只是进行了初步探索，但它的强大威力已逐步凸显，未来更是大有作为。龙华新区将继续以改革的思维和力度推进“织网工程”，按照市里统一部署，虚心学习借鉴各兄弟区好的做法和经验，进一步把“织网工程”深化做实、提升完善，最大限度地释放其对促进龙华新区治理体系现代化建设的强大功能，重点在以下几个方面下功夫。

一是进一步在政府流程再造上下功夫。龙华新区将结合基层管理体制改革，通过“织网工程”，倒逼各职能部门和各办事处，对各自的办事流程进行全面梳理优化，转变政府职能，提升服务效能，建立起基于网格化、信息化条件下的社会治理和服务居民新体制。

二是进一步在便民利民惠民上下功夫。不断拓展“一证走龙华”的服务事项，完善手机“龙华便民通”系统，推广“网上办事”，推动相关职能部门把更多的公共服务内容注入“织网工程”中，主动提供“一站式”、“一窗式”、“推送式”、“跨部门、跨区域、跨层级”的“全服务”模式，让广大居民在自己工作或居住的任何一个办事处或社区，只要跑任何一个受理窗口，甚至在自己家中，用自己的手机，就能申请办理和享受更多的政府日常服务。

三是进一步在激发社会活力上下功夫。“织网工程”的目标是网聚民心，而不是束缚活力。新区将通过“织网工程”，探索全方位、高效率的社会动员和多元共治。引导企业和社会，广泛参与数据采集和平台共享；整合社会各类资源，参与网格管理和服务；充分发挥社区家园网的作用，完善基层治理，推进居民自治，真正实现“社会建设社会建、社会管理社会管”。

社区建设篇

Community Building

B.16

罗湖区深化社区体制改革推进社区治理体系法治化的探索

深圳市罗湖区课题组

摘 要: 深圳推行“居站分设”社区治理体制以来，落实社区各项管理服务工作起到了明显的作用和成效，但运作10年后，这种体制的一些问题也逐渐暴露出来，社区工作站不堪重负、社区居委会自治功能严重弱化、社区各类组织责权利不统一、社区服务成效较低、社区社会组织成长受制。针对这种状况，罗湖区通过采取“定职责、定岗位、定人员、定保障”的四大步骤。首先是理清社区各类组织职能定位和权责边界，其次是核定社区岗位，再次是调整社区工作队伍，最后是优化完善社区投入机制，深入开展社区体制改革，取得初步成效。成功为社区工作“瘦身减负”，社区治理更规范；实现“归位赋权”，推动“三社”联动增能；结合“织网工程”推进，社区实现减员增效；社区工作岗位分工明确，工作人员工资待遇提高；压缩审批流程，社区服务进一步便民化。

关键词：罗湖　社区　法治化　社区治理

近两年来，罗湖区深入贯彻落实党的十八大和十八届三中全会、四中全会及习近平总书记系列重要讲话精神，坚持“党委领导、政府负责、社会协同、公众参与、法治保障”的工作原则，以法治思维和法治方式推进社区治理，依法明确治理主体、厘清工作职责、核定岗位人员、规范财政保障、创新工作机制，按照统筹规划、重点突破、分步实施的工作思路，着力解决影响社区治理的突出问题，不断提升社区治理和服务水平，建立健全法治化、现代化的社区治理体系，为建设繁荣、文明、幸福的新罗湖奠定基础。

一　罗湖区社区体制改革的背景和目标

（一）罗湖区社区体制改革的背景

2014 年 1 月，民政部授予罗湖“全国社区治理和服务创新实验区”称号，实验时间从 2014 年 1 月至 2016 年 12 月，鼓励罗湖区以“深化社区居民自治”为主题，实验“探索社区居民通过社区社会组织参与社区治理的路径和制度机制，形成深化社区居民自治的方法和途径”。为了完成好民政部赋予的实验任务，罗湖的改革紧密结合罗湖的社区现状推进。2004 年以来，深圳市推行“居站分设”的社区治理体制，这一举措符合当时社区建设的实际，对巩固基层基础、落实社区各项管理服务工作起到了明显的作用和成效。但运作 10 年后，这种体制的一些问题也逐渐暴露出来。

一是社区工作站不堪重负，俨然成为一级政府。据统计，社区工作站需承担 10 个大类 88 个小项的工作，各级检查考核评比任务 64 项，电子台账

98 项，纸质台账 90 项，各类盖章证明事项 110 项，在社区挂牌的各类临时机构至少有 45 种。

二是社区居委会日渐边缘化，自治功能严重弱化。由于大量的行政资源向社区工作站倾斜，社区居委会作为具有宪法地位的基层群众性自治组织，其法定的自治、协助、监督功能难以有效发挥，逐渐边缘化。

三是社区各类组织职责不清，责权利不统一。社区内各种组织或服务平台并存，社区党组织、社区工作站、社区居委会、社区服务中心、业主委员会、物业服务机构、社会组织等权责不清晰，关系难以协调统一。

四是社区编外人员不断膨胀，服务成效未相应提升。由于社区工作站行政类、管理类职能不断增加，各类临聘人员也不断增多，财政供养压力大，队伍管理问题较多，而服务水平和服务效率未相应提升。

五是社区工作站包揽事务，社会组织成长受制。与之相对应的是，由社工机构运营的社区服务中心和各类社区社会组织成长空间狭窄，构建“小政府、大社会”步履维艰。

（二）罗湖区社区体制改革的目标与思路

针对当前社区体制存在的诸多弊端，罗湖区提出社区治理体制改革要达到几个目标。一是要推进依法治理，明确主体，理顺职责和相互关系，制定工作清单，建立行政事务准入制，大力减轻社区行政工作负担。二是要充分激活社区居委会、社区社会组织的活力，扩大居民参与，加强多元共治，推进社区治理协同化。三是要完善服务体系，推进社区服务便民化。四是要发挥民主议事、听证、评议等协商民主治理形式，利用好信息化手段的优势，切实维护群众利益。五是切实推进减员增效，提高社区工作者的待遇。

从 2014 年 1 月开始，罗湖区开始部署社区体制改革，并把这项工作列为全区 2014 年五大项改革计划之一。1 ~4 月先后邀请了中山大学蔡禾、浙江大学毛丹等十余位知名专家来罗湖看社区、提建议。2 ~4 月，罗湖完成了全区 115 个社区居委会的换届选举工作，并按照省委对“两委”交叉任职率达到“两个 80%”的要求，综合党组织书记、居委会主任“一肩挑”

比例达到96.4%，社区综合党组织班子成员与居委会班子成员“交叉任职”比例达到89.7%。4月底，罗湖正式成立了社区体制改革专项小组，具体工作由罗湖区民政局牵头，罗湖区编办、社工委、财政、人力资源、租赁局、发展研究中心等部门共同参与，强力推进社区体制改革。4～12月，领导小组先后开了28次专题会议，有几个月是每周一次例会，及时解决改革推进过程中发现的问题，完善改革内容，细化改革措施，为改革方案最终在全区顺利推进提供了有力的保障。9月中旬，在各项改革措施基本定型的情况下，罗湖区先在南湖街道试点推进，针对改革方案中的一些具体问题再进行改进、完善。10月底，召开了全区动员大会，正式在全区10个街道铺开，到年底，社区层面的改革已基本完成。

二 罗湖区社区体制改革的具体举措

罗湖区社区体制改革概括来讲，包括“定职责、定岗位、定人员、定保障”四大步骤，首先是理清社区各类组织职能定位和权责边界，其次是核定社区岗位，再次是调整社区工作队伍，最后是优化完善社区投入机制。具体来说，分为十大块内容。

（一）明确治理主体，推进社区治理多元化

对目前社区存在的社区综合党组织、社区居委会、社区工作站、社区服务中心、社区社会组织、业主委员会和物业服务机构、驻社区单位七大类组织或服务平台进行重新定位，明确其在社区治理中的地位和主要权责。

（二）厘清工作职责，推动社区工作规范化

一是减轻社区工作负担。取消当前社区工作站承担的工作任务80项，考核评比检查任务9项，取消社区临时性组织机构25种，取消电子台账22种、纸质台账24种。撤销除人口与计划生育目标管理责任状外社区工作站与街道办事处签订的所有责任书（11项）。

二是规范社区开具证明（盖章）事项。专门聘请律师团队对当前社区需开具的110项证明进行梳理，出具法律意见书，其中梳理出社区不应开具的证明65项。

三是制定社区各类工作清单。依法制定社区综合党组织、社区居委会、社区工作站、社区服务中心工作清单。其中，社区综合党组织6项工作职责、社区居委会13项工作职责、社区工作站11项工作职责并协助开展15项工作、社区服务中心16项工作职责。

四是建立社区行政事务准入制。凡是这次改革没有列入清单的事项，以后区职能部门、街道办事处都不能随意转嫁给社区，或以考核、评比等方式变相下放。确实需要进入社区的，要经过区编委会研究决定，并实行权随责走，费随事转。

（三）核定岗位人员，推进社区架构精简化

改革后，社区工作人员岗位分为社区综合党组织岗位、社区居委会岗位、社区工作站岗位、网格员岗位四种类型。

由于社区综合党组织书记多数兼任社区工作站站长，故设置专职副书记1人、组织员1人。每个社区居委会设置专职副主任或专职委员1人、专职文员1人。社区综合党组织和社区居委会的力量明显增强。

社区工作站设站长1人、副站长1人（兼任网格长、维稳综治专干）、专干5人（计生专干2人，民生、城管、安全生产专干各1人）、综合协助人员1人。同时，按全市“织网工程”要求，“一格一员”设置网格员，10个网格以下的社区设1名副网格长，10个网格（含10个）以上的社区设2名副网格长，副网格长由网格员兼任。此外，社区警长要兼任社区工作站副站长。

（四）改革工资待遇，推进人员薪酬绩效化

这次改革，罗湖在社区工作人员总体待遇提高的基础上，完善岗位绩效金制度。根据工作任务轻重和难易程度，对不同类型的工作岗位设置不同的

岗位绩效金标准。社区编外工作人员平均月工资增长 800～1200 元不等。

同时，鼓励社区工作实施“减员增效”，如果社区在人员（含网格员）不满额度情况下完成核定工作任务的，核拨“减员增效”经费（每个空缺额度每年 4.8 万元）。这笔经费对完成额外任务的社区工作人员发放。

此外，根据核定的社区总岗位数，按照每月 300 元/人标准核拨工作机动经费，由社区第一书记或社区工作站站长根据社区每个月工作量及突发性工作的总体情况，统筹向社区工作人员发放，鼓励多劳多得。

原来一些条条部门像综治维稳、安全生产、计划生育还设立了一些考核评比检查的项目，对完成考核任务较好的社区发放考核奖。改革后各条线的这类投入全部汇总起来，成为社区年度工作综合考核奖，既减少对社区的考核检查，又有利于财政资金得到均衡配置。

（五）加强党的领导，推进社区党建区域化

为每个社区综合党组织配备一名专职副书记和一名组织员，健全社区党建网络，强化社区综合党组织在社区各类组织和各项工作中的领导核心地位。把街道办事处的处级领导干部全部分到各社区综合党组织担任第一书记，负责社区治理事务的政治保障，各方资源的沟通协调和对社区重大支出进行把关。社区第一书记每周至少到挂点社区蹲点工作一天，并召集一次工作例会，安排部署社区工作。

（六）扩大基层民主，推进社区居民自治常态化

这次改革突出了社区居委会在社区治理中的地位。

首先是加强了社区居委会经费保障。每个社区居委会每年的工作经费从以前的 1 万元提高到 5 万元，社区居委会成员生活补贴也大幅提升，除体制内的成员生活补贴保持主任 500 元/月、副主任 400 元/月、委员 300 元/月不变外，体制外的按主任 1000 元/月、副主任 800 元/月、委员 600 元/月标准发放，专职成员按 2800 元/月标准发放。每个社区居委会还配置 1 名专职文员，工资福利与社区工作站专干平均水平一致。

其次是重视社区居委会的规范化建设。结合罗湖实际，重点增强社区居委会的民意吸纳功能、自治平台功能、社区服务功能和纠纷调解功能。将社区居委会财务全部转由区国库支付中心代管，制定社区居民议事会议制度、居务公开制度等一系列配套制度。

再次是重视发挥社区居民议事会的作用。这次改革方案中，罗湖区设立了社区基金。从2015年开始，罗湖区财政给每个社区居委会投放10万元，作为社区基金的基础资金，专门用于社区居委会培育和发展社区社会组织。罗湖区设立社区基金的重点，不在于社区能吸纳到多少资金，而在于通过社区基金的使用，明确社区事务由谁来决策，通过什么样的规则和程序来决策、执行。

通过设立社区基金，充分发挥社区居民议事会的作用，对社区居委会和社区居民"赋选票"、"赋能"、"赋权"，从而推动构筑底层民主秩序，重塑社区公共精神。

"赋选票"是指赋予社区居委会和居民有投票选举社区居民议事会成员的权利。2013年4月，在社区居委会换届选举过程中，每个社区居委会已经依法选举产生了50～100位居民代表，此外115个社区居委会还通过居民直选选举了11213名楼（栋）长。下一步，罗湖区将由社区居委会、居民代表和楼（栋）长民主选举产生21人的社区居民议事会成员。之所以确定为21人，主要是考虑到议事会的可操作性。候选人按比例从社区居委会代表、居民代表、楼（栋）长、社区社会组织代表中产生。21名成员的名额分配大致为：社区居委会主任1名，社区社会组织代表6人，纯居民代表14人。

"赋能"是指对社区居民议事会成员的议事能力提升。邀请专业团队举办培训，继续推广借鉴罗伯特议事规则制定的罗湖"文华十条"，在社区居民议事会开会决议社区的大小公共事务过程中，遵守主持中立、起立发言、表明立场、不超时、不打断、不攻击、机会均等、服从裁判等十条议事规则，规范社区居民议事程序和要求，不断提高社区居民自治能力。

"赋权"是指给予社区居民议事会实质性权力。罗湖区民政局正在制定"社区居民议事会权力清单"，以后很多社区事务都交由社区居民议事会来决定和评议。如社区基金的使用，社区公益服务项目的设置，社区文艺节目“点菜”，社区社会组织项目申报，环评程序中的居民评议，对区相关职能部门、街道办事处参与社区建设工作情况的“下对上”评议等。市里最近推动的“民生微实事”，每个街道设立500万元，大部分“民生微实事”项目的决策权也将赋予社区居民议事会。

最后是社区服务中心成为社区居委会重要的工作抓手。目前，罗湖区除购买服务的140个社工岗位外，已经建成62家社区服务中心，2015年还将建设21家，全部采取“4+2”模式（4名持证专业社工+2名辅助人员），由专业社工机构运营。以后，社区服务中心的服务项目由社区居委会组织居民议事会来遴选，服务过程接受社区居委会的指导和监督。

通过上述措施，社区居委会边缘化、空心化的状况将得到扭转，社区、社区社会组织、社工机构的“三社联动”将有更大的发展空间，共同参与社区治理的形式和路径将更加丰富。

（七）加强多元共治，推进社区治理协同化

2014年罗湖区以问需、问计、问政、问效“四步法”，在5个街道试点推行党政社群社区共治活动，收集居民在硬件设施改善、文体娱乐活动、普惠型公益项目、社区社会组织扶持等方面的有效建议。2015年在10个街道全面推广党政社群社区共治，推动基层社会治理在观念上从“政府大包大揽”向“多元协同共治”转变，在机制上推进“三个层面”的改革，即区级层面的改革政府民生投资决策机制、街道层面的党政社群共治、社区层面的社区居民自治。一是打好人才储备的共治之基。筹备建立罗湖区社区议事规则主持人库，培养一批熟练运用议事规则、独立主持议事会的主持人才，逐步实现党政社群社区共治人才本土化，确保为共治工作的可持续发展做好人才储备。二是抓住建立社区共治项目库的共治之重。在2014年建立的社区共治项目库的基础上，进一步遴选社区共治项目，确保居民提出的有效需求都能进入该项目库，为今后政府民生工作提供参考。总结党政社群社区共治工作经验，梳理制定标准化操作手册，规范活动程序和内容。三是围绕多

元主体参与的共治之核。指导基层扩展社区治理的参与主体，充分发挥社区各类组织和驻社区单位的协同作用，逐步形成党、政、社、群互联、互补、互动的社区治理模式，完善“党委领导、政府推动、群团参与、居民自治、社会互动”的多元共治格局。

（八）完善服务体系，推进社区服务便民化

梳理了4个大类15个小项社区审批事项，从“三级审批”简化为“二级审批”，或从“二级审批”简化为“一级审批”，实现了优化流程、减少环节、提质增效，并积极鼓励市场力量、社会力量、志愿者力量共同参与，为社区居民引入更丰富、更专业、更个性化的社区服务。2014年11月，罗湖区委区政府和深圳市顺丰商业有限公司就引入市场主体参与社区服务模式创新举行了签约仪式，推动顺丰“嘿客”门店进入罗湖社区服务行列。根据协议，顺丰“嘿客”店可提供的社区服务包括三大类：一是社区公共服务，如社区老年人、残疾人等特殊群体关爱服务、社区居民和外来劳务工就业促进服务等；二是社区公益服务，如特殊群体免费寄递服务、免费体验服务等；三是行政辅助服务，如政策宣传义务服务等。顺丰公司是一家比较成熟、规范、专业的公司，网点覆盖面广，光是“嘿客”门店在全国已经超过了2500家，在罗湖区已经开设了9家。将顺丰公司的企业优势和罗湖区的社会资源优势结合起来，期待能借此推动罗湖区社区治理与服务创新，实现互惠共赢，也为其他市场主体加入社区服务领域起到示范作用。

（九）深化“织网工程”，推进社区治理信息化

根据民政部的要求，“全国社区治理和服务创新实验区”要推动社区公共服务综合信息平台的建设，罗湖区把这项工作融入“织网工程”同时推进，通过优化整合各类信息系统和资源，使服务事项实现“数据多跑路，居民少跑路”，使各类服务更加简洁、规范、便民、安全和实用。

（十）双向考核评议，推进社区工作公开化

试点推进双向考核评议，是省委省政府对全省几个“全国社区治理和

服务创新实验区”提出的要求。目前省里的文件还没有下来，罗湖区提前把这项工作列进了方案，主要模式有以下两种。

（1）“上对下”的考核。各职能部门、街道办事处通过年度综合考核，对社区综合党组织、社区工作站组织建设、制度建设、职责履行、党（政）务公开、协助开展工作等情况进行考核。

（2）“下对上”的评议。社区居委会、社区工作站主要通过组织社区居民议事会，开展群众满意度测评等方式，对各职能部门、街道办事处落实社区基础设施、提供社区公共服务、保障社区工作经费、解决居民实际问题等情况进行评议。

三　罗湖区社区体制改革初显成效

（一）切实为社区工作“瘦身减负”，社区治理更规范

根据社区体制改革实施方案，取消当前社区工作站承担的工作任务、责任状、考核评比检查任务等事项共计 171 项；转移社区工作站 23 项工作事项，其中 20 项回归到街道办事处、3 项回归到区有关部门或社康中心等其他单位，并规范社区开具证明（盖章）事项；依法制定社区工作清单；严格社区行政事务准入，厘清了各自职责，理顺了工作关系。

（二）实现“归位赋权”，推动“三社”联动增能

本次社区体制改革使居委会、社会组织、社工机构依法归位，“充电”激活了社区居委会；通过新设的社区基金以及原有的党政社群社区共治资金、社会建设和民生创新专项资金等资源，为“三社”联动提供了全方位的资源保障；通过社区居民议事会的规范化、专业化建设，增强了“三社”联动的民意基础和公益化路径，形成了以居委会为轴心，凝聚、引领社区社会组织、社工机构、市场力量、社区居民共同参与的居民自治路径。

（三）结合“织网工程”推进，社区实现减员增效

罗湖区共83个社区工作站、115个社区居委会，划分1135个网格。改革前，83个社区工作站共有人员1511人，115个出租屋综管站共有人员785人，街道工作的社区员额80名，社区人员共2376人。罗湖此次社区体制改革结合“织网工程”共同推进，改革后，财政供养的社区工作人员共2100人。对比改革前后，社区工作人员人数不仅实现了净减少，社区信息采集量还增加了112%，社区真正实现了减员增效。

（四）社区工作岗位分工明确，工作人员工资待遇提高

通过明确岗位设置，街道机关科室与社区工作站的职能衔接更加紧密有序，有利于业务指导和人员考核，有利于提升社区治理和服务水平，社区工作人员的责任心、主动性进一步增强。同时，社区实现以事设岗、以岗定人，打破人员身份差别，让有能力的人通过选拔担任站长、副站长，激发了社区工作人员的活力。改革工资待遇，推进人员薪酬绩效化，社区工作人员平均工资水平大幅提高。考取了社会工作师资格证书的，每月还可以得到100～300元不等的补助，绩效工资制和减员增效奖也提振了社区工作人员的积极性。“奖优罚劣”、“奖勤罚懒”、“多劳多得”、“责利统一”的原则得到了较好的体现，有利于基层队伍的稳定。

（五）压缩审批流程，社区服务进一步便民化

老年人服务、社会救助等4个大类15个小项的社区审批事项进行流程简化，从原来的“三级审批”简化为“二级审批”，原来的“二级审批”简化为“一级审批”，并压缩审批办结时限，实现社区审批事项最少、时间最短、流程最优，促进了社区行政审批服务提速提效。

B.17

深圳市南山区社区市民评议监督团的实践与思考

林电锋　何良海*

摘　要：　在推进国家治理体系和治理能力现代化的背景下，社区治理能力和水平越来越重要。深圳市南山区在社区实践中，有效地建立了“一核多元”社区治理模式。在该模式下，社区治理的主体必须清晰定位，并且提供相关工作平台，推进各项治理任务的落实。相关治理主体如何运作、社区治理绩效如何评估，这方面，南山区建构了社区市民评议监督团的工作机制，在实践中取得实效。本文就评议监督机制的建构进行了深入的阐述，具有较强的操作性和前瞻性。

关键词：　社区治理　一核多元　市民评议监督团　机制建构

社区治理的成效如何，关键在于社区治理主体的运作效果。社区治理主体，也称为社区多元主体，是指社区范围内能够为社区建设与发展提供各种帮助和动力的组织和个人。深圳市南山区在推进“一核多元”社区治理模式的实践中，重视社区治理主体的参与，积极为其融入社区、服务社区创造条件，尤其是在社区评议监督方面，大力推进社区市民评议监督团建设，优化基层群众自治机制，取得较好成效。

---

* 林电锋、何良海，深圳市南山区社会工作委员会。

一　社区市民评议监督团产生的背景

党的十八大报告指出："要健全基层党组织领导的充满活力的基层群众自治机制，以扩大有序参与、推进信息公开、加强议事协商、强化权力监督为重点，拓宽范围和途径，丰富内容和形式，保障人民享有更多更切实的民主权利。"① 建立充满活力的自治机制，关键是要扩大居民有序的政治参与，建立一套完整的工作机制，才能确保相关制度的落实。

南山区从2007年以来，一直在探索"一核多元"社区治理模式，这源于该区的区情实际。南山在经济高速发展的同时，很多社会矛盾显现，由于这里独特的区域特点，很多矛盾先于国内其他地区爆发，尤其是在社区中，突出显现以劳资关系和房产物业等新型矛盾为特征的社会问题。很多社会问题和矛盾交织，处置起来难度大、影响大，如前几年的西部通道侧接线工程、鼎太风华小区维权等事件，给基层治理带来了严峻的挑战。

因此，南山区委区政府审时度势，较早地将工作重点转移到社会建设上来，做出了和谐社区建设"三年行动计划"等决策部署，尤其是推动了"一核多元"社区治理模式的建构。在"一核多元"的制度下，科学的社区治理结构是基础。在该模式中，社区党组织处于领导核心地位，统领和协调社区各项工作；社区居委会去行政化，最大限度地推进居民自治；社区工作站是政府在社区的工作平台，与居委会各司其职、良性互动；社区服务中心承接政府公共服务项目，实现社会化。此外，要最大限度地凝聚社区其他各类组织和公众的力量，实现社区共治。

社区治理主体明确了、职责定位清晰了，就要建立相关主体发挥作用的平台，让基层民主自治的"陀螺"转起来。南山区在社区工作实践中，建立了党内民主共治、协商自治、虚拟参与、自助互助、民意诉求五大平台，

① 摘自党的十八大报告，新华网，http：//www. xj. xinhuanet. com/2012 - 11/19/c_ 113722546. htm。

相关主体可以通过这些平台开展工作、协商议事、多元共治，达到社区和谐自治和善治的目的。

社区治理的成效如何，关键看相关主体的运作绩效；主体的运作，需要借助相关的工作平台；主体如何操作平台，就当前很多社区来说，其机制和动力是不够的。在具体工作中，相关主体的社区参与并非都有硬性的约束，以至于某些重要主体如社区综合党委、居委会的工作处于可做可不做的状态。如何保证其运作的质量？南山区在多年的探索中，建立了社区市民评议监督团的工作机制，有效地推动了社区治理的深入开展。

二　完善社区治理的链条：市民评议监督团的机制建设

南山区在推进社区评议监督团建设中，率先在蛇口街道深圳湾社区“破土动工”。通过评议监督团的建设，优化了“一核多元”社区治理体系的工作链条。

这个链条，有明确的社区治理主体，各主体的职责明确，向社会公开“职责清单”，按照“清单”履行职责，落实责任，社区建立了各主体参与的共治平台，相关主体在这里开展协商自治，通过评议监督团，对各主体治理绩效进行评估和监督，评议结果能够产生一定的影响，从而促进各主体自觉履行职责，完成自身使命。各主体通过评议和监督，不断改进工作，提高服务居民的能力。

在这个社区治理的链条中，建立评议监督机制处于极为关键的环节。“在善治中，平等的最终状态就是民众对治理及其目标的掌控。”① 如果没有良好的评议监督机制，这个链条就会成为摆设，社区治理的愿景就很难实现。因此，在蛇口街道深圳湾社区的实践中，着重抓好几个环节。

① 国际行动援助中国办公室编译《善治：以民众为中心的治理》，知识产权出版社，第59页。

（一）明确工作重点

主要对社区综合党委（总支）、社区居委会、社区工作站、社区服务中心日常开展的“党务、居务、政务、服务”情况进行监督、评议；对社会反映强烈的热点、难点问题进行监督；参加社区居委会组织的监督检查、公开评议和明察暗访等活动；配合社区居委会做好对群众的宣传和引导工作。2014 年 8 月 24 日，该社区评议监督团对社区服务中心的运营情况进行评议，通过运行机构负责人述职、居民质询、评论和居民评分三个环节，使居民群众了解了中心的工作情况，并提出了相关的工作建议。①

（二）明确人员构成

深圳湾社区评议团成员 30 人，年龄最大的 72 岁，最小的 22 岁，其中男性 14 人，占 46.67%，女性 16 人，占 53.33%，他们来自社会各界，有党代表、人大代表、政协委员、机关干部、单位员工、社区干部、楼（栋）长、专业社工、义工、律师、企业高管、退休职工、热心网友等（见表 1）。其中，不少于 2/3 的成员为专职成员（即相对固定的成员），其余成员可为兼职成员。②

表 1　深圳湾社区评议团成员分布情况

单位：人

序号	分类	人数
1	党员	8
2	社区志愿者	1
3	社区居委会代表	1
4	辖区商铺负责人	2
5	辖区商铺工作人员	2
6	辖区大单位代表	2
7	物业公司经理	2

① 广东新闻网，http：//www. gd. chinanews. com/2014/2014 - 08 - 25/2/327773. shtml。

② 相关数据由南山区蛇口街道办事处提供。

续表

序号	分类	人数
8	物业楼(栋)管理家	2
9	物业公司保安	2
10	社区居民代表	8
合　计		30

（三）明确招募条件

在具体实施过程中，蛇口街道规定评议监督团的成员，必须热爱南山、关注蛇口发展、热心公益事业；遵守市民评议监督团规章制度，积极参与监督行动，正确行使监督权，既为老百姓说话，又能客观公正看待问题，并就问题提出建设性意见；具有一定的口头和文字表达能力；年龄在16周岁以上。同时，要注重成员的覆盖面和代表性，在男女性别、户籍非户籍等方面，均要平衡。从表1中看出，深圳湾社区评议团的覆盖面很广，几乎覆盖了社区所有的领域，这样对社区评议的准确度很有帮助。

（四）明确招募程序

深圳湾社区在操作中，主要抓好五个环节：一是社区公开刊登招募信息；二是采取个人自荐、居民推选、单位推荐相结合的方式，填表报名；三是资格审查；四是居民选举产生；五是社区聘任，发放监督证。在这个程序中，除了部分采取推荐和自荐的外，很重要一点是采取选举的办法，发动居民参与。在30名成员中，选举产生的居民代表8名，占了总数的26.67%，充分体现了民意和代表性。

（五）明确监督程序

社区评议监督，必须有的放矢，根据社区公众所关心的热点难点问题，开展评议监督，其结果必然会得到社会公众的认同。因此，深圳湾社区在完善监督程序方面，重点做好几方面：公开征集督查选题或由社区命题；市民评议监督团初选选题；街道办事处复审选题；开展督查活动。在这些选题中，社区治理主体特别是“1 +3 +N”中[①]，社区综合党委的监督是关键，因为这决定社区工作的方向；社区居委会是基础，居委会的运作程度，决定社区的自治水平；社区服务中心是服务的直接组织者和提供者，决定社区公共服务的质量和居民的满意度。

作为项目创新单位，蛇口街道办事处还制定很多配套措施，如紧紧围绕工作重点，以地域就近、督查内容贴近为原则，以专题报道、互动讨论、数据图片、新闻述评等形式，组织开展市民评议监督团活动。2015 年 1 月 30 日，该社区在新一轮评议监督活动中，社区评议团还增加对社工的评议，“居民当场给深圳湾社区社工打了个 94. 9 的高分”。[②] 他们结合实际制定配套的管理办法，对测评优秀的社区，在评功评奖、资金帮扶上予以倾斜；对测评不合格的社区，给予黄牌警告、取消评功评奖资格等处罚。

重视评议成果的运用是决定评议监督效果的重要因素。蛇口街道非常重视结果运用，加大表彰奖励力度。对绩效评议优秀的社区治理主体给予表彰，对表现突出的市民监督员给予表彰奖励。深圳湾社区服务中心在社区评议中结果为优良，根据年度服务约定，他们拿到了“优良”等级的奖励金，有效地提高了工作人员的积极性，增强了社区评议监督团成员的主人翁意识和责任感。在 2014 年度南山区“一核多元”社区治理模式重点创建社区考核中，深圳湾社区取得了 94 分的好成绩，其中市民评议监督团的运作成效，受到考核组的高度肯定。[③]

三　社区治理链条中的缺陷和补救：市民评议监督机制的构想

社区市民评议监督团属于新生事物。虽然以往社区有形式多样的居民恳

---

① 深圳市南山区创立的“一核多元”社区治理结构，“1”即社区党组织，“3”即社区居委会、工作站、服务中心，“N”即社区多元主体。

② 南山新闻网，http：//inanshan. sznews. com/content/2015 -02/05/content_ 11158970. htm。

③ 资料来自深圳市南山区社会工作委员会 2014 年度“一核多元”重点社区考核报告。

谈和评议活动，但是与评议监督团的运作机制有很大的差别。一是主体的特定性。评议监督团是民意代表，其民意覆盖率必须尽可能放大，而恳谈会则可就事论事，就某专题进行社区恳谈。二是工作的固定性。评议监督团是专门评议监督社区事务、评价重要治理主体绩效的特定组织，由常务的成员和非常务的成员组成，有组织的稳定性，恳谈会则无须太稳定。三是机制的长效性。评议监督团将成为持续的民意代表，它的任务具有超脱性和评价的权威性，最能代表社区民意；民主恳谈会重点在于研究社区某些具体事务，具有工作的临时性和突发性。

通过深圳湾社区的实践活动，发现存在一些实际操作问题：一是谁组织？评议监督团应该由哪个单位来组织，是一个重要的实践问题。深圳湾社区由街道办事处指导，社区党总支来组织落实，但是作为评议对象来组织实施，是很难反映评议的真实情况的。二是组织谁？即评议团的构成问题，其中的比例多少合适，多少才能最大限度地覆盖社区的真实民意，这些都要好好研究。三是评议的内容、程序、方式等，都有优化的空间。例如，在网络化、信息化和新媒体的时代，如何吸引居民参与，从而凝聚社区力量；评议的内容要进行明确界定，程序要更加客观，更具可操作性。四是评议结果的运用问题。社区党组织、居委会、工作站和服务中心等主体，通过评议，其优劣如何兑现，即能否落实相应的奖惩制度，如果没有与一定的利益挂钩，就很难调动评议团的参与积极性，评议就会流于形式。五是社会认同问题，评议团如何通过自身卓有成效的工作，赢得社区公众的认同，进而吸引更多人参与，进入良性循环轨道，等等。这些问题都要在具体实践中认真解决，才能较好地推进社区评议监督机制的建立。

《中共中央关于全面深化改革若干重大问题的决定》指出：“畅通民主渠道，健全基层选举、议事、公开、述职、问责等机制。”①《中共中央关于全面推进依法治国若干重大问题的决定》也强调：“全面推进政务公开。坚

① 《中共中央关于全面深化改革若干重大问题的决定》，新华网，http://www.sn.xinhuanet.com/2013-11/16/c_118166672.htm。

持以公开为常态、不公开为例外原则，推进决策公开、执行公开、管理公开、服务公开、结果公开。”① 因此，社区评议监督机制的建立，要把握好几个原则。一是公开透明。“透明程度愈高，善治的程度也愈高。”② 社区党组织、居委会、工作站、服务中心等社区重要治理主体，其运作必须公开透明，置于社区党员和社会公众的监督之下。二是法治为先。要“深入开展多层次多形式法治创建活动，深化基层组织和部门、行业依法治理，支持各类社会主体自我约束、自我管理”③。社区自治，依然要坚持法治的原则。三是多方参与。没有居民的参与，社区治理就是无本之木。四是利益平衡。社区治理的关键，实际上是找到一个利益的平衡点，即公约数。

南山区“一核多元”社区治理模式，初步建构了“1＋3＋N”的社区治理结构，设立社区五大平台，以及推进社区融入、构建一个严密的评议监督机制，从实践的效果来看，前两步走好了，但是第三步才刚刚起步，需要在下一步工作中加以完善。

（一）明晰思路，解决定位问题

“名不正则言不顺，言不顺则事不成。”④ 作为社区新生事物，社区市民评议监督团必须要有名分，即在社区各类组织中处于什么地位。我们认为，该团不能定位为社会组织，因为社会组织是实体，如果成为实体，无疑有了自己的使命和利益。在探索实践中，可以定位为常设的临时组织。所谓常设，就是在社区具有持续性，不是一次性的东西；临时，与评议团的使命相关，即人员临时组成，具体对某一社区事务进行评议监督，事后自行解散。

① 《中共中央关于全面推进依法治国若干重大问题的决定》，新华网，http://news.xinhuanet.com/ziliao/2014－10/30/c_127159908.htm。

② 俞可平：《民主与陀螺》，北京大学出版社，第85页。

③ 《中共中央关于全面推进依法治国若干重大问题的决定》，新华网，http://news.xinhuanet.com/ziliao/2014－10/30/c_127159908.htm。

④ 《论语》，邓启铜注，东南大学出版社，第133页。

（二）科学设计，解决组建问题

评议团应该由谁来组建，是实践中必须重视的问题。前面分析过，由社区综合党委、居委会来组建，都存在是否合理的问题，即接受评议对象来组织评议监督人员，显然不合适。鉴于评议监督团的连续性，第一次组成评议监督团时，应该由街道办事处进行具体指导，然后由社区党组织牵头负责。在第一次开展评议活动时，可以选拔部分作为评议团常务成员。第二次组团时，由街道办事处指导，社区综合党委牵头，会同常务成员，共商新的成员的有关条件及选拔的措施。评议监督团解散后，可以在常务成员中，委任1~2名执行秘书或联络员，负责常务成员的联络、社情民意的收集，以及与社区相关组织联络，保持工作的连续性。街道办事处可以以补助通信费、午餐费等形式，给予一定的补助。具体实施时，各社区可以探索更为科学合理的组建形式。

（三）代表民意，解决选人问题

作为民意代表，当然人数越多越好，但是即使再多，也有一个限度，就像抽样调查一样，样本有一定的范围。按照初步设想，根据社区居民总数，评议监督团成员人数60人为合适。这些成员，可以设立常务成员，解决稳定性和连续性问题；主要以临时成员为主，解决评议结果合理性问题。成员的选拔，要根据一定的条件和比例，例如男女、年龄、学历等，特别是要覆盖到社区各领域，诸如门店、企业、驻社区单位等。有些成员采取选举办法、单位代表采取推荐办法等。要将辖区内的人大代表、政协委员邀请在内。常务成员要由具有议事能力、德高望重、热心公益的社区人士组成，特别是要注意其道德水准，防止出现谋取私利的情况。

（四）刚柔结合，解决时间问题

评议监督以多长时间为好，需要根据社区不同情况确定。但是有两个时点是一定要开展的，即半年和全年。这两个时点称为刚性时点，评议监督团必须启动开展活动。要根据评议监督相关规则确定的内容，对需要评议的事项开展工作。这可以称为柔性时点，如遇特殊情况可临时召开市民评议监督团会议，对社区重要事项进行评议。

（五）扩大参与，解决方式问题

扩大居民参与社区评议监督规模，必须重点畅通社会公众的参与渠道。在传统组团听取相关主题报告工作的基础上，要广泛利用网络和新媒体，让更多的居民参与，使评议结果更加贴近民意。具体是，开展评议活动前，要在社区广泛宣传，告知评议活动的具体时间、地点以及相关事项，尤其是居民参与互动的方式，如社区微信平台、家园网、短信、QQ 等。总之，要尽可能吸纳民意，做到评议结果公开透明，参与度高。

（六）重视结果，解决运用问题

居民参与社区事务的积极性，源于参与活动有效果，即评议结果会兑现，议而能决、议而有效，这关系到社区参与水平问题。“作为民主监督的核心内容，及时公开社区事务、接受社区居民和社区单位的质询并做出回应，是社区居委会必须坚持的工作原则。”① 同理，评议监督团也必须遵循透明和回应的原则。无论是街道办事处，还是区一级业务主管部门，都要重视评议结果的运用，将结果与各类考核评价结合起来。深圳湾社区服务中心通过评议，获得良好的成绩，也得到相应的奖励金，这是一种形式。南山区的实践，非常重视年终社区绩效考核，把评议监督团的运作绩效作为重要的考核标准，无疑较好地推动了社区评议监督机制的建立和发展。

附件：

一、深圳湾社区评议监督团成员的选聘条件

①政治素质高，拥护党的路线、方针、政策；②工作作风好，坚持原

① 尹冬华编《从管理到治理：中国地方治理现状》，中央编译出版社。

则，工作扎实，公道正派；③关心社区事务，有时间、有意愿、有热情履行社区评议监督员职责；④必须在深圳湾社区工作或生活1年以上，年龄16周岁以上；⑤非深圳湾社区综合服务中心工作人员亲属，能够不受干扰，准确、公正、客观地进行评价；⑥必须有不少于5名深圳湾社区居民签名推荐（或由辖区相关单位组织推荐）。

二、深圳湾社区评议监督员的职责

（一）公开信息，广纳民意

在社区居委会的统筹协调下，社区评议监督员有义务将个人相关信息在社区内进行公示，接受居民监督的同时，广泛收集社区居民的意见和建议，对所反映和发现的问题，应及时向深圳湾社区居委会提出，并报备给深圳湾社区综合党总支，由综合党总支督促深圳湾社区综合服务中心整改。

（二）参与服务，日常监督

认真履行社区评议监督员的日常评议职责，通过明察暗访的方式每季度参加深圳湾社区综合服务中心开展的相关社区服务和行政服务不少于1次，督促中心为社区居民提供专业化、高质量、综合化的社区服务，确保中心行政服务严格遵守《社区基础工作标准化体系》。

（三）事前评议，定期考核

在深圳湾社区综合党总支和社区居委会的统筹下，对社区重大事项进行事前评议，形成统一意见后报社区综合党总支审议，如超过社区评议员总数的50%表示不同意的，原则上该重大事项需搁置、检查，调整工作方案；社区评议监督员应积极参加深圳湾社区综合服务中心定期开展的半年评议考核会和年终评议考核会，并对中心工作给出公正、客观的评价。

B.18

盐田区创新“专综结合”社区服务中心运作模式调研报告

盐田区社会工作委员会*

摘　要：盐田区紧扣辖区实际情况，创建“专综结合”的社区服务模式，通过社工机构与本土机构相结合、项目社工与机构社工相结合、综合性服务机构与专业性社会组织相结合“三结合”的方式，社区服务实现“融入式”、“特色化”、“带动式”发展，运行三年多来，全区8个（2015年增加到11个）社区服务中心已服务居民群众达20多万人次，社区服务中心场地无空置、节假日不关门，广受居民群众欢迎。针对当前社区服务中心建设的不足，本文从社区服务规划设计、服务供给机制改革、人才政策完善、监管模式调整四个方面提出了合理的意见建议。

关键词：社区服务中心　“专综结合”

一　社区服务中心改革创新的背景和原因

自2010年起，深圳市将社区服务中心项目作为发展社区服务的基础性项目。根据市民政局《社区服务中心设置运营标准（试行）》规定：社区服

* 执笔人：陈扬波、赖远琴，深圳市盐田区社会工作委员会。

务中心项目采用民间化运作方式，由政府免费提供400平方米场地，以招投标方式确定运营商，确定4名专业社工和2名行政辅助人员运营社区服务中心。在社区服务中心建设之初，盐田区就对中心的建立和运营可能出现和面临的问题进行了评估。

（一）新增服务场地难

深圳市原特区内的四个行政区城市化的时间早，土地极为紧缺，社区服务中心建设最大的难题就是缺乏足够的举办场地。盐田区早在2000年就开始探索由居委会注册一个民办非企业、建立社区服务站的方式提供居民所需的社区服务，因此服务场地基本已经被社区服务站使用。而且，每个社区服务中心必须提供七大类至少选择30项左右的社区服务，涵盖社区助老、社区助残、妇女儿童及家庭服务、社区青少年服务等基础人群服务，优抚人员、药物滥用者、社区矫正人员、失业及特困人员等特定人群服务，以及社区融合、社区慈善、邻里互助服务、社区志愿者队伍建设等居民自助互助服务，服务范围如此之广，仅400平方米面积的场地显然无法满足较高质量的服务需求。

（二）服务机构本土化难

按照规定社区服务中心项目采用民间化运作方式，由公开向社会招标确定的社工机构承担服务工作。由于社工服务机构起步较晚，水平参差不齐，从业人员普遍年纪小、阅历少，基本不在所服务的社区生活，对社区、居民熟络度低。而现有的一些社区机构，如社区居委会、社区服务站、社区工作站等，也在社区提供部分服务项目，与社工机构相比，它们更熟悉社区情况。社区服务中心建设必须处理好与现有社区服务机构的关系，充分整合场地、人力资源，实现资源整合、服务互补，形成良性合作关系。

（三）提供专业服务难

社区服务中心采取社工机构运营模式，其主要目的是想引进一些专业的社会组织和社工，为居民提供政府服务之外的社区服务，既能满足居民的一些普遍性需求，也能满足一些专业化的需求。由4名社工和2名行政人员负责30多个项目的运营工作，一方面人力资源严重不足；另一方面社工机构的社工大都大学毕业不久，这些来自社工机构、刚刚走出大学校门的年轻社工不可能同时具备各个方面的专业知识，完成日常指标已是捉襟见肘，更遑论提供残疾人康复、特殊儿童康复、婚姻家庭服务等各种专业服务。而社区服务中心能否提供专业服务，是这一项目是否具有生命力的关键所在。

二 盐田区创新社区服务中心运营模式的主要做法

针对这些问题与矛盾，盐田区立足实际，主要采取“三结合”的办法，逐步形成了“专综结合”的社区服务发展模式。

（一）社工机构与本土机构相结合，实行“嵌入式”运营

盐田区在社区服务方面具有较好的基础，自2005年起，就不断探索社区服务的模式创新，在社区建立了居站分设、一居两站的社区组织架构，即社区行政性职能由社区工作站承担，自治性职能由社区居委会承担，社会服务性职能由社区服务站承担。社区服务站是由社区居委会创办的社区服务机构，登记注册为民办非企业单位，从事居家养助、棋牌娱乐、家政服务等社区服务项目。到2009年底，基本完成了1个社区设1个社区服务机构的布局，共吸纳100多名从业人员。在社区服务中心建设过程中，盐田区将近10年积累的社区服务运营经验与全市社区服务中心建设工作结合起来，探索实行“嵌入式”运营方式。所谓“嵌入式”，就是让社区服务能力强的社区服务站（由社区居委会创办）与社工机构组成联合运营主体，参加社区服务中心项目招标，中标后由联合体统一组成运营团队，一般由原社区服务站的主任担任新的社区服务中心的主任，社工机构负责人担任副主任，对社区服务中心联合运营。目前，盐田区大部分社区服务中心都采取这种方式运

营，既能发挥社区居委会作为居民自治组织的作用，又能使外来的社会组织和社工机构“嵌入”社区现有机构中，实现资源互补。

（二）项目社工与社区服务中心机构社工相结合，建立项目合作机制

在建设社区服务中心的同时，盐田区充分认识到社区服务中心在提供专业服务方面人手及专业的限制和不足，自2011年起，在深入调研辖区居民服务需求的基础上，通过“项目化购买”的方式，向社工机构购买了校园、医疗、司法等九大类社工服务项目。与社区服务中心社工相比，项目社工服务对象相对单一，其专业性更强。为发挥两类社工的作用，盐田区建立了社区服务中心与项目社工间工作对接机制，社工服务中心在居民服务过程中，将特色化、专业化的服务需求转介给项目社工，由项目社工跟进、落实。2015年上半年，全区医患、信访、助残、军营、心灵关爱等社工服务项目为社区居民提供各类专业服务共33000多次。

（三）综合性服务机构与专业性社会组织相结合，建立“专综结合”社区服务模式

在社区服务中心建设过程中，盐田区注重将建设与完善相结合，于2013年委托专业公司针对全区居民的社区服务需求进行了一次大规模的调研，形成了《盐田区社区居民服务需求调研报告》，对各片区居民的服务需求有了全面掌握，形成了综合性服务中心和专业类社区服务中心建设同步推进的思路，即基础性服务由社区服务中心承担，专业性服务引入专业性社会组织承担。在现有8个社区服务中心的基础上，2015年新建了3个社区服务中心，实现1万~1.5万人设一个服务中心的目标。经综合评估，结合居民服务需求调研反映出来的对婚姻咨询、家庭关系调和、儿童服务需求突出的情况，将海涛社区服务中心的核心业务定为妇女儿童项目，着力将该中心建设成专业类社区服务机构。同时，针对辖区需求，先后引导成立了从事脑瘫儿童康复的盐田区彩虹特殊儿童康复中心、从事社区教育的远见教育和博

思家长教育机构、专门从事婚姻家庭服务的维家婚姻家庭服务中心等专业性社会组织，并链接了深圳本地宝、盐田区 12349 等优质服务资源，为满足社区服务的专业需求迈出了坚实的步伐。

三 “专综结合”社区服务模式的初步成效

盐田区通过社工机构与本土机构相结合、项目社工与机构社工相结合、综合性服务机构与专业性社会组织相结合“三结合”的方式，创建“专综结合”的社区服务模式，取得初步成效。

（一）社区服务实现“融入式”发展

社工服务机构与原有社区服务站联动运营，使社区服务站和社工机构的优势都得到较好发挥。盐田区原社区服务站的负责人大多由居委会主任兼任，在社区具有较高威望，熟悉居民情况，了解居民需求；而社工机构的社工则受过专门的社会工作教育，具有现代、专业的项目策划能力和工作手法，两者优势互补，“专业性”和“本土化”得到较好的融合。社区服务中心成立后，借助社区居委会的力量，迅速与服务中心覆盖片区的居民打成一片；成立三年来，每年坚持至少上门开展一次摸底问卷调查，较好地获得了居民的信任。2013 年，盐田区委托深圳市深略公司对社区服务中心服务认可度和满意度调查，居民对社区服务中心的认可度和满意度达到 8.9 分和 8.6 分（满分 10 分）。

（二）社区服务实现“特色化”发展

社区服务中心在深入了解、熟悉居民的基础上，在服务项目设计上大胆发力，每个社区服务中心都有自己的品牌服务项目，如沙头角社区服务中心的午托项目、与社康中心联合开展的老年人慢性病保健项目，中英街社区服务中心为空巢老人开办的“老年饭堂”项目，东和社区服务中心的老人义诊、按摩、泡脚项目，小梅沙社区服务中心的“游客之家”项目等，各个项目深接地气、广受欢迎，使资源得到充分利用，盐田区社区服务中心利用率非常高，沙头角、东和等社区服务中心 365 天不关门，2015 年以来 9 个社区服务中心服务辖区居民超过 10 万人次。

（三）社区服务实现“带动式”发展

社区服务中心的建设以及对居民服务需求的深入掌握，带动了一批新的社区服务项目、一批专业社会组织、一批有活力的义工队伍的落地、成长、发展。一是目前盐田区每年固定购买社工项目的支出超过 300 万元，同时，搭建公益创投等平台，支持社会组织开发更多服务项目，女性家庭关爱、社区娃娃足球、社区健康舞等一批新型社区服务项目获得政府扶持。二是一批专业社会组织成长起来，通过“引进 + 培育”的方式，促使专注特殊儿童康复的彩虹特殊儿童康复中心落户成长。三是打造了一批忠实而有活力的义工队伍。各个社区服务中心都形成了自己的义工队伍。据不完全统计，仅沙头角、盐田、小梅沙 3 个社区服务中心，已经拥有了近 600 名义工。特别是服务盐田永安、明珠与东海 3 个社区的盐田社区服务中心，总服务人口达到 73075 人，服务中心 6 个人人手根本不够用，他们采取“公益伙伴、平等合作、岗位匹配、骨干带动”的义工发展思路，建立了 4 支稳定的义工队伍，总人数达到 309 人（已注册义工 228 名），义工协助社区公益活动 98 场，义工参与服务数量达 1251 人次，义工累计服务时间达 3342. 5 小时，为社区服务的有效开展提供了充足的人力支持和智力支持。

四　对深化社区服务中心建设的几点建议

盐田区虽然在社区服务方面进行了一系列的探索，但是，比照新加坡、中国香港等先进国家和地区，还有许多需要完善和提高的地方。我们要牢牢把握“居民需求”这一导向，不断完善社区服务的理念、方式，进一步完善社区服务中心运作模式。

（一）合理规划，建立综合性社区服务中心和专业化社会组织

社区服务中心总的来说是符合社区发展需要的，体现了居民对公共服务的新期待，但运作模式需要进一步完善。建议深圳借鉴新加坡、香港、广州等地建立社区服务中心的经验，重新修订社区服务中心营运评估标准，改革现行1个社区建设1个服务中心的标准，按照3万~5万人建立一个综合性社区服务中心的标准，配备15名以上服务人员，为辖区提供便民利民、居民互助和基础性群体服务等综合性社区服务，避免社区服务标准“大而杂”、“小而全”、场地闲置等问题，将社区服务中心做实做强做大。就盐田区而言，每个街道举办一家综合性社区服务中心比较合适，其他社区服务中心可根据社区特点，建设各种专门性的社区服务中心。同时，学习借鉴香港等地发展专业化服务经验，将居民最关注、最迫切需求的家庭、青少年、老年人等服务进行细化，内部分工细致、专业特色明显，尽可能照顾到不同的需求层面，大力推动各种专业性社会组织发展。

（二）注重质量，建立“按需购买”和“项目化购买”的社区服务供给机制

近年来，深圳市社区服务在实施社区服务中心项目以后得到极大提升，然而受服务人员数量、种类、服务范围与半径等因素制约，专业化服务机构与社区服务中心两张皮运作，有些社区出现挂多个服务机构牌子的现象，社区资源没有很好地整合和利用。建议从全市层面统筹布局社区服务资源，对社区服务的场地进行全面整合，按照“因需而设”和“项目化购买”的原则购买和设置社区服务项目。社区服务中心根据社区情况和居民服务需求，引入专业性社会组织（不局限于社工机构），改变单一社工机构运营现状，实现场地资源共享，提高社区服务专业化、社会化水平，将社区服务中心打造成一个涵盖各种专业服务的开放性平台。同时，探索政府资助、机构自筹、服务低偿收费等多种形式的社会组织资金筹集渠道，制定相关服务指引

和公益性标准，增强社区服务中心和社会组织的自我造血功能，也让居民群众正确看待专业服务的价值。

（三）重视人才，充分挖掘专业社工和各类社会工作专业人才潜力

近年来，深圳市社会工作和社区服务长足发展，关键是有一支素质比较高、专业化能力比较强的社区服务人员，特别是一大批愿意扎根社区的专业社工和专业人士，甘心为社区服务奉献。然而必须看到的是，由于面临生存、生活、住房及尊严价值等方面的压力，近年来深圳专业社工流失率达到20%以上，很难吸引优秀社工长期扎根社区、服务社区。因此，建议全市进一步出台政策，鼓励“985”、“211”工程院校专业社工扎根社区，服务社区，按照学历、服务社区时间等予以一定资金补贴和住房政策优惠，让专业社工和社会工作人才体面、有尊严地生活，安心地从事社区服务。

（四）加强监管，尽快完善社区服务中心及其服务评价体系

目前全市社区服务中心项目实施以来，仅仅组织了一次全市层面的评估，再加上评估机制不完善，缺乏对社区服务项目过程性评估和终结性评估的配套措施，导致全市社区服务中心服务质量高低不同，部分社区服务中心服务流于表面，参与人数过低，没有得到居民认同。因此，建议进一步完善社区服务中心发展政策指引，制定对社区服务中心过程性评估和终结性评估的实施办法，本着减少直接干预、促进可持续发展的原则，形成规范化的评估和奖励机制，实现法治和制度手段管理社会组织的目标。同时，要激发社区服务中心发展动力，建立服务供给奖惩机制和竞争淘汰机制，对评估不合格的服务项目予以及时终止；对服务发展比较好、群众比较满意的服务给予更多的资源倾斜。

B.19

光明新区培育发展社区基金会助推社区治理创新

刘晓鹏 *

摘　要：2014 年 3 月，光明新区在辖区凤凰、圳美、玉律、新羌、白花 5 个社区试点成立了全国首批社区基金会。经过一年来的创新实践，新区 5 家社区基金会共募集善款 1800 余万元，实施公益项目 20 多个，组织、吸引社区居民参与社区治理和服务近 5000 人，惠及社区居民和外来建设者 10000 多人。新区的社区基金会在内部治理、资金募集、项目运作、监管评估等方面，为全国社区基金会的培育、发展和探索积累了经验。

关键词：光明新区　社区基金会　社区治理　公益　创新

按照深圳市委市政府的部署，光明新区结合辖区实际需求，主动承接了社区基金会的培育发展试点工作，在辖区凤凰、玉律等 5 个社区试点成立了全国首批社区基金会，在资金筹集、需求回应、项目设计、项目决策等方面积累了大量实践经验，为全市乃至全国社区基金会助推社区治理创新实践开辟了道路。

---

* 刘晓鹏，深圳市光明新区社会建设局。

一　社区基金会试点起源和背景

光明新区成立于2007年，是深圳政府体制改革大潮中应运而生的第一个新区。成立8年来，在深圳市委市政府的正确领导下，新区始终把改革创新作为推动发展的原动力，在“大部门”运作机制、产业园区发展、绿色新城建设、社区治理服务等方面，努力探索、大胆创新，成功走出了全面改革的第一步，有力地推动了新区经济社会高速度、高质量发展：经济连续保持25%左右的增长，连续7年位列全市第一；GDP由134.9亿元增长到632.77亿元，居民收入水平显著提高，低保人数下降了61.2%；光明集团土地确权等10个大类19宗重大历史遗留问题全部得到妥善解决，民生福利水平明显改善，辖区群众得到了实实在在的实惠，对新区的归属感和认同感大幅提升。

光明新区作为原特区外“村改居”社区为主的区域，同时亦是深圳归侨侨眷最为集中的地区，新区成立之初，经济发展水平相对落后，城市配套设施较为欠缺，公共服务与社会管理面临很多难题，社会建设尚处于起步阶段，社会力量动员尚不足，基层社区治理还不够细，末梢管理还不够到位。

社区基金会在全球的百年发展历程，积累了一整套较为成熟的运作方式可供我们学习借鉴。社区基金会具有“本地慈善资源、本地利益相关者、本地的解决方案”特点，以发展本地公益慈善事业、提升社区治理和服务水平为使命，由本地居民、社会组织构成的理事会依据章程进行管理和运作，通过向本地的居民、企业、政府部门、非营利机构与其他组织筹集获得资金，经过民主决策程序挑选第三方社区社会组织开展项目，整个资金运营过程保持透明。项目设计定位是要解决社区面临的问题，资助本地的困难群体，是融合本地资源、满足本地需求的有效平台，可以促进形成社区多元主体互动共治的新模式。同时，在资金募集和使用过程中，社区基金会重视对捐赠者的服务，倾向于通过提供展示平台、邀请参与项目运作等方式协助捐赠者实现公益目标，展示自身形象。

党的十八大确定了社会建设“党委领导、政府负责、社会协同、公众参与、法治保障”的20字方针，十八届三中全会更进一步提出“要促进群众在城乡社区治理、基层公共事务和公益事业中依法自我管理、自我服务、自我教育、自我监督”，为切实贯彻落实新形势下社会治理现代化要求，新区启动了社区基金会试点工作，动员企业和社会的力量，为保障和改善民生开辟新的通道，为企业和群众参与社会建设和社会治理打造新的平台，进一步发挥群众在社区治理中的参与、协同作用，强化基层末梢治理和服务。可以说，试点社区基金会是光明新区探路基层治理现代化的重要尝试。

二　社区基金会试点工作情况

（一）试点的必要性及主要考虑

社区基金会作为社区社会组织的重要形式，在整合社区资源、满足社区需求、推动社区自治、促进社区融合等方面，具有独特的优势。光明新区结合辖区实际，将社区基金会作为2014年全面深化改革的破题之笔、社区治理体制改革的重大举措，大胆试点，全力推进。

1. 打造“底线民生工程”的需要

光明新区基础差、底子薄，低保人口1671人，约占深圳全市的1/3，民生问题尤为突出。发展社区基金会，为保障和改善民生搭建了一个新的平台。通过合理安排爱心资金，着力解决好社区发展最需要、群众反映最强烈的问题，打造集公益、慈善、服务于一体的“底线民生工程”。

2. 完善社区“末梢”治理体系的需要

作为原特区外“村改居”社区为主的区域，光明新区基层社区治理还不够精细，“末梢”管理还不够到位。设立社区基金会，可以充分调动社会力量参与社区建设和服务，使许多社会问题通过慈善、公益、自治、互助的方式解决，助推社区治理创新，强化基层“末梢”治理。

3. 新区发展成果直接惠及民生的需要

光明新区成立以来，财政资金使用重点向民生领域倾斜，但仅靠政府投入这“一条腿走路”还不够，必须更加广泛地动员企业和社会的力量。试点建设社区基金会，为辖区企业反哺本社区居民，开辟了一条新的通道。

（二）主要做法及成效

在全面深化改革的新形势下，在民政部的大力支持和指导下，深圳市委市政府经过反复调研和论证，将培育发展社区基金会作为全面深化社会领域改革、完善社区治理体系的一项重要举措，纳入《民政部与深圳市 2014～2018 年深化合作事项》，并将其列入《深圳市 2014 年改革计划》和深圳市社会建设“风景林工程”盆景项目，予以大力推进。光明新区结合实际，主动承接市改革项目，在凤凰等 5 个社区试点成立了全国首批社区基金会，目前已募集原始基金共 1400 多万元、项目资金 300 万元。《光明新区社区基金会管理办法》等 7 个制度文件已经完善出台，理事会依据章程治理、项目民主决策等 5 项机制也已正式运作，20 多个资助项目陆续推出，在资金募集、项目运作等方面探索了可复制、可推广的成功经验，获得了第三届中国公益慈善项目交流展示会“社区基金会助推社区治理创新”研讨会参会领导、专家学者和主流媒体的充分肯定。

1. 民政部领导充分肯定，给予大力支持和指导

作为国内首批试点，光明新区积极加强与民政部的沟通汇报，2014 年 8 月，新区与市民政局到民政部和民间组织管理局就社区基金会试点工作分别向民政部副部长顾朝曦和民间组织管理局局长王建军等领导进行汇报；随后，民政部委派了相关司局和专家两次赴光明新区现场调研；9 月 19 日，在第三届中国公益慈善项目交流展示会“社区基金会助推社会治理创新”专题研讨会上，光明新区代表做了主题发言，民政部，省、市有关领导和专家 500 多人参加了研讨会，民政部窦玉沛副部长出席并讲话。窦玉沛副部长对社区基金会试点工作充分肯定，认为深圳“积极为改善本地民生、强化基层‘末梢’治理探路，领风气之先，创新意义重大”，要将新区社区基金

会试点工作写进民政部与深圳市新一轮的合作协议。民政部将上下联动，全力支持深圳、光明新区大胆培育、大胆探索，确保试点取得成效。

2. 深圳市委市政府高度重视，统筹推进

启动社区基金会试点工作以来，市、区两级党委政府高度重视，市委市政府把社区基金会的培育发展作为公益慈善事业改革发展的重要内容，列入了深圳市 2014 年改革计划项目和社会建设“风景林工程”重点项目，予以大力推进。深圳市委副书记戴北方多次莅临光明新区亲自指导社区基金会试点，并对新区试点工作做出重要批示。市社工委、市民政局等部门在试点工作中也给予了大力支持。

3. 制度先行保障项目运作科学规范

为确保试点改革取得成效，真正做到可推广、可示范，我们结合实际制定了《光明新区社区基金会管理办法》等 7 个制度文件，建立了理事会依据章程治理、基金会财产独立、第三方银行托管、项目民主决策、项目第三方评估 5 项机制，有效保障了公益资金使用的阳光规范和社会效益最大化。截至目前，5 个试点共推出资金项目 22 个，服务社区居民近万人次。

4. 社区居民和企业大力支持，踊跃参与

由于社区基金会在国内尚属新生事物，新区干部群众对其知之甚少。我们通过刊发专版、召开座谈会、发放宣传单、主动入户宣讲等方式，在各种信息平台全方位宣传推广社区基金会，辖区企业、社区和群众在短时间内对社区基金会有了相对全面的了解，企业、居民的参与积极性大大提高。试点启动两周，5 家社区基金会的原始基金就已有 1470 多万元。随着试点工作不断推进，特别是首批资助项目陆续推出，基金会又成功募集项目资金近 300 万元。

5. 专家学者高度评价，主流媒体持续关注

试点工作因其首创性和在社区治理体制改革中所取得的实效，得到了上级领导和专家学者的高度评价，不但高枝入选深圳市 24 项全面深化改革典型案例之一，还作为深圳市社会建设“风景林工程”盆景项目重点推介。截至目前，我们已接待国内研究机构、公益机构、政府行业部门 20 多个批

次的参观考察，浙江大学毛丹、郎友兴教授，民政部社区基金会课题组协调人饶锦兴博士，香港理工大学陈锦棠教授等专家对新区试点工作给予肯定，并多次现场指导。试点工作得到了《南方日报》、《深圳特区报》、《深圳商报》、《羊城晚报》、《21 世纪经济报道》等 10 余家平面媒体的大量专题报道，深圳卫视、都市频道、先锋 898 等视听媒体也多次做了系列追踪报道。新华网、人民网、光明网、凤凰网、新浪网、央视网等主流媒体对新区试点工作持续关注，以关键词“光明新区、社区基金会”在百度中搜索，相关报道结果最高时达 680 余万条。

（三）社区基金会的创新意义

经过前一阶段的试点探索，我们认为，社区基金会的成立，在助推社区治理创新、推动政府职能转变、促进公益慈善事业发展等方面具有创新意义。

1. 社区治理体系的新模式

社区基金会可以在社区层面以自治、互助、慈善、公益的方式解决许多社会问题，在缓冲各种社会矛盾，构建政府主导、社会多元主体共同参与、互动推进的社区治理新体系过程中，发挥积极的融合促进作用。截至目前，新区 5 家社区基金会组织吸引社区居民、社会组织、企业等参与社区事务和服务 4500 人次。

2. 政府职能转移的新载体

政府转移的社会职能和对应的各类资源可以由社区基金会进行承接。在承接职能和使用各类资源过程中，社区基金会可以更有效地归集、整合不同部门的资源，由社区居民、社会组织参与进行优化组合，为社区获得最大效益。目前，新区已梳理出可交由社区基金会承接的就业帮扶、扶老助残等社会职能 38 项，既促进了政府职能转变，也激发了社会活力。

3. 社区公益服务的新平台

社区基金会可以更有效地回应和满足社区居民的个性化服务需求，从社区实际出发设计接地气的服务项目，真正做到“民有所求，我有所应”。目前，5 个社区基金会试点根据辖区群众需求，开展个性化公益服务项目 20 余个，惠及社区群众近万人次。

4. 政府社会保障的新触角

社区基金会可以对社区弱势群体的福利需求、救助和照顾需求做出快速反应，做到“民有所困，我有所助；民有所难，我有所办”，将成为政府社会保障体系在社区“末梢”的重要补充。截至目前，新区 5 家社区基金会已经救助辖区困难居民 300 余人，救助资金近 100 万元。

5. 公益慈善发展的新方向

本着“来自于社会，用之于社区”的宗旨，社区基金会可以让捐赠人自主决定善款的使用范围，可以让本地的慈善资源更多地用于发展本地公益事业，惠及本地社区居民，引领了深圳公益慈善事业由“输出型”向“输出和内需并重型”转变的发展新方向。5 家社区基金会成立以来，新区慈善资源用于本地的比例由原来的 13.8% 提升到了 39%。

三　社区基金会下阶段工作计划与建议

在现有试点工作基础上，光明新区将充分借鉴国外社区基金会百年发展的经验和做法，结合辖区实际，在以下方面先行先试，继续探索更多的经验。

（一）明确社区基金会定位，创新社区治理“一核多元”体系

新区将在实践中进一步明确社区基金会在社区治理中的地位和作用，充分发挥其作为社会自治力量代表组织，吸引社区企业、居民和社会组织，以慈善、公益、自治、互助的方式参与社区治理的积极作用，推动社区基金会与其他政府“末梢”治理主体之间创新建立“五种关系”，即社区党委与社区基金会之间的领导与被领导的关系，社区居委会与社区基金会之间监督与被监督的关系，社区基金会与政府部门之间的合作共建关系，社区基金会与企业、居民各主体之间的合作共享关系，社区基金会与其他社区社会组织之间的和睦共处关系。以此创新构建以社区综合党委为核心，以社区居委会、

社区服务中心、社区基金会为依托，包含社区治理其他主体的社区现代治理“1+3+N”的新体系，引导多元主体积极参与基层治理，提升新区社区治理现代化水平。

（二）创新构建多元筹资渠道，延伸社会保障触角

社区基金会“来自于社会，用之于社区”，光明新区将以多种方式积极动员辖区企业、慈善机构、社会组织、社区居民等各种社会力量，为社区基金会发展多渠道筹集资金，形成多元筹资渠道，夯实社区基金会工作基础。在此基础上，进一步加大对社区公益事业的资助力度，弥补政府“底线民生”保障的不足，提高社会保障的覆盖面，促进光明新区公益慈善事业由“输出型”向“输出和内需并重型”转变。

（三）优化社区公益服务，创新政府职能转移平台

光明新区将研究出台支持基金会发展的政策文件，在现有交由社区基金会承担的38项社会职能基础上，鼓励有关部门通过职能转移、以奖代补、项目运作等方式，大力扶持社区基金会发展，打造承接政府职能转移的新平台。指导社区基金会从社区实际需求出发，科学设置多元化、个性化服务项目，及时回应社区个性化的服务需求，真正做到“民有所需，我有所应”；同时，引入第三方专业机构对资金使用、项目成效等进行评估，根据评估结果进行筛选淘汰，确保项目更加贴近社区，更好地服务群众。

（四）培育专职人才队伍，创新人力资源动员机制

一是探索设立专职工作人员，并适当提高工资待遇，建立薪酬激励制度，吸引并留住专业人才。二是开展专业培训，从资金筹集、项目管理、财务管理、信息披露等方面为基金会管理人员提供系统的能力培训与辅导，提升现有人才专业素质。三是在资助项目实施过程中，注重对社区居民公益意识和公益习惯的培养，积极发展志愿者队伍，吸引更多的社会力量参与社区建设和服务。

（五）充分尊重捐赠者意愿，创新为捐赠者服务机制

一是邀请捐赠者担任基金会的理事、监事，参与项目决策过程。二是定期主动地向捐赠者公布善款去向，定期走访捐赠人听取意见，与捐赠者进行深入沟通。三是项目执行中为捐赠者搭建展示其形象的平台，力所能及为其提供服务，形成制度化、规范化的相关机制。

社区基金会在美国已发展了整整 100 年，但在国内尚属新生事物，在有中国特色社会主义的土壤中本土化还有很长的路要走。光明新区将在今后的实践中坚持借鉴美国社区基金会发展经验，同时紧密结合实际，不断回应社会需求，推动社区基金会试点发展壮大，力争创建更多可借鉴、可推广的经验，为全市乃至全国的社会治理现代化事业发展做出新的更大的贡献。

社会组织篇

Social Organization

B.20

2014～2015年深圳社会组织发展的现状、问题与展望

深圳市社会组织管理局*

摘　要：2014年是全面深化社会组织体制机制改革的开局之年。本文总结了2014年深圳社会组织总体发展情况，全面深化社会组织体制机制改革的主要做法和成效。同时，分析了深圳社会组织改革发展在政策法规、管理体制、保障扶持、监管体系等方面存在的各种问题。针对存在的问题，提出2015年全面深化社会组织体制机制改革的思路和对策。

关键词：社会组织　体制机制改革　深圳

* 执笔人：罗思颖、邱婧，深圳市社会组织管理局。

近年来，深圳经济特区认真贯彻落实全面深化改革的要求，把“加快培育发展和规范管理社会组织”作为推动新时期社会建设全面发展的“四个加快”之一，围绕“三化一平台”改革主攻方向，以“深圳质量”为新标杆，坚持质量引领、创新驱动，大力推动社会组织登记管理体制机制改革创新，初步走出了一条体现市场经济规律、适应时代需要、具有深圳特区特点的社会组织改革发展新路子，形成了政社协同治理的工作新格局。2014年是全面深化社会组织体制机制改革的开局之年。深圳市社会组织管理局以党的十八届三中、四中全会精神，以“打开门、管到位、环境优、发展快、效果好”为总体要求，以政策创制为重点，以简化登记流程为切入点，以综合监管为保障，以激发社会组织活力为目标，全面深化社会组织登记管理体制机制改革。

一　2014年深圳社会组织发展总体情况

全面深化社会组织管理体制机制。实施《深圳经济特区行业协会条例》，率先实施行业协会年度报告制度。在全国率先出台《深圳市社会组织抽检办法》，建立不预告通知、直接上门检查的抽检监督制度。率先出台《关于构建社会组织综合监管体制的意见》，构建社会组织综合监管体系。

社会组织发展速度快，结构日趋合理。截至2014年12月31日，全市共有社会组织8241家，其中市级社会组织2204家、区级社会组织6037家；社团4174家、民非3940家、基金会127家。2014年，社会组织总量同比增长17.8%，连续3年增长速度保持在15%以上。其中，经济类和慈善类社会组织增进较快，同比增长分别是30.5%、25%。从分布上看，工商类占7.8%，科学研究类占5.4%，社会事业类占57.7%，慈善类占22.8%，综合类占6.3%。

社会组织作用得到进一步发挥。围绕服务政府、服务会员、服务经济、服务社会，以行业协会、公益慈善组织、民办科研机构为代表的一批社会组织在促进产业升级、提供公共服务、规范市场秩序、创新社会治理、参与精神文明建设、倡导生态环保、开展对外交流合作等方面发挥作用。2014 年，共有 3 家社会组织的公益项目入选中央财政支持社会组织参与社会服务项目，获得资助 115 万元；有 23 家社会组织获得省级培育发展社会组织专项资金共计 570 万元的资助。

二　主要做法和成效

（一）政策法规密集出台，不断完善顶层制度设计

一是实施《深圳经济特区行业协会条例》（简称《条例》）。2014 年 4 月 1 日市人大正式颁布实施《条例》，市社管局认真做好《条例》的宣传工作，配合市人大召开新条例的新闻发布会，举办行业协会沙龙活动和《条例》政策解读培训班。切实做好《条例》的贯彻落实工作，制定《条例》的配套文件，包括《行业协会年度报告指引》、章程范本和登记指南等，引导申请人按新《条例》的要求和行业协会登记指南申请设立行业协会。截至 2014 年 12 月 31 日，全市行业协会（含异地商会）565 家，其中市级行业协会 299 家、异地商会 144 家、区级行业协会 122 家。深圳市人大常委会副主任高振怀对《条例》实施的情况给予充分肯定。二是市社工委、市民政局联合制定了《关于构建社会组织综合监管体制的意见》，并由市委办公厅、市政府办公厅转发。三是市民政局出台《深圳市社区基金会培育发展工作暂行办法》，率先探索社区基金会培育发展工作。四是市民政局出台《深圳市社会组织抽检办法》，建立社会组织抽检监督制度。

（二）突出流程再造，推动登记体制“微创新”

一是全面清理社会组织登记前置审批程序，简化内部审批流程，工商经济类等 8 类社会组织实施直接登记，贯彻落实《深圳经济特区行业协会条例》，取消社团分支（代表）机构成立、变更、注销登记审批以及基金会分支（代表）机构成立、变更、注销审批。在公益慈善类、文娱类和体育

类社会团体登记中使用“字号”。2014年，深圳市直接登记社会组织的数量达到1602家，占全市社会组织总数的19.44%。2014年新成立市级社会组织386家，其中直接登记326家，直接登记率为84.46%。二是积极推动培育和发展社区基金会的相关工作，降低准入门槛，将成立社区非公募基金会所需的原始基金数额降低至人民币100万元。积极鼓励驻社区企业等支持公益事业，开展社区服务，推进社区建设，发起成立社区非公募基金会。截至目前，已成立社区基金会10家。三是优化升级社会组织登记申请服务方式，2014年春，正式启动电话和网上预约访谈制度，推出社会组织登记业务一对一指导服务，同时推行与银行对接的电子政务网上审批系统，获得了社会和媒体的广泛好评。四是推行电子化审批，启动使用新的网上审批系统，从申请者及完善内部审批流程角度进一步完善了新电子政务网上审批系统。

（三）推进政府职能转移，引导社会组织参与公共服务

引导社会组织参与公共服务供给，提升社会组织承接政府转移职能和购买服务的能力，市民政局已经公布了第二批具备承接政府转变职能和购买服务资质的市级社会组织目录编制，并根据年检和抽检情况，调整了第一批目录，目前具备承接政府转移职能和购买服务资质的市级社会组织共计336家。2014年11月，市政府办公厅公布《关于公布深圳市转变政府职能事项目录的通知》（深府办〔2014〕13号），取消、转移和下放事项共计189项，其中16项交由具备条件的社会组织自律管理。2014年12月，市政府办公厅下发了《关于印发政府购买服务的实施意见及两个配套文件的通知》（深府办〔2014〕15号），并公布了《深圳市政府购买服务目录（试行）》、《深圳市政府购买服务负面清单（试行）》。以上举措，推动了社会组织承接政府职能转变和购买服务的常态化、制度化。

（四）构建综合监管体系，提升社会组织发展质量

一是构建综合监管体系。2014年12月，市委办公厅、市政府办公厅转

发了市社工委、市民政局联合制定的《关于构建社会组织综合监管体制的意见》，探索建立由政府行政监管、社会公众监督、社会组织自律、党组织保障“四位一体”的综合监管体系。二是在全国开创性地实施抽检监督。抽检全过程向社会公开，并邀请市人大代表、政协委员、党代表及社会知名人士参与，同时联系媒体进行动态跟踪报道。共随机抽查41家市级社会组织，发现有34家社会组织存在内部治理不完善、财务管理不规范、未履行登记事项变更等违法违规行为。通过建立实施抽检制度，让社会组织不敢违法、不想违法、不能违法。三是完善社会组织年检系统，做好2013年度社会组织年检工作，接收年检材料1282家。四是实施行业协会年度报告制度。2014年，深圳市应提交2013年度报告的市级行业协会为304家，其中287家提交了年度报告，占应提交总数的94.4%；有17家未提交，占应提交总数的5.6%。未提交年度报告的市级行业协会已被列入深圳市社会组织异常名录，并向全社会公布。五是加大执法力度。2014年市社管局共依法查处了124家社会组织的违法违规行为，对31家社会组织给予撤销登记的行政处罚，对1家社会组织给予限期停止活动的行政处罚，对91家社会组织给予了责令改正的处理，查处了1家非法社会组织。

（五）搭建支撑服务平台，推动社会组织更好地发挥作用

一是建立全市社会组织信息披露平台，实现社会组织基本信息查询、业务查询、异常名录查询等功能；全力做好全市社会组织“两建一平台”工作专栏网站建设工作。二是建设社会组织创新示范基地，目前已确定该项目的运营主体和完成首批20家入壳机构的评审及社会公示工作，并先后举办了6期入壳机构培训班。三是启动“2014年深圳市社会组织人员培训示范项目”，共600余人接受了为期三天的社会组织政策及管理研修班的课程培训。四是制定（修订）了深圳市行业协会商会等9类社会组织评估指标体系；2014年共对9类103家社会组织进行了社会组织等级评估，其中获评AAAAA等级社会组织29家、AAAA等级社会组织24家、AAA等级社会组织25家。五是以“聚智·分享·共赢”为主题，每季度举办一次行业协会

沙龙活动，并编印行业协会状况白皮书。六是配合市财委审核社会组织公益性捐赠税前扣除资格，完成了30家社会组织申请材料的初审；会同市财政委、国税局和地税局审核确认了2013年度获得公益性捐赠税前扣除资格共71家社会组织名单。七是与东莞、惠州民政部门签订《深莞惠三市社会组织合作机制工作方案》，加快推进三市社会组织服务一体化发展。

（六）扎实开展党建工作，保障社会组织正确发展方向

一是2014年7月深圳市社会组织联合党委出台《关于进一步加强和改进社会组织党的建设工作的实施意见》，强调要不断扩大行业协会党组织覆盖面，充分发挥党组织对行业协会的政治引领和廉洁监督作用。二是积极探索建立社会组织党建工作与业务管理工作联动机制，做到社会组织管理工作和党建工作同步推进。三是进一步落实党建带团建、妇建工作，组建深圳市社会组织联合团委。四是不断扩大党组织的覆盖面，截至目前，市社会组织联合党委共有二级党委1个、党总支2个、党支部81个，管理党员685名。

2014年，深圳市社会组织建设和管理的各项工作得到社会各界的广泛认可。2月，深圳市和龙岗区入围全国首批社会组织建设创新示范区；市行政服务大厅、市民政局窗口获得市精神文明建设委员会授予的“深圳市文明示范窗口”称号。6月，广东省委书记胡春华到深圳市调研，对深圳市在社会组织管理创新方面取得的成绩给予充分肯定。7月，“完善社会组织承接政府职能配套，更好发挥行业协会商会等社会组织的作用”项目成为全市98个重点改革项目中16个超百分项目之一，入选全市“改革英雄榜”。12月，市委市政府将市民间组织局正式更名为市社会组织管理局，进一步强化登记管理机关的监督管理和服务职能，为创新社会组织管理、提升社会组织发展质量提供了有力支撑。

三　存在的问题

近年来，深圳市在推动社会组织改革发展方面做了大量工作，有些改革

创新举措还走在了全国的前列。但是，社会组织管理服务工作中也面临一些新情况、新问题，已经跟不上形势发展的需要，突出表现在以下几个方面。

（一）法规跟不上

目前，社会组织管理的法律依据仍为国务院早年的三个条例（《社会团体登记管理条例》、《民办非企业单位登记管理暂行条例》、《基金会管理条例》），有些内容已经滞后，有些内容过于抽象，已无法满足日新月异的现实发展的需要，导致深圳市社会组织登记、管理创新面临于法无据的状况。

（二）登记管理体制不适应

登记管理理念滞后，重登记、轻管理，行政资源的投放和实际管理的重点不匹配，大量的人力、物力投放在登记口，社会组织完成登记后各种管理不到位。

（三）扶持政策碎片化

社会组织体制机制改革发展和规范管理是一项系统工程，需要通盘考虑，但现状是各部门各自制定相关领域培育扶持措施，资源没有有效整合，不成体系，造成培育扶持措施的重复和缺位。

（四）监管体制不完善

在双重管理体制向直接登记和综合监管体制转变的过程中，对社会组织的监管职责难以到位，没有形成无缝的管理链条。对社会组织监管手段单一，日常监管只有年检、专项检查等方式，而年检往往流于形式，同时，社会层面的监管资源没有充分调动。

（五）支持保障体系不成熟

社会组织信息平台、网上审批平台、基础数据库等基础建设相对滞后于工作要求；社会组织的政策研究滞后于形势和技术手段的发展；缺乏成体系的社会组织人才培育机制，社会组织人才特别是领军人才匮乏。

四　下一步思路和对策

2015年，是全面深化社会组织体制机制改革的关键之年，是“十二五”规划的收官之年。市社管局将根据党的十八届三中、四中全会决定，全面深化社会组织体制机制改革，在重点工作上引领示范，在难点问题上先行突破，重点解决生动的实践和落后的法规之间的矛盾，重点解决迅速发展和监管不足的矛盾。

（一）法律法规体系创新

基本思路是通过社会组织立法，为全面深化社会组织改革提供法律保障。

（1）推动社会组织立法。充分体现特区立法权，推动社会组织立法，通过立法探索将社会组织定义为与商事主体相对应的社会服务主体，探索更科学、更准确的社会组织分类标准；以“宽进严管”为原则，通过立法建立完善社会组织登记、依法自治、综合监管、信用信息建设、培育扶持等体制机制。

（2）完善相关配套办法。制定《评估办法》、《信息公开办法》、《资金监管办法》、《年度报告实施办法》、《活动异常名录管理办法》、《社会组织行政处罚自由裁量标准》等若干政府规章，完善法律法规体系。

（二）登记管理体制改革

基本思路是借鉴商事登记制度的创新理念和技术手段，重新规划设计登记审批条件、审批方式和审批流程。

（1）分类探索申报材料的形式审查。全面梳理现行申报材料，从较为成熟的行业协会入手，分类探索申报材料的形式审查，由申请人对申报材料的合法性、真实性负责。

（2）探索全面直接登记。在有条件的区（新区）探索以负面清单形式全面放开社会组织登记，除法律法规规定需前置审批的社会组织，政治法律类、宗教类社会组织和涉外社会组织外，其他类别社会组织实行直接登记。

（3）探索降低审批条件。探索实行注册资金认缴制。除基金会，法律、法规需要取得前置许可的事项以及涉及社会安全、公民生命财产安全等社会组织外，逐步分类探索社会组织注册资金认缴制。推广社团名称引入“字号”办法。在现有公益慈善、文娱、环保、志愿服务等类别实行“字号”办法的实践基础上，进一步探索社团名称引入“字号”，并制定相关的政策文件。放宽社会团体理事人数限制，由社会团体决策机构自行确定理事会人数。

（三）行政体制改革

基本思路是加快推动政府职能转变，完善社会组织承接政府职能和购买服务机制。

2015 年，编制公布一批深圳市具备承接政府职能转变和购买服务资质的社会组织目录、政府转变职能目录、政府职能部门购买服务目录，将转变政府职能和购买服务常态化、制度化。

（四）培育扶持体系改革创新

基本思路是借鉴政府推动产业发展的做法，把社会组织及其相关服务业作为一个新兴产业来推动发展。

（1）建立社会组织相关服务业统计指标体系。配合统计部门，建立社会组织相关服务业统计制度和统计方法，形成社会组织相关服务业统计指标体系。

（2）编制《深圳市社会组织发展“十三五”规划》。科学规划“十三五”期间社会组织的发展目标、发展思路和重点工程。

（3）完善分领域社会组织专项扶持制度。要与各行业主管部门，重点针对产业转型、文化创意产业、环保、民办科研、民办教育、民办医疗、公益慈善、社区社会组织等领域制定扶持发展该领域社会组织的办法和实施细则。

（4）出台扶持社会组织发展“1＋2”文件。配合财政部门尽快推动《深圳市扶持社会组织发展实施方案》及配套文件《深圳市政府购买社会组织服务办法》和《深圳市社会组织奖励办法》出台，加大财政对社会组织发展的扶持力度。

（五）监督管理体制改革

基本思路是构建行政司法各部门参与的综合行政监管与社会公众监督、社会组织内部自治监督相结合的完整监管链条。

（1）建立健全职责明确、分工协作的行政司法监管机制。贯彻落实好《关于构建社会组织综合监管体制的意见》，建立健全综合监管联席会议、部门联合执法、行政监管信息共享、社会组织违法违规案件移送等工作机制，在各部门间打造对社会组织人员、活动、资金等的完整监管链条。

（2）实施常态化社会组织抽查。不断创新监管机制，加大对社会组织抽查力度，在总结2014年抽查经验的基础上，从2015年开始组织市、区两级监管部门按照一定比例对社会组织实施抽查。

（3）改革社会组织年检制度。总结行业协会改革年检制度经验，逐步推广到全部社会组织。将年检制度改革为年度报告与登记管理机关抽检相结合的方式。

（4）建立社会组织异常名录制度。将在社会组织年度报告中抽检发现问题以及存在各类违法违规的社会组织列入异常名录，创新社会组织信用监管方式，引导规范社会组织重视信用建设。

（5）探索与银行建立社会组织资金托管机制。对社会组织接受捐赠的资金以及政府采购服务拨付的资金交由具有资产托管资质的第三方金融机构托管，执行严格的审查制度，形成清晰的托管报表和资金流记录。

（六）支持保障体系改革创新

基本思路是搭建几个支持平台，为社会组织的发展提供全方位的支持。

(1) 建设社会组织信用信息平台。依托“织网工程”，搭建集行政审批、管理信息推送、社会组织信息公开、社会评价于一体的综合性、立体化信息平台。依托网络信息平台，建立信用制度和信用管理方式，完善公众监督机制。

(2) 扩建创新示范平台。加快推动市社会组织创新示范基地前期规划设计工作。以社会组织孵化基地为龙头，构建市、区、街道、社区四级联动、功能区分、分工合作的社会组织孵化器集群。

(3) 搭建研究及人才培育平台。成立深圳社会组织研究院，引进高端智力，开展对社会建设和社会组织发展具有重大影响的宏观性和基础性课题研究，培育社会组织领军人才。

B.21

深圳行业协会发展现状、问题与对策

范伟军*

摘 要：加快发展行业协会对推动转型升级、优化社会治理结构、提高产业的国际竞争力等具有重要意义，近年来，深圳行业协会在机构发展、运作机制、政社关系、参与国际事务等方面均取得了较大发展，但在发展和管理中也存在一些问题，推动深圳行业协会的进一步发展，还需要进一步优化完善规范、扶持和培育行业协会发展的制度安排。

关键词：深圳市　行业协会　规范　扶持政策

一　加快发展行业协会的意义

行业协会的发展情况是一个地区投资环境的组成部分，行业协会的充分发展有利于优化地区投资创业环境。

（一）有利于提升产业竞争力，推动转型升级

深圳发展经验表明，行业协会在形成产业链、促进产业聚集方面发挥了不可替代的作用。行业协会可以推动行业技术进步，促进转型升级。一是通过各种研讨会和论坛，加强行业前沿理论和技术信息交流，为企业未来发展开拓思路。二是推动高校、科研机构与行业合作，推进科研成果转化为生产

* 范伟军，深圳市政府研究室。

力，解决企业技术“瓶颈”。三是整合分散的科技资源，推动同行间基础性研究、共性技术研发合作，形成行业整体优势。例如市钟表、服装、黄金珠宝等协会建立技术和公共服务平台，推动技术更新，让传统的“深圳制造”向“深圳创造”转型。四是建立联合培养人才机制，系统培养人才，解决行业发展的人才问题。

（二）有利于优化社会治理结构，构建政府—市场—社会的良性互动关系

政府职能转变为行业协会发展创造空间，行业协会发展推动政府职能转变。一是政府职能转变为行业协会创造了行业服务的空间。二是政府职能转变为行业协会提供了公共服务的机会。行业协会可以接受政府委托，开展行业内企业认定及等级评定，专业技术资格、执业资格评定，行业调查、统计等方面工作。据统计，深圳市行业协会中52.4%承担了行业调研和统计职能；39%承担了行业培训、考核职能；35%承担了资质认定与行业展览职能；近30%的行业协会在政策论证、行业标准制定、技术推广等方面扮演了重要角色。三是政府职能转变为行业协会开辟了行业自律的空间。简政放权后，逐步把微观经济管理和部分中观经济管理工作交给企业和社会，为行业协会腾出了发展空间。

（三）有利于加强国际交流与经济合作，提高产业的国际竞争力

国际经验表明，各国的协会、联盟等社会组织经常承担不宜由政府出面的事务，解决国际贸易争端、保护本国产业。

加强行业协会对外交流有助于会员企业“走出去”，提高国际竞争力。在经济全球化背景下，越来越多的深圳企业走出国门参与国际经济合作与竞争。但是，许多企业是单枪匹马闯世界，在开拓市场方面面临各种困难。一些行业协会将活动延伸到海外各国和地区，在一些国际重要市场设立办事机构，开展国际交流与合作。例如，组织企业参与国际会展，宣传深圳行业品牌，推广深圳产品；组织同行出国考察，帮助企业寻找商机；受会员委托帮

助会员与国外企业联合经营，或与经销商打交道，开展国际贸易，使其产品走向世界。在某些方面起到了国家、国际组织和跨国公司力所不及的作用。

二　深圳行业协会发展和管理取得的成绩

（一）在全国率先形成一批富有生命力的、有效发挥作用的行业协会

深圳行业协会已形成一定规模。截至2014年底，市一级行业协会净资产4.3亿元，会费收入2.5亿元，会员数达到50000多家，从业人员2500余人。涵盖了高新技术、金融、物流及互联网、新能源、生物等战略性新兴产业及各主要领域，成为深圳市社会组织中最具活力和创造力的部分。目前，有6家行业协会被民政部授予全国先进社会组织称号，13家行业协会被评为5A级社会组织。此外，在《民政部　深圳市人民政府推进民政事业综合配套改革合作协议》政策支持下，近年来深圳登记的异地商会发展迅速，已成为社会组织新的增长点。

深圳的行业协会在市场经济中生存发展，积极响应会员需求，重视会员服务，履行行业协会的职能，赢得了会员企业的认可，有效地发挥了行业服务、行业代表、行业自律等作用。

（二）探索形成市场经济条件下行业协会运作的体制机制

经过多年探索，深圳行业协会初步建立了内部制衡和约束机制，形成权责明确、有效制衡、独立运转的内部治理结构，主要表现在以下方面。

一是拥有较为广泛的会员基础。全市行业协会的单位会员约有4.5万家，个人会员约5000名。其中，单位会员最多的达2319个，有超过一半的行业协会拥有100个以上的会员单位，具有一定的代表性和行业覆盖性。二是建立了会员代表大会、理事会、监事会等治理结构。三是引入适度竞争机制，实行一业多会，去除垄断。例如，在深圳传统优势产业电子行业，成立

了电子行业协会、软件协会、电子装备产业协会、云计算产业协会等15家专业性协会。再如，深圳市内衣行业协会应运而生，成为服装大行业中的专业行业协会。一业多会、适度细分、引入竞争，有助于激发行业协会提高服务质量，也为政府购买服务奠定基础，多个服务供应者并存才可能有更大的选择空间，才可以采取公开招投标机制。

（三）探索构建政府与行业协会的新型合作关系

实行直接登记管理体制改革，实现行业协会民间化。2004年，深圳市成立行业协会服务署，集中行使分散在原业务主管单位的行政管理权，切断了行业协会与原业务主管单位的行政依附关系，实现了在人、财、物上的独立。深圳行业协会在全国最早实现了“四无”（无行政级别、无行政事业编制、无行政业务主管部门、无现职行政机关工作人员兼职）和“五自”（自愿发起、自选会长、自筹经费、自聘人员、自主会务），行业协会从官办协会依附性生存走上了民间化自主发展的道路。2006年，《广东省行业协会条例》将行业协会的业务主管单位改为业务指导单位，实现由登记管理机关的一元管理。深圳市组建市民间组织管理局，统一履行社会组织登记、监管、规范、培育、协调和服务的职能，在全国最早、最彻底地实现了行业协会民间化。

加大对行业协会的培育扶持力度，构建政府和行业协会的新型合作伙伴关系。民间化改革重塑了政府与行业协会是平等的独立主体关系。在此前提下，政府出台相关政策对行业协会进行培育扶持，委托行业协会承担公共服务事项，双方形成基于契约的合作关系。目前，双方主要的合作表现在以下几个方面。

一是拓展行业协会参与公共事务的空间。探索建立重大行业决策征询行业协会商会意见的制度、在行业协会商会试行建立行业发言人制度等。二是初步探索建立行业协会承接政府工作事项的机制。在深圳市2009年大部门制改革中，取消、调整和转移了284项职责和行政审批事项。这些工作事项由包括行业协会在内的社会组织有序对接。三是资助行业协会举办展会、参与标准化制定工作。市政府出台《深圳市会展业及国内参展财政资助资金管理暂行办法》，分别对行业协会举办会展给予培育期资助、成长性资助、临时性资助和国际化资助；市财政委出台《深圳市实施标准化战略资金管理办法》，明确对行业协会参与标准化制定给予专项资助。四是建设行业技术和公共服务平台。市政府出资1亿多元，委托深圳市家具行业协会等多家行业协会建设了9个行业技术和公共服务平台，发挥行业协会在产业发展中的助推器功能。

坚持培育发展和管理监督并重的方针，加强对行业协会的规范和管理。为培育和促进行业协会的发展，规范行业协会的行为，深圳已制定《深圳经济特区行业协会条例》等多项政策法规。

（四）少数行业协会初步迈向国际舞台

相比其他类型的社会组织，深圳行业协会参与国际事务程度最高，达90%以上。部分行业协会通过参加国际会议及行业论坛、组织出国考察、邀请国外专家讲座交流等活动，搭建起企业参与国际市场的桥梁。如深圳市家具行业协会举办的国际家具展为亚洲同业第一展，深圳市钟表行业协会举办的国际钟表展为世界钟表第三大展，获得单独组团参加瑞士钟表展资格，深圳市工业设计行业协会成为国际工业设计联合会的第一个中国的行业协会，在有业界“奥斯卡”之称的2013年IF设计大奖中获得24项大奖。深圳工业总会是全国唯一与联合国工业发展组织建立非政府机构合作关系的民间组织。

三　深圳市行业协会发展和管理中存在的问题

行业协会内部治理有待完善，政府管理方式亟须改进，主要存在以下问题。

一是部分协会缺乏规范的任期制度，少数人长期把持协会事务，或协会会长任期时间过长。二是部分行业协会运作主要取决于主要管理者个人影响力。不少协会的产生和运作是基于协会内关键人物的“人脉”或与政府部门存在的某种特殊的关联性。三是协会内部治理流于形式。一些行业协会的章程在确立内部治理结构和权责范围时没有充分考虑组织架构的平衡和制约作用，多数协会的理事会或常务理事会一年仅开会一次。四是行业协会财务管理有待规范。有的行业协会财务情况存在不规范、不透明问题。五是部分行业协会职能定位不清晰。有的行业协会偏离其职能，热衷于承办各种收费性质的展会、培训，有的行业协会过度依赖于政府，甚至打着政府的旗号，向会员乱收费或者乱拉赞助。一些行业协会被个别会员企业所操纵，直接参与市场经营，追逐利润，出现操纵、排除或限制竞争现象。六是行业协会专职人员不足，高端人才稀缺。60%左右的行业协会专职人员数为5人以下。七是行业协会管理体制有待明晰，管理方式有待优化。登记管理机关与业务主管部门之间职权、职责不清晰；部分业务主管部门对行业协会消极对待，或认为行业协会相关事宜都应由登记管理机关处理；以等级评估为中心的管理方式有待做新的思考和定位等。八是行业协会扶持、发展措施不到位。从深圳市实践看，尽管近年来对行业协会的扶持、发展有了很大程度的提高，但是仍存在手段过于单一、扶持力度不足等问题。由于行业协会的主要经费依赖于会费，这导致行业协会发展后劲不足。有些新成立的行业协会缺乏足够办公条件。

四　深圳市行业协会加快发展的总体构想

（一）基本思路

出台规范管理和扶持行业协会发展的政策，构建良好的行业协会内部治理、外部监督体系。培育一批内部治理完善、能够为本行业发展提供优质服务的行业协会，一批能够承担国家、省、市委托事项的行业协会，一批能够引领国内、国际标准制定的行业协会，一批具有国际影响力并能够在国际竞争和深圳国际化城市建设中发挥积极作用的行业协会。

（二）总体目标

争取实现行业协会总数量10%以上的年增长率，到2020年形成深圳市行业协会全覆盖，并且协会拥有会数和会员所占的经济体量应该达到该行业的80%以上。建成政会分开、权责明确、依法自治的行业协会体制。

（三）发展原则

坚持市场化原则。放宽行业协会设立的门槛，允许一业多会，协会之间自由竞争、优胜劣汰；处理好政府—协会之间的关系，除有明确的法律授权外，不介入行业协会内部事务，不对行业协会组织机构设置、人员任命以及其他业务活动进行干预。

坚持规范化原则。要对行业协会的内部治理进行完善，对行业协会的外部行为进行监督管理，对政府的扶持、促进措施进行规范等。

坚持国际化原则。发挥政府的引导作用，鼓励有实力的行业协会参与国际交流，提升行业协会影响。

五　行业协会规范发展的制度和政策建议

（一）加强行业协会的内部自治和自律

（1）引导行业协会清晰定位。通过制定规范指南、购买服务等引导行业协会完善其规范企业经营管理和解决企业规模经济效应的基本功能。

（2）完善制度，预防少数大企业或少数人把持行业协会。实行差额选举，完善候选人产生机制，采用无记名投票选举程序、任职回避等制度。

（3）建立财务公开制度。要制定财务公开制度，定期向会员大会（或会员代表大会）汇报协会财务状况。调动和发挥会员的积极性，扩大行业协会内部治理的参与面。

（4）培养行业协会人才。推行秘书长职业化，工作人员专业化、年轻化和国际化。建立内部奖惩和晋升机制，以吸引人才、激励人才。

（二）完善行业协会外部监督机制

（1）制定行业协会管理条例实施细则，完善行业协会行为规则。制定《深圳市经济特区行业协会管理条例》的配套实施细则，如《深圳经济特区行业协会条例实施细则》、《深圳市行业协会信息披露办法》、《行业协会专职工作人员职业化促进办法》，完善行业协会各项具体规章制定，进一步完善行业协会行为规则体系，明确行业协会行为标准，建立行业协会强制标准。

（2）强化协会民主自治，防范内部控制。建立行业协会组织内部之间的竞争机制，鼓励行业协会会员通过内部公开竞争，促进行业协会内部组织之间的进化。

（3）加强社会监督，规范行业协会运作。引入社会监督机制，建立行业协会信息披露制度，强制行业协会公开协会章程、财务、组织、工作等相关信息，由会员及社会公众监督，尤其是行业协会年度预算应当财务公开，接受第三方审计。

六　扶持、培育行业协会的政策建议

（一）加强扶持培育，提高协会服务行业和参与公共治理能力

培育发展行业协会，使行业协会适应经济社会发展对其参与社会公共治理能力的要求。

（1）设立行业协会发展专项经费。在产业发展专项资金中单列行业协会发展专项经费，从2015年起至“十三五”结束，每年划出1000万～2000万元资金，用于资助行业协会商会建立技术开发、经济技术合作等行业公共服务平台，资助行业协会商会组织行业重大课题研究、行业调查统计、国际交流、反倾销反补贴诉讼的提起或应诉、行业推广活动（重大会展、行业

形象宣传与塑造等），或者资助行业协会根据有关政府部门要求组织或者承办的公益性活动等，缓解协会经费不足。

（2）为初创期行业协会提供场地和能力建设支持。在“社会组织培育基地”中，为初创期行业协会提供低价办公场所。组织全市优秀资深行业协会为初创期行业协会进行业务指导，扶持行业协会走向规范化发展轨道。

（3）建立行业协会专职人员培训制度。由政府资助每年至少开展一次行业协会专职工作人员培训，包括行业协会法律法规及相关政策、财务、治理能力等，逐步建设一支熟悉行业情况和协会运作的专业化、职业化队伍。

（4）打造行业协会交流合作平台。在社会组织总会中设立行业协会专业委员会，通过这个平台，促进行业协会之间沟通交流。举办各种讲座、沙龙、论坛等活动，会聚各协会智慧，促进协会之间的合作渗透、共同发展。

（二）畅通政府与协会交流的渠道，发挥协会桥梁纽带作用

研究制定体现规范政府与行业协会合作的制度，建立行业协会与政府部门联系沟通的制度化渠道和合理程序，构建政府与行业协会之间新型的关系，形成政府与行业协会协调、合作、相互补充完善的指导与被指导、监督与被监督的新型关系。

（1）建立行业政策和规划制定的咨询制度。政府制定行业政策和规划前期调研、初稿之后，通过相关行业协会向企业咨询论证，汲取行业协会和会员企业代表的意见和建议。此外，要建立行业协会定期向政府提供行业发展报告制度。

（2）建立行业重大政策法规制定的听证制度。制定涉及行业的经济重要决策和行业发展的重大事项政策法规时，如产业扶持政策、产业限制措施，邀请行业协会代表和相关企业代表参加听证。

（3）建立产业救济的紧急磋商机制。当产业突发困难需要政府救济时，应当迅速启动磋商机制，就困难产生的原因、造成的影响、救济的措施等问题，进行紧急磋商，促进产业救济政策措施的快速出台。

（4）建立市场监管的双向敦促制度。行政部门应当敦促行业协会完善

自律诚信机制，形成对行业内企业的监督和约束，促进企业守法经营，维护公平竞争的市场秩序。同时，对行政部门与行业协会活动有关的工作进展，特别是对行业协会发现和报告的市场违法行为的处理情况，也应建立允许行业协会催促、跟踪等制度。

（三）充分发挥行业自律作用，完善市场机制

针对当前行业诚信度不高、行业自律能力较弱的情况，制定完善各类有利于行业协会发挥行业自律作用的法规和政策，发挥行业协会在协调各方关系、促进社会稳定中的作用。

（1）明确行业组织在行业管理与服务中的地位和作用。在政府转变职能过程中，要鼓励引导行业组织通过制定行规行约、开展产品检验检测，建立行业诚信制度等，营造公平竞争、诚信执业的市场环境。条件成熟的可开展专业技术职称评定、执业资格认定等行业管理与服务。

（2）鼓励行业协会制定行业标准。推进以行业协会为主，研究制定本行业的产品与服务的技术标准、质量标准和服务标准。鼓励行业协会从一般行业标准入手，开展行业标准制定，逐步向高端、全国性乃至国际行业标准的制定推进。在一些新兴领域，鼓励行业协会参与国际标准制定。政府相关部门应给予信息支持、技术指导以及适当的资助。

（3）鼓励行业协会发挥保护知识产权的作用。鼓励行业协会收集行业知识产权信息，进行行业专利预警，政府支持建设行业知识产权保护平台，鼓励行业协会帮助会员出面斡旋、协调、起诉、应诉，参与国家间的知识产权纠纷。对于行业协会发现、报告的生产销售盗版产品情况，主管机构要及时查处。

（4）重视发挥行业协会规范业内竞争行为的作用。重视发挥行业协会协助政府规范业内行为的作用。重视发挥行业协会在贸易保护、市场损害调查和协调贸易纠纷中的作用，鼓励行业协会建立行业诚信制度，并将行业诚信信息纳入公共信用信息系统，形成政府与社会互动的市场监管体系。

（四）完善政府购买服务制度，推进政府职能转变

深圳在全国较早地探索政府购买服务，率先出台了购买服务的文件，但仍需要从多方面探索完善。

（1）明确购买服务的事项范围。在政府转变职能过程中，市场能办的交给市场；行业能做的应由行业自律解决；对属于政府职能范围，但政府自己直接履行成本较高，或者由行业协会提供服务效率更高的事项，通过购买服务方式提供，如草拟行业政策、规范和规划，开展行业统计、行业状况调查、重大课题调研等。

（2）规范购买服务程序。本着公开、公平、公正的原则，建立一套完善的购买流程，确保政府购买服务公开透明，选出最优秀、最专业的承接主体。

（3）形成购买服务的公允价格。政府应当根据服务的工作量、工作难度系数、工作经费配套等建立一个完善的定价机制，逐步找到服务的公允价格。政府重点是监管整个项目的服务质量和服务效果。

（4）规范购买服务合同管理。政府购买服务应当与行业协会签订购买合同。有关部门应当根据政府采购法律法规的规定，加强合同管理，确认合同条款，按规定程序做好签约、备案、存档等工作。

（5）建立政府购买服务项目评价制度。有关部门可对行业组织购买服务财政资金的使用情况开展绩效评价，或引入第三方实施绩效评价。绩效评价结果作为以后年度预算安排及行业协会承接政府购买服务的参考依据。

（五）支持行业协会对外交流，促进协会国际化

充分发挥行业协会非政府组织的作用，开展对外交流，为会员企业提供外事服务、会展和品牌推介，推进协会国际化。

（1）引入并培育国际性或区域性行业协会。加强对国际性行业组织设立及运作的研究。推动深圳市具备较好基础的优势行业成立国际性行业组织，按照国际游戏规则，在国际市场中发挥中国相关行业更大的影响力，维

护深圳市企业的发展权益。如在全球市场中占据了较大份额或已抢占了技术创新制高点的电子、超材料等行业，探索成立电子和超材料国际性行业组织，在相关领域全球标准制定、规范竞争等方面取得更大话语权，为全国做出表率。同时，探索在前海开展国际经济类社会组织落地试点。充分发挥国际经济类社会组织对接国际、国内两个市场和资源的桥梁纽带作用，助推前海发展现代服务业。

（2）支持深圳市行业协会参与国际活动。一是简化行业协会组织的对外交流活动办事手续，设立绿色通道，加快办理流程，在办理商旅卡、因公签证等方面提供与大企业同样畅通的渠道、便捷的程序。二是由外事部门定期为行业协会专职工作人员和协会会员进行相关政策的宣讲和指导，帮助协会及其会员了解外事政策，帮助行业协会及其会员企业了解签证办理、接待外宾礼仪、中国公民海外领事保护、海外危机应对等方面的知识。三是政府各部门在对外交往中收集到国际经济技术动态信息要及时传递反馈给有关行业协会，为行业协会掌握最新信息提供更广阔的途径。四是对行业协会参与国际标准制定、参加重大国际经济技术交流活动、举办重大展会等活动提供适当资金资助。

（3）完善行业协会反倾销应诉专项基金管理。进一步发挥行业协会在反倾销应诉中的作用，反倾销应诉专项基金资助范围扩大到行业协会，使反倾销应诉从主要依靠企业转向主要依靠行业协会组织会员企业积极应诉。

（4）发挥行业协会在协助政府外事活动中的作用。在深圳市政府部门外出访问时，行业协会可协助联络工作。政府部门可以委托行业协会承担部分对外联络、行程安排等工作，以购买服务的方式让行业协会“打前站”，协助政府部门开展对外访问工作。

（5）对外进行深圳行业整体的公共形象宣传。政府部门可以采用购买服务的方式委托支柱产业的行业协会制作行业形象宣传片，在海外的媒体上宣传深圳的产业和深圳品牌。

B.22

2014～2015年深圳工会工作发展报告

深圳市总工会*

摘　要：2014年是深圳工会工作承上启下的一年。全市各级工会在加快建设“有用工会、实力工会和源头治理劳资纠纷试验区”上敢于创新、真抓实干，为深圳工会改革转型探索了新路、积累了经验。当前，深圳工会工作面临一系列新的形势和挑战。展望2015年，深圳工会工作将以习近平总书记一系列重要指示精神为指引，主动适应经济发展新常态，在源头治理劳资纠纷试验区建设上取得新突破，在以法治思维和法治方式增强工会履职能力上实现新提升，在做实做强工会基层基础上交出新答卷，动员组织全市广大职工在“四个全面”上创造新业绩，以优异的成绩迎接市委工会工作会议的召开。

关键词：有用工会　实力工会　源头治理劳资纠纷

一　2014年深圳工会工作情况

2014年是深圳工会工作承上启下的一年。9月26日，深圳工会六大成功召开，明确提出了建设“有用工会、实力工会和源头治理劳资纠纷试验区”的工作思路，对今后5年的重点工作做了部署，并选举产生了深圳市

* 执笔人：冯力，深圳市总工会。

总工会新一届领导班子。深圳工会六大所确定的建设“两会一区”工作思路，以追求公平正义，做有限、有效、有为工会和科学转型、务实转型的工会作为目标，把有能力维护职工权益、有实力作用于企业和社会作为着力点，强调有用工会、实力工会是一个有机的整体，涵盖了工会工作的各个方面，统一于源头治理劳资纠纷的实践。这既是对深圳工会以往工作的总结，也是对市场经济条件下工会工作规律的高度概括。这个工作思路得到了市委和上级工会的高度肯定，也赢得了全市各级工会的拥护和支持。一年来，全市各级工会在加快建设“两会一区”上敢于创新、真抓实干，为深圳工会改革转型探索了新路、积累了经验。前不久召开的全总十六届三次执委会对2015年工作提出了一系列新要求、新举措，其中“由职工群众民主选举基层工会委员会或工会主席，增强工会组织代表性”、“推行工会新闻发言人制度”、“推行重大劳动违法案件公开谴责制度”等新举措在深圳都有多年的实践。

（一）深入学习贯彻习近平总书记系列重要讲话精神，在深化认识和指导实践上有新提高

坚持将学习习近平总书记系列重要讲话精神贯穿工作始终，通过理论中心组专题学习、开展“中国梦·劳动美”系列宣讲活动、举办各类培训班等方式，广大职工群众和工会干部进一步增强了贯彻落实中央决策部署、维护中央权威的自觉性。

（二）主动服务全市改革发展大局，职工群众建功立业活动成绩显著

组织动员广大职工参与推动全面深化改革，成功举办深圳市第八届职工技术创新运动会，在网络优化、食品安全检测、机械制造、工业自动化等领域创新劳动竞赛项目，全市参与各类劳动竞赛的企事业单位、职工覆盖率分别达85%、90%。修订完善职工素质提升工程实施方案，覆盖更多企业，惠及更多职工，全面提高职工的岗位技能、文化素质和精神修养。全年共开

设技能培训项目278个，培训职工5万人；组织开展第八届“深圳十大书香企业”、“深圳十大读书成才职工”评选活动，职工素质教育讲座、职工文化讲堂突破2000场，惠及50万职工；第七届“圆梦计划”帮助1000名困难职工圆大学梦。

（三）聚焦源头治理劳资纠纷试验区建设，工会工作体制机制改革酝酿新突破

源头治理劳资纠纷试验区作为工会工作体制机制改革创新的重要平台，在加强企业工会民主建会、建立劳资对话协商合作机制、做实做强试验区工会联合会、预防化解和参与处置重大劳资纠纷等方面形成了较为完善的工作思路，并取得了初步进展。制定出台指导试验区建设的“1+6”文件，市、区两级工会直接指导日立金融、富士施乐等一批重点企业完成换届改选，成立银星工业园区工联会，在规模以上企业推进劳资对话协商机制建设项目，探索职业化工会工作者培养、管理、使用的有效途径，开展顺应职工需求的教育培训、文体活动，建立试验区企业工会经费补贴制度。试验区的工作实践引起了社会各方的广泛关注，省总明确提出支持深圳开展试验区建设。

（四）坚持“一个主体、四个参与”，基层工会建设更有质量和成效

以工人精英为主体，广泛动员职工会员参与工会的筹备建立、民主选举、管理运作和集体协商，全市共有4484家到期换届企业工会完成规范化民主选举。目前，民主建会的理念已深入人心，成为基层工会建设的基本要求。开展工会组建数据大清查行动，全面核实企业建会情况。深化职业化工会工作者改革，组织开展“职业化工会干部职业生涯设计”课题研究，修改完善职业化工会工作者管理制度。加大对各级工会干部的培训力度，着力提高他们的专业化水平和履职能力，全年培训人数达6091人次。

（五）依法主动科学有效维权，和谐劳动关系建设开创新局面

主动参与涉及职工切身利益的政策法规制定工作，围绕最低工资标准、就业和创业服务、职工社会保险和住房公积金、城乡社会保障体系建设等重大问题反映职工意愿诉求，提出工会意见主张。大力推进集体协商机制建设，工资集体协商建制率达 89.5%，南山区总工会、盐田港汽车运输业工联会被全总评为工资集体协商工作先进集体。不断深化法律援助工作，为 124 家企业工会指派法律顾问，在全市设置 20 个法律咨询服务点，为广大职工和企业工会提供专业、便捷的法律服务。全年共受理法律援助案件 844 件，涉及职工 1273 人，涉案标的额 5385 万元。加大工会劳动保护工作力度，在全市推广工伤探视工作，并组织广大职工深入开展“安康杯”竞赛活动、职业病防治工作和企业劳动环境隐患排查，维护职工生命健康权益。进一步抓好工会维稳和防范抵御工作，下发《关于工会预防化解和处置重大劳资纠纷工作的指导意见》，加强对劳工 NGO 的应对策略研究，积极稳妥地处置一批重大劳资纠纷事件。送温暖、金秋助学、医疗互助保障计划、企业员工心理援助工程等帮扶活动取得积极成效，为 3.6 万名职工购买“住院二次医保”。

（六）工会自身建设不断加强，各项工作取得新进展

结合开展党的群众路线教育实践活动，深化整改、专项整治、建章立制，不折不扣地落实中央八项规定精神，联系基层、服务职工的经验做法形成制度化。将工会宣传工作纳入工会工作全局，开展以“产业工人，深圳力量”为主题的系列宣传活动，讲好“劳模故事”、“职工圆梦故事”、“技术达人故事”。大力推进工会经费收缴扩面增量工作，税务代收缴费单位数、经费总额稳步增长。经审、外事交流、工会资产管理、女职工工作、产业工会建设、援疆等各项工作取得新成效。

在肯定成绩的同时，我们也要清醒地看到工作中存在的不足，主要是：与社会发展的要求和职工群众的期盼相比，工会以法治思维和法治方式履职

维权能力亟待提高；克服行政化、机关化倾向，联系群众、服务职工的体制机制亟待建立和完善；工会干部的责任意识、能力素质亟待增强，工作作风亟待转变。

二 当前深圳工会工作面临的形势和总体要求

（一）市委提出要在“四个全面”上勇当尖兵，这对工会工作是一个新的标准、新的要求

新年伊始，习近平总书记对深圳工作做出重要指示，要求深圳干部群众牢记使命、勇于担当，在全面建成小康社会、全面深化改革、全面依法治国、全面从严治党中创造新业绩，努力使经济特区建设不断增创新优势、迈上新台阶。市委提出，要把学习贯彻习近平总书记重要批示精神作为首要政治任务，大胆探索、勇于创新，在“四个全面”上勇当尖兵。这是深圳的使命所系，更是深圳发展的大势所在。深圳工会要认真思考的是，如何充分发挥工会组织密切联系职工群众的组织优势、思想上和行动上的引领作用，更好地把广大职工群众团结起来，把全面建成小康社会、全面深化改革、全面依法治国、全面从严治党的推进和落实，变成职工群众热烈拥护、自觉参与、快乐分享的行动和过程。面对这种新形势、新任务、新考验，我们要与时俱进、开拓创新，成为改革创新的尖兵和探路者，为维护职工合法权益、促进企业健康持续发展、维护社会稳定提供一整套更完备、更稳定、更管用的新规则、新秩序、新机制，争当促进劳动关系公平正义的先锋组织。

（二）党中央做出的《关于加强和改进党的群团工作的意见》对工会工作来说也是一个新的使命、新的任务

《意见》深刻阐述了新形势下加强和改进党的群团工作的重要性和紧迫性，科学概括了中国特色社会主义群团发展道路，对加强和改进党对群团组织的政治领导、思想领导、组织领导，发挥群团组织作用、推动群团组织

改革创新提出了明确要求和一系列政策举措，是指导和推动党的群团工作不断开创新局面的纲领性文件。《意见》的出台，反映了包括工会在内的群团组织的地位和作用正在发生深刻而重要的变化。在当前社会转型的关键时期，社会变革日新月异，社会活力蓬勃迸发，新老矛盾叠加交织，其中劳动关系作为最基本的社会关系，积累的矛盾和问题如果得不到有效化解，广大职工群众的合理利益诉求就无法得到满足，我们的发展就没有基础，社会稳定就得不到保障。因此，工会组织的作用是不可替代的。为贯彻落实《意见》和习近平总书记系列重要讲话精神，全总十六届三次执委会释放出强烈的改革信号。深圳工会要有立足全局、着眼长远的“大担当”，事不避难、义不逃责，在建设有用工会、实力工会上迈出更大的步伐。

（三）经济发展已经进入新常态，对工会工作来说更是一个新的情况、新的挑战

在经济新常态下，增长速度从高速增长转向中高速增长，经济结构从增量扩能转向调整存量、做优增量并举，增长动力从要素驱动、投资驱动转向创新驱动，这是中央对新时期我国经济发展阶段性特征做出的科学判断。我们要全面深刻认识新常态的内涵，顺应新常态的规律，对新常态下劳动关系面临的新情况、新问题要及时、准确地把握和判断。综合目前的情况，一是虽然经济下行压力还在增大，但带动就业能力最强的服务业比重不断提高，全国出现了新一轮的创业高潮，加上人口红利进一步减少，这三个因素的叠加效应带来了一个结果：经济虽然减速，但就业还行，甚至还会有增长。内地就业形势持续向好，大规模农民工回流珠三角的情况就难以出现，深圳“用工难”问题也就不会马上缓解。二是面对经济进一步减速，企业转型升级等资本调整行为将更加频繁。产品定位偏中低端、产能严重过剩、产业转型升级缓慢的企业，会承受金融危机以来最大的经营压力。中小型企业的停业倒闭将可能多发。三是集体劳资纠纷将呈现上行的态势，局部可能出现激烈冲突，其重点将集中在企业欠薪及社保、住房公积金等劳动者基本权利的维护问题上。另外一个重点，是社会公共服务领域的劳动关系问题，涉及临

聘教师、协管员、出租车司机、环卫工人等群体。国有企业劳务派遣工问题也将是引发劳资纠纷的重要方面。总之，在经济新常态下，劳资矛盾特别是集体劳资矛盾将呈现长期性、复杂性特征，工会维权工作将面临长期的挑战。工会要主动作为，当广大职工合法权益受到侵害时，就要帮助职工通过合法渠道、正常途径合理伸张利益诉求，维护职工权益，促进社会公平正义，同时引导职工识大体、顾大局，依法理性表达诉求，自觉维护社会和谐稳定。

2015 年是贯彻落实深圳工会六大精神的开局之年，也是深圳工会体制机制改革取得突破的关键之年。2015 年深圳市工会工作的总体要求是：深入贯彻落实党的十八大和十八届三中、四中全会精神，以习近平总书记一系列重要指示精神为指引，主动适应经济发展新常态，在源头治理劳资纠纷试验区建设上取得新突破，在以法治思维和法治方式增强工会履职能力上实现新提升，在做实做强工会基层基础上交出新答卷，动员组织全市广大职工在“四个全面”上创造新业绩，以优异的成绩迎接市委工会工作会议的召开。

三　2015年深圳工会重点工作展望

（一）组织引导广大职工群众在推进“四个全面”中建功立业

首先，要高标准编制深圳职工发展“十三五”规划。这是一项科学性很强的工作，全市各级工会要高度重视这项具有全局性的任务，抽派精干力量，认真做好前期重大问题、重大制度研究，科学确定未来发展目标。其次，要扎实推进职工素质提升工程，技能培训要以企业岗位培训为重点，进一步完善技术工人培养、评价、激励机制；素质培训要聚焦社会主义核心价值体系，以职工素质教育讲座、职工文化讲堂为主要载体，全面提升职工群众科学文化素质和法治道德观念。再次，持续开展“当好主力军，建功十二五”主题劳动竞赛和“工人先锋号”创建活动，引导广大职工参与创新班组、创新团队建设，培育更多劳模创新工作室，使劳动竞赛在提升职工技能、增强企业核心竞争力方面充分发挥作用。最后，要大力弘扬劳模精神，让勤奋做事、勤劳致富在全社会蔚然成风。

（二）全力抓好源头治理劳资纠纷试验区建设

试验区建设是工会工作体制机制创新的综合平台，是事关深圳工会服务全市工作大局、促进劳动关系公平正义的一项全局性工作。要通过试验区的先行先试，总结形成可复制、可移植的制度机制，向全市推广。第一，要通过试验区建设，在破除工会行政化、机关化倾向上有所作为、探出新路。市、区两级工会要在试验区直接抓一批企业的民主建会、会员服务，打通与职工群众的联系，把工作做到企业和职工当中，使企业工会有能力在维护职工合法权益、构建和谐劳动关系中发挥作用。第二，要改革工会组织体系，做实做强社区工会联合会，使其成为工会组织连接企业与职工的枢纽和支点。这也是工会打通联系和服务职工“最后一公里”的重要举措。第三，要着力建立预防和化解劳资纠纷工作机制，包括规模以上大企业的劳资协商机制和小微企业的劳资纠纷预防机制。第四，要创新职工服务体系和载体，包括引入相关社会组织，让工会服务更贴近职工群众需要。第五，要在试验区内建立一支专业性强的职业化工会工作者队伍，并使试验区成为培养工会干部的基地。

（三）以法治思维和法治方式履行工会维权维稳职能

从目前情况看，深圳市相当一部分企业还存在不遵守劳动法律法规、侵害职工合法权益的现象。2015 年，深圳工会在维护职工权益上，态度要更鲜明，措施要更有力，行动要更坚决。首先，要推动党委群团工作联席会议制度及工会与政府联席会议制度的落实。在与职工利益关系密切的经济政策、民生政策、劳工政策的制定和执行中，通过联席会议积极向党委和政府反映工会的意见和主张，协调解决工会维权中存在的问题，支持工会履行职责。要进一步推动劳动关系三方机制建设，会同相关部门、企业组织，对重点行业、重点领域进行安全生产检查监督，同时进一步做好工伤探视、“安康杯”竞赛、隐患排查等相关工作，用组织的力量倒逼安全生产主体责任的落实，切实解决侵害职工安全健康权益的突出问题。其次，依法强化工会维权方式和手段。要进一步完善工会新闻发言人制度、重大典型违法案件曝光和公开谴责制度，推行工会劳动法律监督意见书和建议书制度，加强对劳动违法行为的舆论监督，推动政府相关部门加大执法监督力度。2008 年出台的《深圳市实施〈中华人民共和国工会法〉办法》，赋予了工会对严重侵害职工合法权益的用人单位进行公开谴责的权利，这项全国首创的举措我们曾经使用过一次，对教育企业、警示社会、维护职工权益起到了很好的作用。2015 年，我们要在适当时机，对一批漠视职工权益、违反劳动法律法规的企业集中曝光、公开谴责。再次，要积极预防和参与处置重大劳资纠纷。健全完善工会法律援助工作机制，持续开展律师入企、律师驻点等工作。在发生重大劳资纠纷时，各级工会要及时介入、主动作为，加强信息报送，旗帜鲜明地维护职工合法权益。最后，要充分利用《广东省企业集体协商和集体合同条例》出台的有利契机，推动企业集体协商，形成劳资对话、协商、合作机制，让广大一线职工各项权益得到切实保障。

（四）扎实推进工会基层基础建设

第一，要将会员管理和服务工作作为加强基层工会建设的重要内容，建立数据准确、信息丰富、动态管理的会员管理服务系统，通过市场化运作，提供包括生活、学习、工作上的各项会员服务，增强职工的工会意识，把职工团结在工会周围。同时，积极稳妥地推进“职工之家”进社区服务中心工作，逐步实现与社会管理和公共服务体系的有效对接。第二，要主动适应信息化社会的发展要求，积极利用新媒体、新技术，通过加快推进工会信息员队伍建设、建立信息（多媒体）中心、推出“深圳工会”微信公众号、改版《深圳工运》等措施，了解职工、走进职工当中，同时也让职工了解、支持和参与工会工作，形成上下互通、工作共融、资源共享、发展共赢的工会大宣传格局。第三，要健全完善新区工会组织体系。深圳市总要积极与四个新区党工委沟通，在人力配备、资金投入等方面向新区工会组织适度倾斜，着力解决新区工会组织基础和工作基础相对薄弱的问题。第四，要全面推进职业化工会工作者队伍建设。深圳市总已下发了《深圳市职业化工会工作者管理办法》，全市各级工会要认真贯彻落实，按照“统筹配置、梯队培养、评聘分开、属地管理”的基本原则，以市场化、社会化方式建设这支队伍，使职业化工会工作者直接面对企业和员工，向职工和企业工会负责。第五，要进一步做好工会帮扶工作，做大做强送温暖、金秋助学、互助保障、心理援助等品牌项目，服务对象实现从户籍人口向外来务工人员转变。

（五）市、区两级工会联动，有针对性地谋划和开展工作

市、区两级工会在全市工会工作中处于核心地位。把“两会一区”建设推向深入，必须依靠市、区两级工会共同发力。首先，市总要发挥好全委会和常委会的作用，在系统设计、统筹推进上下功夫，对区、街道、社区及企业工会给予更多的指导和支持。其次，各区、新区工会要根据自身的实际和特点，因地制宜地推动“两会一区”建设。福田、罗湖、盐田和南山等区，以高科技企业、现代服务业为主，职工队伍知识化、专业化特征明显，自主能力较强，因此要积极探索适合“白领”、“金领”需求的工会工作模式和机制。宝安、龙岗是产业大区，制造业企业、劳动密集型企业居多，职工整体素质相对较低，个体和群体劳资纠纷多发，从源头治理劳资纠纷、构建和谐劳动关系的任务更重。对于光明、坪山、龙华、大鹏等新区来说，进一步加强基层基础建设的问题十分突出。各区在产业结构、劳动关系和职工队伍状况等方面有所不同，既要相互借鉴，也要结合产业特征和工作实际，创造性地开展工作。再次，在具体工作中，我们既要着眼体制机制的改革，也要推动工作方法、手段和载体的创新。

（六）积极探索前海蛇口自贸区工会工作新路

最近，国务院批准成立广东自贸区，深圳的前海蛇口片区被纳入自贸区范围。如何充分利用自贸区政策优势，以先行先试的勇气创新工会工作的组织体系和运行机制，构建与自贸区建设相融合的工会工作新模式，是深圳工会面临的一项重大课题。首先，要尽快开展前海蛇口自贸区的前期调研，深入研判自贸区业态下区域、行业、企业的劳动关系特点，对自贸区工会工作如何更好地落实我国劳动法律法规体系、更好地适应有关国际劳工公约等问题做出前瞻性思考，用国际性视野谋划自贸区工会工作。其次，要积极与相关部门沟通协商，争取将保障职工合法权益、推行企业和劳动者集体协商机制、建立劳动保障监察和劳动争议处理机制等内容列入自贸区管理办法，从顶层设计上为自贸区工会工作奠定坚实基础。最后，要结合自身实际，学习借鉴上海自贸区的经验做法，在健全自贸区工会组织体系、加强工会维权工作等方面做出新探索。

（七）持之以恒加强工会干部队伍建设

工会干部队伍的素质、能力和作风，决定着工会事业的成败。工会干部队伍建设要向职业精神要动力，向改革创新要活力，向文化建设要环境，向团队能力要保障。这是总的要求，具体讲，一是要进一步加强工会系统党的建设。坚持全面从严治党方针，严格遵守党的政治纪律和政治规矩，严肃党内政治生活，履行好党组主体责任和纪委监督责任。2015 年是市几套班子换届之年，市总机关党员干部要严格执行“5 个严禁、17 个不准和 5 个一律”的纪律要求。二是要勇担当、敢创新、重实干、守规矩，加快建立人岗相适的用人机制，推动各项工作提速、提质、提效。三是要倡导和营造单纯、简约、真诚、和谐的人际关系，努力建立向上向善、能力本位的机关文化导向。

（八）真抓实干，以优异成绩迎接深圳市委工会工作会议的召开

根据市委的安排，2015 年 11 月将召开深圳市委工会工作会议。这是在

深圳经济特区建立35周年之际召开的一次重要会议，对当前乃至未来更长一段时间工会工作将产生重大而深远的影响。筹备办好这次会议，要求我们在市委的领导下，认真贯彻落实习近平总书记系列重要讲话精神，在工会体制机制上有重要改革，在各项工会工作上有创新、有亮点，从中总结出具有规律性的经验和体会，并得到市委的认同。

专题研究篇

Special Reports

B.23

“十三五”深圳市人口发展策略分析

朱蓉文　黄吉乔　丘书俊*

摘　要：人口问题是关系经济、社会、环境全面协调发展的重大问题，适度的人口规模、合理的人口分布、科学有效的人口管理机制对城市的可持续发展至关重要。如何有效调控人口，实现深圳人口与经济社会的全面协调发展，是一个值得深思的问题。本文梳理总结了深圳人口基本情况和现状特征，重点分析了影响未来深圳人口发展的主要因素，并运用可能—满意度法对深圳2020年适度人口规模进行预测，在此基础上，提出“十三五”深圳市人口发展的策略建议。

关键词：深圳市　人口发展　适度人口

* 朱蓉文、黄吉乔、丘书俊，深圳市城市发展研究中心。

一　深圳人口基本情况和现状特征

（一）常住人口平稳低速增长，实际管理人口规模处于历史高位

截至2013年底，深圳市常住人口规模达到1062.89万人，同比增加8.15万人，增长0.8%。改革开放30多年来，深圳常住人口持续增长，增长率总体呈现先升后降趋势。2011年以后，伴随经济转型升级，社会建设稳步推进，基础设施逐渐完善，常住人口进入平稳低速增长阶段（见图1）。

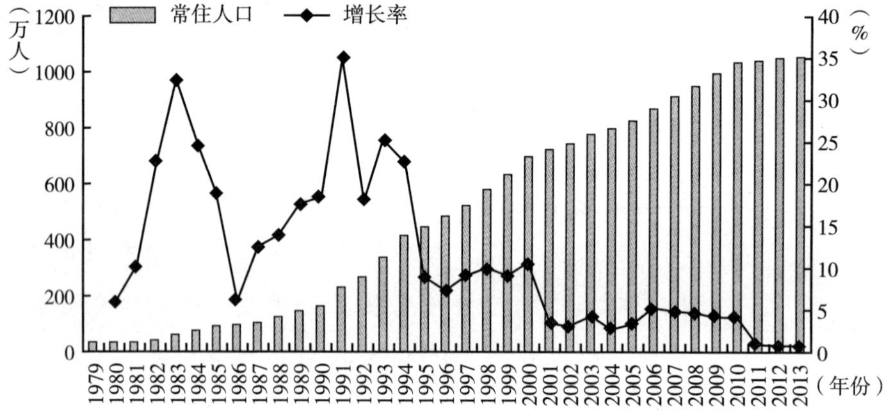

图1　1979～2013年深圳常住人口及其增长率

资料来源：根据历年《深圳统计年鉴》、《深圳统计公报》整理。

2010～2013年，实际管理人口增长速度明显快于2005～2009年，且明显快于常住人口的增长速度（2010～2013年实际管理人口年均增长7.2%，常住人口年均仅增长1.7%），实际管理人口规模存在明显的膨胀趋势。截至2013年底，实际管理人口规模达到1633.99万人，实有人口规模与城市有限的土地、资源、环境承载能力的矛盾不断凸显（见图2）。

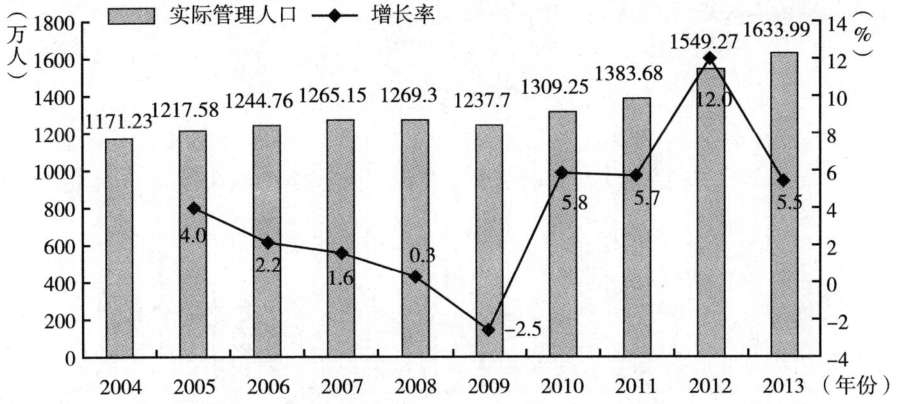

图2 2004～2013年深圳实际管理人口及其增长率

（二）户籍与非户籍人口比例倒挂现象有所缓解

2000年以前，深圳非户籍人口迅速增长，绝大多数年份非户籍人口增长率均明显高于户籍人口，使非户籍人口比重稳步提高，逐渐出现户籍与非户籍人口比例倒挂现象，2000年非户籍人口比重达到峰值点82.2%。2000年以后，深圳采取多项措施加大人口优化置换力度，尤其是市政府2005年出台了人口管理"1+5"文件，降低入户门槛，拓宽入户渠道，带动户籍人口加快增长，户籍人口占常住人口比例从2000年的17.8%稳步升至2013年的29.2%，非户籍人口比例从2000年的82.8%逐渐降至2013年的70.8%。户籍与非户籍人口结构优化成效凸显，但比例倒挂现象依然存在（见图3）。

（三）年龄结构以劳动适龄人口为主

从深圳人口年龄结构看，劳动适龄人口始终占据主体地位。据统计，2013年深圳15～59岁的劳动适龄人口占86.1%，比2010年（87.1%）下降1个百分点；0～14岁的少年人口占10.6%，比2010年（9.9%）上升0.7个百分点；60岁及以上的老年人口占3.3%，比2010年（3%）上升0.3个百分点。2010年第六次全国人口普查数据显示，深圳常住人口年龄中

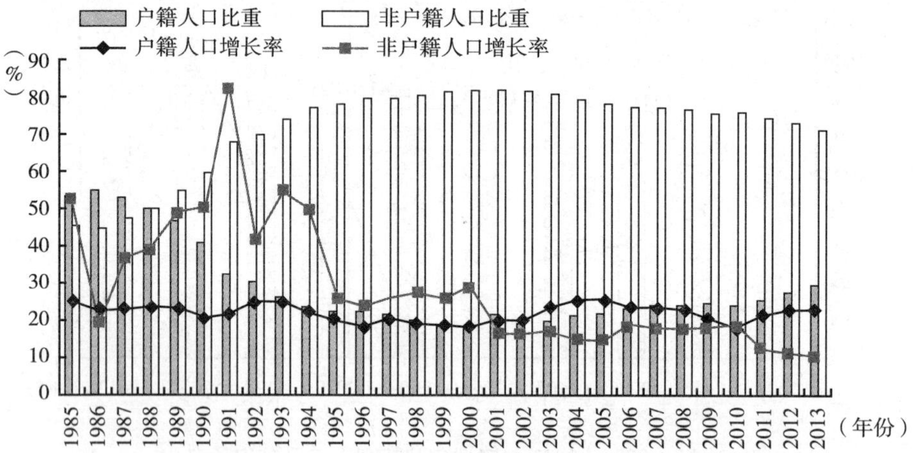

图3　1985～2013年深圳户籍与非户籍人口比重及增速变化趋势

资料来源：根据历年《深圳统计年鉴》、《深圳统计公报》整理。

位数为29.9岁，尽管与2000年相比有所增加，但深圳仍然是全国人口结构最为年轻的城市（见图4）。

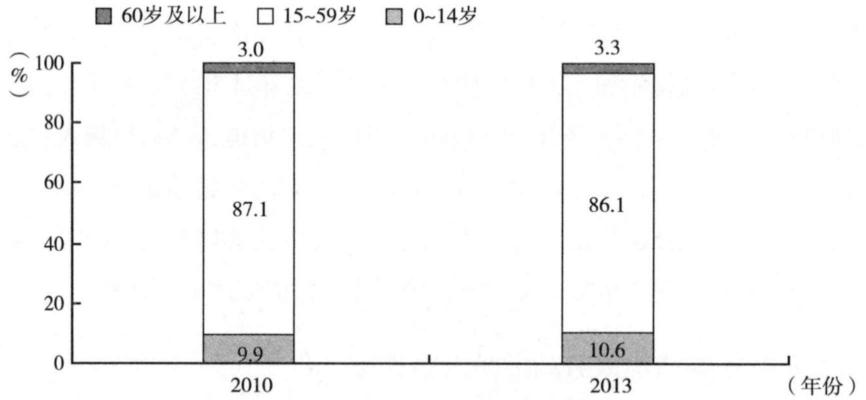

图4　2010年、2013年深圳常住人口的年龄结构

资料来源：深圳市统计局。

从人口总扶养比数据看，深圳总抚养比远远低于全国平均水平以及上海、北京等城市平均水平。2010年深圳市人口总抚养比为13.13%，仅为全国平均水平的38%（见表1）。

表1　主要年份深圳市与全国人口总抚养比比较

单位：%

年份	2000年		2005年		2010年		2013年	
	全国	深圳	全国	深圳	全国	深圳	全国	深圳
老年抚养比	9.92	1.23	10.67	1.84	11.90	2.00	—	2.70
儿童抚养比	32.64	9.40	28.14	10.19	22.28	11.13	—	13.43
总抚养比	42.56	10.63	38.81	12.03	34.18	13.13	—	16.13

资料来源：深圳市统计局。

（四）受教育程度稳步提高，第三产业就业人口比重逐步提升

2010～2013年，在6岁及以上人口中，每10万人中受过大专及以上教育程度人口从17175人稳步上升至24837人，平均受教育年限从10.70年逐渐提升至10.96年。2010年第六次全国人口普查数据显示，同2000年第五次人口普查相比，深圳市每10万人中具有大学程度人口由8060人上升为17175人。这反映深圳人口素质稳步提高，同时也表明深圳吸引人才的战略措施取得明显成效（见图5）。但深圳总体人口素质与国内其他大城市相比，仍有较大差距（见表2）。

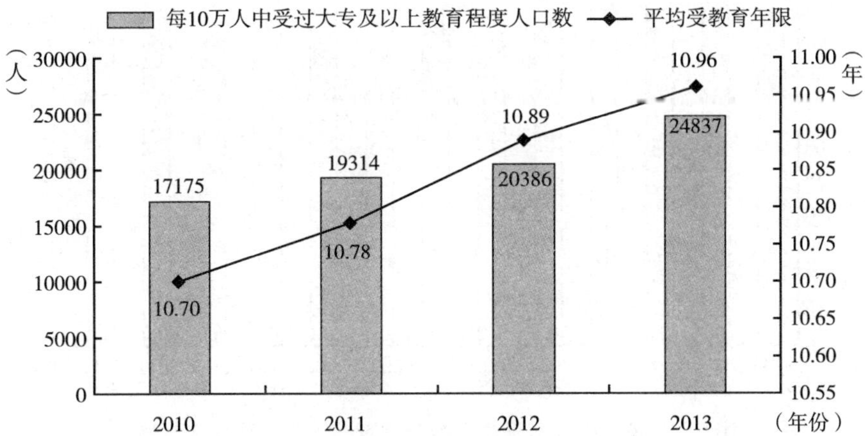

图5　2010～2013年深圳常住人口受教育程度（6岁及以上人口）

资料来源：深圳市统计局。

表2　2010年主要城市每10万人受教育程度人口比较

城市	小学	初中	高中	大专及以上
北京	9958	31394	21222	31501
南京	16015	29640	20823	26119
武汉	13254	32977	21782	25191
上海	13535	36461	20966	21952
广州	15724	36127	22923	19228
杭州	22667	31841	17720	18881
天津	17049	38150	20654	17480
深圳	8883	44050	23965	17175
全国	26177	37916	13716	8729

资料来源：2010年第六次全国人口普查公报。

三次产业就业人口结构逐渐实现从“二三一”至“三二一”的转变。2000~2012年，第二产业就业人口比重呈现明显的下降趋势，从57.0%降至48.4%；第三产业就业人口比重呈现明显的上升趋势，从42.2%升至51.6%；第一产业就业人口比重较低，近年来接近0。就业人口结构的转变反映了产业结构的调整优化和转型升级（见图6）。

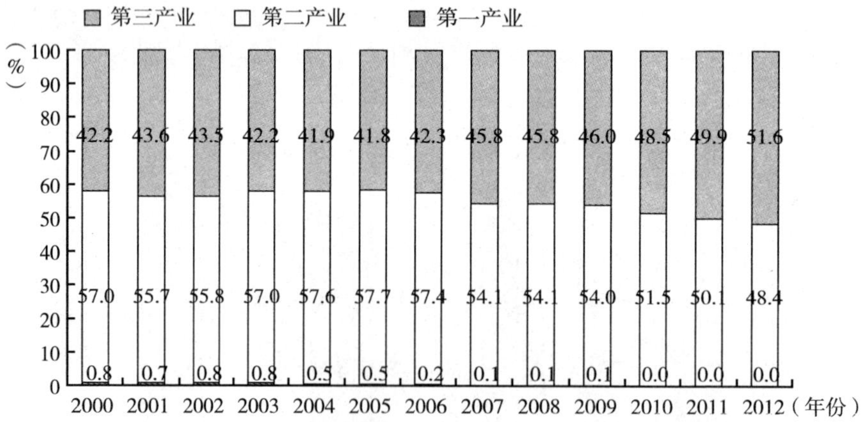

图6　2000~2012年深圳三次产业就业人口比重变化趋势

资料来源：历年《深圳统计年鉴》、《深圳统计公报》整理。

（五）人口密度位居国内城市首位，人口空间分布不均衡

统计数据显示，2013 年底，北京、上海、广州年末常住人口密度分别为 1288.7 人/平方公里、3809.1 人/平方公里、1738.8 人/平方公里，而深圳市的常住人口密度为 5442.8 人/平方公里，是全国大城市中人口密度最大的。若按 2013 年 1634 万人的实际管理人口规模计算，人口密度已达到 8367 人/平方公里。

近几年，随着特区一体化进程的推进，原特区外常住人口比重呈现明显的上升趋势，从 2009 年的 62.9% 升至 2013 年的 66.0%（2010 年人口普查数据显示，原特区外人口占全市人口的 65.8%，同 2000 年第五次全国人口普查相比，增加 2.4 个百分点），人口由城市核心区向功能拓展区和发展新区扩散。各行政区人口密度存在较大差别，福田区、罗湖区人口密度明显高于其他各区，2013 年人口密度最高的福田区达到 17029 人/平方公里，是人口密度最低的大鹏新区（447 人/平方公里）的 38 倍，人口分布不均情况较为明显（见表 3）。

表 3　2009～2013 年深圳各区常住人口比重和人口密度变化趋势

单位：%，人/平方公里

地区	常住人口比重					人口密度				
	2009 年	2010 年	2011 年	2012 年	2013 年	2009 年	2010 年	2011 年	2012 年	2013 年
全市	100.0	100.0	100.0	100.0	100.0	4475	5208	5256	5282	5323
原特区内	37.1	34.1	34.1	34.0	34.0	—	—	—	—	—
其中：福田	13.5	12.7	12.7	12.6	12.6	15333	16776	16848	16915	17029
罗湖	9.9	8.9	8.9	8.9	8.9	11238	11740	11822	11889	11955
盐田	2.6	2.0	2.0	2.0	2.0	3051	2801	2827	2848	2866
南山	11.1	10.5	10.5	10.5	10.5	5342	5885	5895	5976	6033
原特区外	63.0	65.8	66.0	66.1	66.1	—	—	—	—	—
其中：宝安	35.7	38.8	38.8	25.5	25.4	5582	7069	7154	6738	6787
龙岗	20.2	19.4	19.5	18.3	18.3	2636	2951	2986	4969	5015
光明	4.7	4.6	4.7	4.7	4.7	2676	3098	3133	3164	3193
坪山	2.4	3.0	3.0	3.0	3.0	1264	1851	1873	1897	1914
龙华	—	—	—	13.4	13.3	—	—	—	8023	8079
大鹏	—	—	—	1.2	1.2	—	—	—	444	447

注：2009～2011 年宝安区包括龙华新区，龙岗区包括大鹏新区。

资料来源：历年《深圳统计年鉴》、《深圳统计公报》整理。

综上所述，深圳人口发展的移民性特点十分突出，人口规模居高不下表明深圳市场劳动力要素资源依然充沛，人口结构中户籍与非户籍人口比例的倒挂显示出深圳人口流动性和活力较强，这种人口特点对深圳经济稳定健康发展具有重要的支撑作用。从社会、资源、环境角度看，深圳庞大的人口总量与深圳有限的土地、资源、环境承载力之间存在不相适应的矛盾，同时也对深圳的社会管理提出更大挑战。

二　深圳未来人口发展形势预判

（一）人口增长压力有所缓解，但增长趋势仍不容忽视

深圳未来人口增长影响因素主要体现在三个方面。一是新型城镇化背景下的农业转移人口流入。由于当前东部沿海城市仍对经济要素和经济活动保持强大吸引力，大城市与中小城市、小城镇间经济发展和公共服务水平的地区落差在一定阶段内仍将存在，故东部发达城市在短期内仍是吸纳人口的重点区域，其中北、上、广、深作为一线特大城市，更会是人口流入的首选地。

二是城市经济转型发展带来的产业人口转移和疏解。随着全国区域经济发展多极化新格局的形成，在劳动力供给增长总体趋缓的形势下，深圳未来在劳动力要素配置市场中将会面临其他区域中心城市的有力竞争，同时基于自身产业调整的需要，人口外迁疏解的预期和趋势正逐步扩大。

三是国家生育政策调整下的人口自然增长变动。统计显示，2014 年 3 月正式实施的“单独二孩”政策的影响目前总体可控，但深圳人口年龄结构特殊，生育年龄人口比重大，近几年深圳市户籍人口自然增长率已攀升至 18‰（高居国内一线城市之首），若国家在“十三五”时期选择放开“普遍二孩”政策，在一定条件下很容易形成叠加型生育高峰。

因此，尽管深圳人口增长压力有所缓解，但地区经济发展差异及潜在人口自然变动导致的人口增长趋势依然存在，人口规模调控仍不容忽视。

（二）人口红利仍将长期存在，质量型人口红利转变迫在眉睫

人口红利是指在生育快速下降的时期，少儿抚养比迅速下降，总人口中适龄人口比重上升，在老年人口比例达到较高水平之前，形成一个劳动力资源相对丰富、抚养负担轻、对经济发展十分有利的“黄金时期”，即人口红利期。

深圳人口总抚养比远远低于全国平均水平以及上海、北京等城市平均水平。2010 年深圳市人口总抚养比为 13.13%，仅为全国平均水平的 38%。近三年来，深圳由于人口自然增长速度加快，人口总抚养比呈快速增长态势，2013 年人口总抚养达到 16.13%，但总体看来，深圳人口的年轻化结构优势仍然巨大，深圳获得正常人口红利的势头应能保持 10 年以上。但同时也应看到，深圳超额人口红利带来的人口结构年轻化特点，会导致未来人口抚养比增加速度更快、用时更少，预计 20～30 年后深圳的人口老龄化将呈现明显加剧的趋势，给深圳未来的可持续发展带来巨大压力。

深圳未来应向以人力资本为核心的质量型人口红利转变，从剩余劳动管理转移带来的劳动年龄结构、劳动力数量密集的人口红利向更具人力资本和人口素质竞争力的人口红利的转移，这些转变对城市人口管理政策提出了更高要求和挑战。

（三）基本公共服务需求空间大，但受空间资源约束严重

从国家基本公共服务体系“十二五”规划提出的要求来看，深圳绝大多数基本公共服务项目已经提前达到了 2015 年国家标准，基本公共服务保障水平位居国内前列。但同时也应看到深圳户籍人口与非户籍人口在基础教育、养老和住房保障等公共服务方面存在较大差异，在当前非户籍常住人口比例仍然偏大的背景下，如果将现在对户籍人口的这些公共服务标准覆盖到非户籍人口，深圳未来基本公共服务仍存在巨大的需求空间。

提供公共服务既会消耗土地、水、能源等自然资源，也会耗费公共交通、医疗卫生、教育、环境等社会资源。稀缺的公共服务资源与人口需求之间存在着长期矛盾，会对城市发展构成持续、强大的压力。从现实情况看，

目前深圳土地、教育、医疗、交通等公共资源的供需矛盾已比较突出，常住人口市民化的稳步加速推进和城市人口自然增长持续高位，势必进一步加剧深圳公共资源的供需矛盾，削弱人口对深圳城市环境的满意度，终将使公共资源成为深圳人口发展的最大制约因素。

（四）人口多元化、复杂化，治理难度大

深圳的城市发展定位决定了深圳人口发展一定会呈现较强的多元性、流动性而非同质性、稳定性，深圳人口现状特征又决定了人口发展的积重难返。深圳人口密度过高，流动人口规模庞大，高素质人口比例偏低，户籍倒挂现象严重，人口管理和服务的压力巨大。统计显示，深圳1600余万实有人口中超过50%居住在各种形式的出租屋中，主要集中在原特区外城市改造相对滞后的城中村。这些区域社会管理、消防安全、公共卫生、环境污染等问题十分突出，容易形成“低端就业—低成本居住和生活—灰色经营共生”的自我服务和自我循环，形成相对独立的经济生活体系。这种复杂多变的人口发展态势会对深圳未来的人口调控管理工作形成巨大挑战。

三 深圳适度人口规模预测

（一）预测模型与指标体系构建

适度人口是指某一国家或地区在一定时期内按一定标准所能供养的最优人口数量，或在一定目标和有限资源条件下的最适宜人口。适度人口容量是针对城市特定发展阶段而言的，由城市经济、社会、资源、生态环境等诸多因素所决定。在不同的发展阶段，城市适度人口容量的标准也不同。本文从经济、社会生活、人口密度、环境与生态、资源五个方面综合考虑，建立PS可能—满意度模型，测算深圳2020年适度人口规模。模型指标体系由经济、社会、生态环境、资源等30个因素构成，并合成15对，每一对指标都与人口容量有相对应的关系，符合可能—满意度分析方法的要求，具体指标体系如表4所示。

表4 深圳市适度人口容量测算的指标体系

一级指标	二级指标	三级指标	
		可能度指标	满意度指标
经济	经济水平 w1.1	GDP	人均 GDP
	就业需求 w1.2	社会需求就业人数	劳动力人口比重
	就业供给 w1.3	就业岗位数	失业率
社会	暂住人口 w2.1	暂住人口总数	暂住人口比重
	教育 w2.2	中小学学校数	万人拥有中小学学校数
	卫生 w2.3	病床数	千人病床数
	文化 w2.4	公共图书馆总藏书量	人均公共图书馆图书藏量
	交通容量 w2.5	公共交通总容量	人均出行次数
	道路长度 2.6	道路长度	人均公路长度
	住房 w2.7	住房总面积	人均住房面积
生态环境	绿化 w3.1	绿地面积	人均绿地
	垃圾 w3.2	生活垃圾日产生量	人均日产垃圾
资源	用地 w4.1	建成区面积	人均用地
	用能 w4.2	用能总量	人均用能
	用水 w4.3	用水总量	人均用水

（二）指标赋值

各项指标赋值主要根据深圳实际情况，通过对各指标的发展趋势分析测算，并结合《深圳政府工作报告》、《深圳市城市总体规划（2010～2020）》、各领域专项规划以及相关研究成果，参考发达国家或地区的情况，预测各指标在2020年可能的变化区间，以此设定各项可能—满意度指标，具体指标赋值如表5所示。

表5 深圳市2020年适度人口容量测算的各指标赋值

可能度指标	可能度高	可能度低	满意度指标	满意度高	满意度低
GDP(万亿元)	2.3	2.6	人均 GDP(万元)	22.72	16.15
社会需求就业人数(万人)	928	821	劳动力人口比重(%)	75	73
就业岗位数(万人)	821	928	失业率(%)	2.4	3.0
暂住人口总数(万人)	701	807	暂住人口比重(%)	60	65

续表

可能度指标	可能度高	可能度低	满意度指标	满意度高	满意度低
中小学学校数(所)	684	747	万人拥有中小学学校数(所)	0.71	0.6
病床数(张)	40088	47605	千人病床数(张)	4.1	3.6
公共图书馆总藏书量(万册)	4394.97	4816.52	人均公共图书馆图书藏量(册)	4.3	3.9
公共交通总容量(万人次/天)	1799.64	2888.09	人均出行次数(次/天)	3.0	2.5
道路长度(公里)	6310	6565	人均道路长度(公里/万人)	5.7	5.0
住房总面积(万平方米)	30800	34500	人均住房面积(平方米)	30.0	28
绿地面积(平方公里)	195.68	256.71	人均绿地(平方米)	18.0	17.4
生活垃圾日产生量(吨)	15363	19534	人均日产垃圾(千克)	1.6	1.3
建成区面积(平方公里)	973.57	1035.57	人均用地(平方米)	90	82
用能(亿千瓦时/年)	782.41	897.53	人均用能(千瓦时/年)	8106	7011
用水(万吨/日)	616.44	717.81	人均用水(吨/日)	0.7	0.5

注：本文适度人口容量测算针对常住人口。就业人数（劳动力人口）为统计年鉴上的年末从业人员，非劳动适龄人口。暂住人口为常住人口口径。

（三）适度人口规模预测结果与分析

规模预测结果表明：

（1）深圳市适度人口规模最佳级别区间在990万~1020万人（可能满意度在0.2以上）；

（2）深圳市适度人口规模良好级别区间在1020万~1120万人（可能满意度在0.15~0.2）；

（3）深圳市适度人口规模一般级别区间在1120万~1250万人（可能满意度在0.05~0.15）；

（4）深圳市适度人口规模预警区间在1250万人以上（可能满意度小于0.05）。

根据可能—满意度法对深圳2020年适度人口规模的预测结果，本文得到深圳适度人口规模发展目标区间（见表6）。

表6　深圳适度人口规模发展目标区间

单位：万人

指标	深圳人口发展目标区间			
	最佳区间	良好区间	一般区间	预警区间
人口规模	990 ~ 1020	1020 ~ 1120	1120 ~ 1250	1250 以上

四　"十三五"时期深圳人口发展策略建议

（一）高度重视人口发展战略，加强人口组织机构力量

人口问题是深圳经济高速发展30多年来累积下来的问题，具有长期性、复杂性、艰巨性，解决起来不可能一蹴而就，需要全市上下高度重视，在经济与社会发展的各个领域坚持人口调控导向，切实增强解决人口问题的责任感、使命感和紧迫感。人口调控管理涉及多部门、多领域，需要各部门统一思想认识，立足标本兼治、综合调控，突出规划、政策的衔接和统筹，确保政策指向的一致性和政策执行的协同性，形成多部门合作、多政策支持、多制度配合的框架体系。

由于人口问题的全局性、重要性和紧迫性，建议设置专职机构，充实人员编制力量，重点承担全市人口发展宏观调控管理职责。按权责对等要求进一步改革市、区、街道、社区四级人口管理体制，增强区政府和街道办人口管理手段，稳定基层人口工作力量的薪酬保障。加强人口管理与基础基层公共服务项目的有机结合，在城中村改造、固本强基社区建设、安全文明小区建设、社康中心建设、社区流动人口出租屋智能信息系统建设等项目的建设内容和投资资金安排上，突出人口管理政策导向，提高基层人口管理积极性。

（二）切实发挥产业升级及城市更新的人口调控作用

深圳实有人口规模不断增加的主要原因还是产业调控人口的措施不到

位，劳动密集型产业规模仍然庞大，就业人口数量减少有限。从国内外人口发展实践也不难看出，控制人口规模的关键还是产业结构及城市空间结构调整。因此，深圳需要进一步制定人口结构、产业结构、城市空间布局联动一体化调整的具体操作性措施，建立人口计划与城市规划法定图则的联动调整机制，建立分区域调控人口计划与住房建设用地、产业用地供给计划的联动调整机制，实现产业准入、城市更新、公共服务与人口管理的有机统一，切实发挥产业升级及城市更新对人口调控的实效作用。

一是研究对重大规划和项目实施人口评估机制，强化劳动生产率在产业调整中的导向作用，合理确定和调整限制发展类和禁止发展类产业，建立环保倒逼机制，促进落后产业企业淘汰或升级改造；从严把握人口密度过高区域建筑物容积率的审批，从严控制低端产业用地供给。

二是大力推进城市更新，以城中村改造为重点，统筹推进旧工业区、旧住宅区、旧商业区更新升级，降低城中村低端产业人口、非生产性人口的吸纳能力，消除原区域地下非法经济生存空间，压缩从业人口数量。

三是深化社区股份合作经济改革，从严控制村镇经济组织发展低端产业的利益冲动，严控低端劳动密集型产业的招商引资，严控旧村旧城、旧工业区的低端产业厂房的重复建设，从源头控制低端产业进入。

四是加强用工管理，开展劳动密集型产业用工、欠薪和社保情况的专项检查，彻查非法用工，削弱完全依靠拼劳务工成本的低端产业在深圳的滞留意愿；适时通过最低工资标准调整机制和工资集体协商制度，促进低端劳动密集型产业转移或提升劳动生产率，压缩低端产业就业人口规模，提升从业人口素质。

（三）以居住证为载体，完善优化人口管理服务政策体系

一是以特区立法的形式推动居住证管理制度化，将流动人口居住管理纳入法制化轨道，建立以居住证管理为核心的人口公共服务体系。综合考虑深圳公共服务资源供给能力及公共财政支撑能力和可持续性，制定深圳基本公共服务均等化指导意见，明确基本公共服务项覆盖范围及标准。

二是将合法就业和居住作为公共服务的基本门槛条件。修订人口管理“1 +5”文件中的教育管理文件，将原暂住人口子女接受义务教育管理办法调整为来深就业人员子女接受免费义务教育管理办法，强化非户籍人口子女在深接受免费义务教育的刚性条件，强化公办学校义务教育阶段招生管理，确立由教育行政主管部门根据实际情况每年发布随迁子女享受教育的实施细则进行政策调整的动态机制。

三是顺应国家户籍制度改革要求，建立符合城市发展定位需要的户籍人口机械增长机制，使户籍人口规模、结构、质量与城市经济社会发展及城市承载力和公共服务能力相适应。修订积分制人才引进政策，坚持以存量置换为主、以技术技能迁户为主的政策导向，优先保持青壮年劳动力人口的户籍迁入，从严控制低文化素质和低技能水平人员入户，对可能加重城市负担的老人投靠等政策性迁户人口，要严格计划总量控制。

（四）加大人力资本开发力度，推动人口红利质量型转变

在全国数量型人口红利削减的大背景下，深圳一方面要充分利用全国数量型人口红利的最后黄金期；另一方面要加大人力资本开发力度，继续加强对教育、科技和人才的投入，尽快推动质量型等新型人口红利对传统人口红利的替代，延长人口红利期，提高利用水平。

一是需要深刻认识新型人口红利，转变重物力轻人才的投资战略，花大力气投资人才的培养及全面发展；转变重学历轻技能的人才培养思路，重视劳动者能力的培养和构建。继续完善以职业院校、企业和各类培训机构为载体的职业培训体系，深化职业培训基础能力建设，完善紧缺岗位培训补贴制度，大力培养适应产业结构转型要求的劳动群体。

二是需要优化人力资源发展环境，加快建设创新型人才载体，充分发挥各类科研院企人才集聚和培养功能，提升人才工作生活环境质量。完善有利于各类人才在深发展的社会保障体系，完善产业发展和创新人才奖励等人才激励机制，鼓励人才来深创新创业，营造有利于人才发展的法治环境。

B.24

深圳职住分离人口数量测算及政策建议

邓志旺*

摘　要：职住分离已经成为大城市的普遍现象，因职住分离所导致交通堵塞、空气污染和城市功能失调等问题已成为大城市面临的一大难题。本文在借鉴国内外传统的职住分离人口测算方法的基础上，运用就业结构偏差法测算了深圳职住分离人口的数量，并提出了优化职住问题的建议。

关键词：深圳市　职住分离人口　就业结构偏差　城市规划

一　研究背景

20世纪30年代以来，为解决由于大城市经济和人口过分集中所带来的交通拥挤、水源不足、环境污染、地价昂贵等一系列问题，世界各地普遍发展大城市郊区小城镇，以分流大城市市区的经济和人口。随着郊区的发展，职住分离（工作地点和居住地点分离）现象越来越普遍。以日本东京为例，1970年调查显示，东京中心地区夜间人口为42.3万人，白天人口可达219.1万人，表明东京每天有约176.8万人往返于市中心和郊区。这176.8万人工作日过钟摆式的生活：早上从郊区涌入城市中心，下午由市中心回到郊区。学术界把这部分人口称为职住分离人口（又称通勤人口，即工作与居住地点分离于两地，每天往返于工作地点与居住地间的人口）。

* 邓志旺，深圳职业技术学院。

21 世纪以来，国内城市化率不断攀升，2012 年已经超过 50%。随着国内城市的膨胀，以卫星城为代表的郊区开发势头很猛。与此同时，往返于郊区与中心城区之间的职住分离人口日益增长，这一现象引发的交通等方面的问题不断凸显。不少城市管理者和城市问题研究者开始反思过往城市单一中心导致的“摊大饼”式的城市发展格局。以深圳为例，在新的城市化中明确提出建立多中心的城市格局，尽量推动职住平衡，减少职住分离人口的数量。掌握城市职住分离人口数量，是评价城市职住分离的严重程度和进一步优化城市交通和城市功能布局的基础。然而，由于统计口径的问题，职住分离人口的数量难以直接从政府统计中获得。以人口普查为例，尽管其数据相对全面，但是该数据缺乏对登记人口就业地点的统计而仅仅登记其居住地，因此无法获得职住分离人口数量。更多的研究采用的是抽样方法，但由于样本均好性无法测评及成本等问题，往往只能采取拦截等非随机抽样方法，因此测算的误差无法估算。在这样的背景下，探寻更有效的职住分离人口数量测量方法非常重要。

二 深圳职住人口数量统计分析

我们研究职住分离现象其实是研究城市内部各区域之间的人口关系，而在城市内部行政级别有两个层次——区级和街道级。如果以区作为一个研究单位，考虑到区与区之间往往差异很大，必然无法通过区与区之间比较之类的方法或其他方法来分析其职住分离情况。但是，如果考虑到街道级别，街道作为较小的一个行政级别单位，街道和街道之间在地理上、空间上的类似性可能让我们可以通过一个街道与另外一个街道的产业和人口结构的比较来分离出职住分离人口这一要素。

由此，我们假定：在某个区，地理位置、资源禀赋等因素的类似性导致了其内部的 n 个街道的同质化。所谓同质化，就是指每个街道的产业结构、人口结构和劳动力的就业结构都非常类似。我们具体用以下三个指标来衡量街道的同质性。

（1）产业结构：三次产业产值比例。

（2）人口结构：劳动力年龄段人口占全部常住人口的比例。

（3）劳动力就业结构：第二产业就业人口占全部常住人口的比例。之所以选择第二产业就业人口，是因为第一产业人口在部分大城市占比极少，而第三产业人口的统计遗漏比较严重。相对而言，第二产业人口的统计比较全面，数据比较准确。而且，第二产业就业比例确定之后，第三产业就业比例也基本确定了。

我们用数学符号来表示表1：

表1　街道同质化主要指标

街道	第一产业产值比例	第二产业产值比例	第三产业产值比例	常住人口数	人口结构	劳动力就业结构系数
$J1$	$I11$	$I12$	$I13$	$P1$	$L1$	$K1$
…	…	…	…	…	…	…
Ji	$Ii1$	$Ii2$	$Ii3$	Pi	Li	Ki
…	…	…	…	…	…	…
Jn	$In1$	$In2$	$In3$	Pn	Ln	Kn
全区	$IA1$	$IA2$	$IA3$	PA	LA	KA

产业结构同质：$I11 = \cdots = Ii1 = \cdots = In1 = IA1$

人口结构同质：$L1 = \cdots = Li = \cdots = Ln = LA$

劳动力就业结构同质：$K1 = \cdots = Ki = \cdots = Kn = KA$

但在出现扰动因素之后，这个人口结构就会出现偏差。比如说，在这 n 个街道中，某个街道（假定为 Ji）因为区政府入住带来大量从事第三产业的公共事务人口增加，导致了其第三产业就业人口会有一定幅度的增加，从而导致其人口比例出现偏差。从街道同质化指标来看，Ki 明显下降（产业人口比例此消彼长，所以导致第二产业就业人口比例下降），其他指标基本不变。同理，假如某个街道因为与市区距离较近或因轨道交通等因素导致了大量的夜[illegible]入住，从人口统计来看，这一部分人口属于常住人口（基本上以从事区域外第三产业的劳动力为主），其导致的直接结果是 Ki 明显下降。由此，我们可以从 Ki 的偏差来倒推这个街道的职住分离人口数量。

我们设立一个假定：如果两个街道在产业结构、人口结构等多方面类似，但仅仅出现第二产业就业人口比例偏低（Ki 偏低），而又无其他因素解释，则可以认为是职住分离人口（俗称夜间人口）所致。

假定区域职住分离人口进入前常住人口数为 $P0$，劳动力就业结构系数为 $K0$。假定突然涌入 Pz（均在区域之外从事第三产业），因这一部分人到来将增加非劳动力人口（老人和儿童）$Pz1$ 和为之服务的第三产业人口 $Pz2$。根据深圳人口结构特点，$Pz1$ 和 $Pz2$ 分别与 Pz 之间有着稳定的数量关系，$Pz1$、$Pz2$ 分别相当于 0.15 Pz 和 0.30 Pz。那么，新增加常住人口总量为 1.45 Pz，常住人口数变为（$P0+1.45\ Pz$），劳动力就业结构系数变为：$K1=P0\times K0/(P0+1.45Pz)$，考虑到 $P0$ 无法直接获得，只有目前的常住人口数是已知的，因此利用 $P1$ 和 $P0$ 的关系将上述等式转化为：$K1=(P1-1.45Pz)\times K0/P1$。

求解 Pz 得到如下结果：

$$Pz = P1 \times (1 - K1/K0)/1.45$$

在本文中，仅仅关注郊区居住人口中的职住分离人口数量（理论上也存在部分城市中心居住人口在郊区工作从而产生反向的钟摆式生活模式，但这个群体数量非常少，可忽略不计）。因此，我们选取了深圳市的一个典型郊区——龙岗区作为研究对象。龙岗区土地面积 884 平方公里，全口径人口 408 万人，一共有 10 个街道。龙岗区三次产业比例为 0.5∶64.2∶35.3，属于典型的工业区。选取龙岗区作为研究对象，主要有两个原因：一是因为龙岗区建立了全口径的人口统计信息，尤其是掌握了比较详细的工业就业人口，对研究的开展比较有利。二是与中心城区罗湖区和福田区接壤，因此存在大量在中心城区就业的人口居住在该区域，属于深圳职住分离最为严重的区域。龙岗区与市区之间的潮汐式交通，已经成为深圳这座城市的管理者不得不面对的问题。

在对深圳龙岗区人口问题研究的过程中，我们发现一个规律：对于那些远郊的街道，工业就业人口与总人口的比例关系特别稳定，即工业就业人口占全部人口的比例为 0.62 ~0.66（见表 2）。扣除非劳动力年龄段人口，工业人口与第三产业人口基本是按照 3.5∶1 这一比例关系匹配，也就是说，在深圳远郊区域每3.5个工业人口会衍生出1个第三产业就业岗位为之配套。而无论是工业就业人口还是第三产业就业人口，基本都居住在本区域，即职住合一。这一研究结论的价值在于可以有效地推测区域内职住合一的就业人口总量（尽管经济普查数据中也有就业人口的统计，但实际情况是第三产业具有机构规模小、非正规就业比例高等特点，官方统计数据往往可靠性不高，而且一般是严重偏低）。为了检验这一关系的可靠性，我们对6个街道的工业增加值与第三产业增加值进行了测算，发现工业产出比例为0.64，与就业分布惊人地相似。我们有理由相信，深圳这一高度发达的劳动力市场有效地推动劳动力在不同生产部门流动，最终导致工业和第三产业之间的人均产出惊人的一致。因此，工业就业人口比重具有很高的可信度。

表2 各个街道工业就业人口与总人口比例关系

街道	工业就业人口(人)	总人口(人)	工业人口/总人口	工业增加值/总增加值
平湖	271283	413013	0.66	0.65
坂田	222687	361677	0.62	0.61
横岗	292194	510613	0.63	0.65
坪地	95440	153359	0.62	0.60
坪山	208501	314851	0.66	0.64
坑梓	78788	119870	0.62	0.64
平均	—	—	0.63	0.64

资料来源：龙岗区大综管系统及《深圳市龙岗区统计年鉴（2011年）》。

我们对各个街道的经济结构进行了分析，研究显示，各个街道的产业结构非常类似，工业在全部产出中的比例基本为0.60~0.65。但是，对各个街道的人口结构（工业就业人口与总人口比例）进行研究，却发现存在比较大的差异，我们把这种差异称为就业结构偏差。对就业结构偏差比较合理的解释是有些街道因为吸纳了大量的职住分离人口，导致了工业人口比重下降（见表3）。因此，我们可以利用区域内的工业人口（相对第三产业就业人口来说比较容易统计，而且数据比较准确）来推算出在本区域内的就业人口总量。

表 3 各个街道工业就业人口与总人口比例关系

街道	工业就业人口(人)	总人口(人)	工业人口:总人口	偏离度*
平湖	271283	413013	0.66	0.02
布吉	85956	637541	0.13	-0.51
坂田	222687	361677	0.62	-0.02
南湾	89568	276075	0.32	-0.32
横岗	292194	510613	0.57	0.07
龙岗	166238	329604	0.50	-0.14
龙城	119649	255065	0.47	-0.17
坪地	95440	153359	0.62	-0.02
坪山	208501	314851	0.66	0.02
坑梓	70788	119870	0.62	-0.02
葵涌	35360	64501	0.56	-0.08
大鹏	14987	47363	0.32	-0.32
南澳	4647	15957	0.29	-0.37
合计	1677298	3499489	0.48	—

资料来源：大综管系统。

但是特别需要注意的是，由于职住分离人口的集中不可避免地带来为之服务的第三产业人口，因此，多出来的这一部分人口中需要扣除为之服务的那一部分人口才是真正的职住分离人口。

偏离度——与远郊区域平均工业人口占比相比的差异程度，计算公式为：偏离度 = 工业人口比例 -0.64（远郊区域平均工业人口比例）。

对这一结果，做如下解释。偏离度比较大的区域分为三大类：第一类是近郊的街道，包括布吉和南湾街道，其明显是受职住分离人口影响，其偏离度为负数；第二类是远郊且靠滨海的街道（包括大鹏、南澳），由于滨海区属于限制开发区域，产业以第一产业（渔业）和以滨海休闲度假类的第三产业为主，工业反而比较落后。尽管其工业人口比重偏低，但其原因和第一类有本质的区别；第三类是有一定偏离度的龙岗和龙城街道。这一类街道人口结构偏低的主要原因是其为区政府所在地，分布了 2 万 ~3 万名政府公务员和医院及学校等事业单位职工，因而拉低了区域工业人口的占比，而非职住分离人口所造成的结果。

综合以上分析，我们认为龙岗区的职住分离人口主要分布在近郊的布吉和南湾街道。

根据此前获得 $Pz = P1 \times (1 - K1/K0)/1.45$ 这一公式进行测算。

（1）布吉职住分离人口：$Pz = 637541 \times (1 - 0.13/0.63)/1.45 = 340016$（人）。

（2）南湾职住分离人口：$Pz = 276075 \times (1 - 0.32/0.63)/1.45 = 93395$（人）。

根据这一结果，我们对这两个街道的人口结构进行了解剖（见表4）。

表4　职住分离人口的估算

单位：人

街道	常住人口	(1)工业就业人口	为(1)类服务人口	其他	职住分离导致增量人口		
					总量	职住分离人口	衍生的配套服务人口
布吉	637541	85956	24558	102007	425020	340016	85004
南湾	276075	89568	25590	44172	116744	93395	23349
合计	913616	175524	50148	146179	541764	433411	108353

三　结论与建议

首先分析了我们所选取的深圳市龙岗区各个街道之间的同质性，数据显示各个街道是高度同质。而对比各个街道，发现工业就业人口占比出现了偏差，这一现象正好和我们此前预想的情况一致。剔除行政中心和地域特殊性等因素的干扰，布吉和南湾两个街道是职住分离人口的集中地。按照我们产业这一方法的测算，目前龙岗区大约存在 43 万的职住分离人口，基本分布在布吉街道和南湾街道，两个街道的职住分离人口分别为 34 万人和 9 万人，这一结果与深圳有关部门的内部分析数据比较吻合。①

① 根据《深圳商报》2010 年 1 月 2 日等系列报道，布吉街道估算的“关内就业布吉居住”人口（即职住分离人口）达到了 35 万，与本文结果非常吻合（但这个数据的测算方法不详）。

根据就业结构偏差进行职住分离人口的测算，属于新的尝试，还需要更多区域的检验。就这一方法而言，在应用时存在以下几个条件：①区域存在典型的封闭型街道，可以作为人口结构比较的基准；②工业就业人口作为基数，能比较容易获得，且相对准确；③研究主要适合纯郊区，产业结构比较单一化，如果郊区存在近郊和远郊产业结构差异大，则适用性不足，可能要采用其他方法来弥补。

几乎所有的城市都存在城市中心和郊区，同样不可避免的是城市中心形成的就业中心和郊区形成的居住中心所导致的职住分离现象。新的城市规划理念更多地强调城市的多中心发展，平衡城市内部各区域之间的发展，尤其避免郊区成为“卧城”。重视研究郊区的职住分离人口的数量增减状况，防止职住分离现象的恶化，是比较明智的政策选择。具体对深圳而言，我们有以下建议。

第一，整体规划城市，以大深圳为基础来考虑城市格局和城市发展。以往按照特区与特区以外地区分别进行城市定产业发展和基础设施建设规划，人为地造成了关内外之间各方面的差距。在特区一体化的背景下，有关部门要重新检讨城市规划方案，将深圳作为一个整体乃至放在整个深莞惠一体化的大前提下来考虑城市发展。

第二，引导产业在多个中心布局，避免产业过度集中在福田—罗湖中心。有些产业需要集聚才能产生效益，有些产业完全是因为原特区外基础设施和商务配套的缺失而被迫集中在中心城区。因此，要加快原特区外区域的建设，引导产业合理布局。

第三，推进产城融合。围绕产业区域进行居住和生活配套，减少人口过度集中在少数区域。

第四，加快城市更新，通过城市更新捆绑保障房方式提供更多保障房，实现就业地点与居住地点的和谐统一。城市中心也需要大量的服务业就业人口来提供吃穿住行等。通过保障房，可以降低这些服务业就业人口的居住成本，可以实现就近居住。

B.25

深圳市“十三五”人才发展战略研究

王金根*

摘　要：深圳市“十二五”人才发展取得了的重大成绩，同时，也存在着不少困难和问题，其原因是多方面的。立足于现有的基础，站在新的起点线上，如何规划深圳市“十三五”人才发展，就应成为一项重要的战略研究任务。必须突出强调以下方面：要契合“十三五”时期改革开放大局来认清人才发展的使命；既要充分发挥市场在人才资源配置中的决定性作用，又要更好地发挥政府在人才发展中的作用；要着力营造有利于人才发展的重要环境，强化政府人力资源部门在人才发展中的重大作用。

关键词：深圳市　“十三五”　人才发展　市场作用　政府作用

“十二五”人才发展规划实施以来，深圳市各级各部门认真贯彻落实党中央国务院和市委市政府的要求，围绕城市建设的定位，经过各方面的共同努力，人才发展取得了重大成就。一是确立了在经济社会发展中人才优先发展的战略布局，更加重视了人才工作以及人才在经济社会发展中的重要地位与作用，提升了人才对经济社会发展的贡献率。二是围绕“以用为本，创新体制”的原则，深化改革了人才发展的重要体制机制，强化了市场配置人才资源的基础性作用，为深圳市各类人才的干

* 王金根，深圳市人力资源和社会保障局。

事创业和实现价值提供了坚实的基础。三是坚持高端引领、统筹推进和国际化发展，集聚和培育了一批国内外高层次人才或人才团队，显著提升了深圳人才国际竞争能力。四是继续完善了深圳各级人才工作领导小组成员单位工作职责和工作规程，推动形成了市区街道三级联动的人才工作新格局。

据深圳市人力资源和社会保障局有关统计数据显示，截至2014年底，深圳市累计认定高层次专业人才4428人、海外高层次人才733人，推选享受国贴专家496人、市贴专家407人，共有博士后设站单位187家，在站博士后研究人员609人，累计引进留学人员5.5万人，建立17个留学人员创业园（产业园），技能人才总量257万人，其中高级工以上52.9万人，人力资源服务机构共228家，总资产27.34亿元。

在肯定人才发展取得重大成绩的同时，也要清醒地看到深圳市人才发展还存在着不少的困难和问题，其中有的还相当严峻和紧迫：一是人才发展的工作格局中仍旧存在各自为政的现象，在推进重大人才工作、出台重要人才政策方面的进展也不够均衡，有些部门工作还较为缓慢，且明显影响成效。二是人才发展中发挥市场作用方面仍旧不足，用人单位的主体地位尚未有效确立。三是各区各部门的人才发展规划在发展目标、指标、重大工程、重大政策等方面衔接不够，难以形成较高的内部一致性、系统性、协调性。四是人才竞争新态势对深圳市优化人才环境提出了新挑战。

出现上述问题的原因是多方面的。首先，从观念上来看，由于传统经济对资源的强烈的依赖性，形成了重物质资源开发而轻人才开发的惯性思维，以致仍旧认为招商引资是拉动经济发展的关键。其次，从组织保障来看，人才发展体制在相当程度上还受制于领导者个人，导致人才工作不可避免地出现分散化、人才政策碎片化、人才工作利益部门化等问题。最后，从检查监督来看，监督工作缺乏力度，使人才发展缺少强有力的推动力量。此外，关于人才发展的宣传教育不深入，全社会还没有真正树立起人才资源是第一资源的意识和观念；有些政策规定不完备或者过分僵化，甚至含糊，难以适应现实的需要和执行的要求，这些不利因素的叠加在一定程度上影响了人才发展。

人才发展问题固然带来消极后果或影响，但同时也带来了革新的契机。从实践上进一步改善深圳人才发展状况，是一项巨大的社会系统工程，需要全社会长期不懈的努力，需要有步骤分阶段地解决问题。当前在深圳市“十三五”人才发展规划即将布局之际，应该下大决心，坚持不懈地研究好人才发展战略。

一 要从“十三五”时期改革开放大局来认清人才发展的使命

“十三五”时期（2016～2020年）是人才发展的又一新阶段。中央关于人才发展的新部署、改革开放和现代化建设对人才发展的新需求、社会大众对人才发展的新期盼，都对深圳市人才发展提出了新的更高的要求。深圳要有强烈的事业心和责任感，努力跟上新形势，扮演好新角色，充分认清“十三五”时期推动人才发展的重要使命。

（一）全面建成小康社会和深化改革需要人才发展做保障

党的十八大已确定了全面建成小康社会的宏伟目标，十八届三中全会对全面深化改革做出了全面部署，十八届四中全会也明确了全面推进依法治国、建设社会主义法治国家的任务。不久前，习近平总书记又要求深圳干部群众在全面建成小康社会、全面深化改革、全面依法治国、全面从严治党中创造新业绩、增创新优势、迈上新台阶。立足于深圳的实际，贯彻落实中央精神，就是要坚持以人才发展为保障。国以才立、政以才治、业以才兴。人才有别于其他资源的最大特点，就是人才是人类一切最新知识的载体，具有无限的创新能力。只要配置科学，用在其时其位，人尽其才，才尽其力，人才这种第一资源潜在的和巨大的创新能力就能充分显现出来，产生重大的经济社会价值，迸发出巨大的物质力量。

（二）服务经济发展新常态需要人才发展优先

“速度放缓，质量提升”是新常态时代经济发展的典型特征；经济结构转型、产业升级、经济增长方式转变是新常态经济的主旋律。而经济升级的关键在于技术升级、人才升级，在于将经济发展的模式从依靠资源、资本、出口拉动转到依靠科技进步和人力资源素质提升上来。经济转型表象上是经济的问题，实际上其核心是劳动力的转型，本质是充分发挥人才作用、增加人才比例、推进人才结构合理化问题。因此，在经济发展的新常态阶段，进一步推动深圳市人才发展面临着新的形势，也提出了新的课题。其中，人才结构的变化、人才流动性的提高和劳动者就业观念的转变，将深刻地影响人才发展的格局、理念和方法。深圳要适应好经济新常态下人才发展的新格局，必须密切专注人才发展动态和趋势，努力破解人才培养和配置的难题，实施人才发展优先。

（三）实施创新驱动发展战略需要人才发展创新

实施创新驱动发展既是深圳打造核心竞争力的关键，也是党中央赋予特区的重要使命。创新驱动实质上是人才驱动，人才是创新的根本。实现创新驱动发展，就要激发人才创新的活力。可以说城市的创新海拔，完全取决于人才创新的深度和广度。正如习近平同志指出的：“创新的事业呼唤创新的人才”，“我国要在科技创新方面走在世界前列，必须在创新实践中发现人才、在创新活动中培育人才、在创新事业中凝聚人才，必须大力培养造就规模宏大、结构合理、素质优良的创新型科技人才。”但当前深圳创新型科技人才结构性不足突出、世界级科技大师或领军人才尖子人才缺乏、工程技术人才培养同生产和创新实践脱节等也是客观事实。对此，就需要深圳的人才发展跟上创新步伐，既要遵循人才发展规律，破除阻碍人才发展的体制机制障碍，又要创新人才发展的方式方法，为拔尖科技人才创造脱颖而出、施展才华提供广阔的舞台。

（四）实现全社会人力资源开发需要人才发展推动

全社会人力资源开发是一项系统工程，关系民生和广大群众切身利益。人才是人力资源中的先进分子，是先进生产力。人力资源开发虽内含人才发展，但人才发展必然推动人力资源开发。因此，人才发展相对于人力资源开发，难点问题、热点问题更多，社会关注度更高。有些热点、难点问题解决的难度很大，却又是必须解决的问题。在“十三五”时期，回应社会关切，破解热点、难点问题将是人才发展的一个显著特点。深圳需要以人才发展推动人力资源开发，以人力资源开发提升城市发展竞争力。

二　要充分发挥市场在人才资源配置中的决定性作用

“使市场在资源配置中起决定性作用”，是党的十八届三中全会提出的一个重大理论创新观点，既是指导经济体制改革的基本原则，也是指导人才发展的基本准则。在人才发展中落实这一准则，充分发挥市场在人才资源配置中的决定性作用，必然成为“十三五”时期深圳人才发展的重要任务。

（一）增强市场配置人才资源的意识

市场配置人才资源的意识，就是人才发展中的问题用市场的办法来解决，按市场规律办事；就是要正确看待市场配置人才资源的性质、地位与作用，把市场摆在人才资源配置的决定性位置，按市场需求谋划人才资源开发，按市场规律谋划人才发展，激发市场服务潜能。切实树立正确的市场配置人才资源意识，不仅有利于增加人才资源的配置机会，降低配置成本，提高配置效率，促进人才发展方式转变；也有利于促进政府人才发展职能转变，推动政府人才管理创新；还有利于增加就业岗位，集聚高端人才，加快人才高地建设，发挥深圳人才的比较优势，更好地服务珠三角，服务全国。

（二）构建市场配置人才资源的体系

一是要按照政企分开、政事分开、事企分开的原则，合理划分政府、市场和社会职责，合理地进行职能定位，理顺政府与人才市场的职能关系，推动人才市场管办分离，明确各层面的实施主体，正确界定公共服务与市场竞争业务，分离公益性项目和经营性项目，逐步把经营性项目推向市场，全面参与市场竞争。二是要健全以市场为导向的人才培养开发、评价发现、选拔任用、流动配置、激励保障体系。侧重加强中、高层次人才市场，高校毕业生就业市场等专业性人才市场和区域性人才市场建设，并促进其相互间的协作。要健全完善市场机制，将供求规律、价值规律、竞争规律有效地引入人才资源配置中，实现人才效益的最大化。三是要充分发挥行业组织在开拓市场、行业自律、技术服务、沟通企业及联系政府等方面的作用，为企业、人才、资本、项目之间架起畅通的桥梁。

（三）积极推动人力资源服务业发展

一是要继续健全完善促进人力资源服务业发展的相关政策，抓好人社部印发《人力资源社会保障部、国家发展改革委、财政部关于加快发展人力资源服务业的意见》的贯彻落实工作，制定人力资源服务业相关标准，积极实施人力资源服务业发展的重大项目，以市场化手段来实现人才的供需对接，完善人才流动机制和单位用人机制。二是要大力培育和发展各类人力资源服务机构，培育具有国际竞争力的人才中介和猎头，吸引集聚一批知名服务机构，抓好深圳的国家级人才市场建设工作，提升市场优化配置人才资源能力。三是要加强区域合作，推进人才服务业的开放，探索放宽知名外资人才服务机构准入条件，推进人才服务业园区（基地）建设。

（四）优化市场配置人才资源的环境

一是要加快诚信体系建设，提升人才资源市场的社会公信力。逐步完善诚信评估制度和标准，建立诚信信息采集制度和信用信息查询系统，定期组织开展好人才资源服务机构的诚信主题活动。推进人才服务业信用体系建设，建立诚信档案，健全完善人才服务许可，建立人才市场品牌。二是要加强人才资源市场法制化建设。三是完善日常监管制度，依法实施行政许可，依法查处和打击非法人才资源中介活动，规范人才资源市场秩序。加强人才市场运行标准建设。强化对劳务派遣机构的资质要求，建立和完善劳动关系预警监测和应急调处机制。

三　要更好地发挥政府在人才发展中的作用

党的十八届三中全会在强调使市场在资源配置中起决定性作用的同时，也强调更好地发挥政府的作用。那么政府应该在人才发展中更好地发挥哪些作用？这也是“十三五”时期人才发展中值得十分重视的问题。结合政府的职能定位和人才发展实践经验，未来 5 年深圳各级政府在人才发展中可发挥以下作用。

（一）顶层设计和规范的引导作用

具体而言，就是政府积极适应城市发展定位，通过顶层设计，进一步制定和实施人才发展的战略、规划或标准等。通过在国家法律法规框架下梳理深圳人才发展的各项政策法规，适时修订、废止不适用的人才发展法规、规章和规范性文件，取消不利于人才发展的行政性限制和干预，减少人才发展中的行政收费和行政审批事项，并继续完善以人才培养、人才引进、人才使用、人才激励、人才流动为主要内容的分系统多层次的政策法规框架。同时，要加大执法力度，维护政策法规的权威和尊严，促使人才发展全面纳入科学化、法制化轨道。

（二）完善公共人才管理的带动作用

“十三五”时期，深圳市公共人才管理体制机制的改革创新任务还十分繁重，但这一任务的完成对深圳市人才发展具有重要的带动作用。这些需要改革创新的体制机制问题主要包括：公务员管理方面，要研究如何完善公务员竞争性选任机制、考核评价机制和监督管理机制，推进公务员分类改革，健全职务与职级并行、职级与待遇挂钩的基层公务员管理制度。事业单位人员方面，要研究如何进一步深化事业单位人事制度、人才评价机制改革，制定分类推进职称制度改革的具体办法，破除事业单位的行政化和官本位，真正搞活事业单位用人机制；收入分配方面，要加快形成反映劳动力供求关系和企业经济效益的职工工资决定和正常增长机制，推动形成机关事业单位基本工资正常调整机制；就业创业研究方面，要高度关注高校毕业生就业难等问题，研究高校毕业生基层服务保障体制，完善鼓励创业的政策体系、就业创业体制机制；等等。

（三）提供基本公共服务的弥补作用

由于人才发展的外部性、信息不对称、竞争不完全、自然垄断等因素，市场不能有效解决人才发展的公共产品供给等问题，需要政府提供基本公共服务来发挥弥补性作用。因此，“十三五”时期，深圳市各级政府及有关部门必须要加强人才基本公共服务体系建设。一是要构建多层次人才服务平台，加强人才平台载体建设。二是要不断拓展服务领域，要在兼顾以往公共服务产品（主要包括户籍、档案、平台载体、医疗、住房、社会保障、子女教育等）的基础上，大力开发人才公共服务新产品，推进人才公共服务产品标准化管理，建立政府购买公共服务制度，切实提高社会治安水平，降低人才流动的交易成本。三是要以现代信息技术和网络技术为手段，积极开展人才网上在线服务，建立起高效的、沟通海内外的人才信息资源共享机制，实现信息利用的最大化。

（四）实施重大人才工程的示范作用

人才发展要有人才队伍建设工程，没有工程就没有抓手，也不容易落实。因此，“十三五”时期，深圳各级政府及有关部门必须立足于深圳人才发展的实际，充分考虑到各级各类人才队伍建设的整体性、层次性和差异性，发挥重大人才工程和政策的示范带动作用，引领带动各类人才队伍建设。要继续以高层次、高技能人才为重点，统筹实施党政人才、专业技术人才、企业经营管理人才、高技能人才、社会管理人才、创新创业人才等人才队伍建设中一大批重大人才工程。这些人才重点工程实施得好，不仅对人才本身的发展有重大价值；也能引领整个人才队伍建设，推动人才队伍建设上水平；还能对经济社会发展全局产生重大影响，有力地拉动经济社会发展。

四　要着力营造有利于人才发展的重要环境

习近平同志指出："环境好，则人才聚、事业兴；环境不好，则人才散、事业衰。"这就是说，人才发展环境的优劣已经成为当今人才竞争的关键要素。人才发展环境，首先是事业环境，事业环境是根本、是核心，强调的是要以岗位事业为人才立身之本；其次是适当的待遇环境，强调的是要通过各种保障制度，提高各类人才的政治经济待遇，为他们的学习、工作、生活和成长进步创造条件；最后是感情环境，强调的是要努力营造一种积极向上、和谐融洽的人际关系和良好氛围，使大家心情舒畅地工作。人才发展环境的三要素是一个统一的整体，它既反映了人才发展的重要内容，又体现了人才发展的时代特点，也必然要成为"十三五"时期深圳人才发展关注的对象。

（一）要营造有利于人才发展的事业环境

人才兴事业、事业聚人才，人才发展需要广阔的创新创业平台和事业发展空间，而事业环境又直接影响其发展容量。因此，要让"英雄有用武之地"，积极营造有为有位的事业环境就显得非常紧迫。一是要尽力为人才搭建平台、创造机会，让他们在实干中发挥所长。因此，未来5年，深圳必须大力扶持发展支柱产业、战略性新兴产业、先进制造业集群和现代服务业，为各类人才提供丰富的岗位，便于集聚一批高层次创新人才和人才团队。二是要尽力为人才创业提供施展才华的“土壤”。即要进一步推动高新区、科技园、产业园、留学生创业园等各类高新技术产业化基地建设，探索建立吸引、支持和服务境内外高层次人才创业的新模式、新机制。三是要尽力为产学研融合开辟新的渠道。这就要继续打破樊篱，促进产学研三方平等合作、优势互补、利益共享，鼓励企业与科研院所、高校建立产业技术联盟，探索产学研深度合作机制，加快科技成果转化，不断提高人才对经济社会发展的贡献率。

（二）要营造有利于人才发展的待遇环境

一是要在经济上坚持按劳分配、效益优先、兼顾公平的原则，在分配上（含调资、晋级、津补贴、安居房分配等方面）不吃“大锅饭”、不搞平均主义，进一步完善分配向人才倾斜的机制。二是要从政治上破除“官本位、行政化”的用才模式，真正确立人才的主体地位，全方位、多角度地拓展各类人才的上升空间。要进一步落实深圳市领导联系优秀人才制度，市领导带头“一对一”联系优秀人才，保持经常性联系，坚定他们的工作信心，尽可能解决他们的困难和问题，确保各类人才引得进、留得住、用得好。三是充分利用社会培训资源，对各类人才开展有针对性的培训，帮助他们提高业务素质和理论水平，让人才走向基层一线，走向经济社会发展的主战场，在深圳发展中实现自身价值，实现他们安居乐业的愿望，也为稳定他们办事创业创造了条件。

（三）要营造有利于人才发展的感情环境

人才发展的感情环境，指的是增强人才对深圳的感情和归属感。它强调的是要努力营造一种积极向上、和谐融洽的人际关系和良好氛围，使大家心情舒畅地工作。一是要遵循人才资源开发和人才成长规律，营造人才资源是第一资源的浓厚氛围，让人才各得其所、用当其时、才尽其用。二是要大力弘扬以创业创新为核心的人才发展精神，表彰和广泛宣传人才创业创新先进典型、重才爱才先进单位，让各类创业创新人才政治上有荣誉、经济上得实惠、社会上受尊重。三是要调动企事业单位育才、引才、用才的积极性，通过多种方式及时地了解他们的思想动态，认真倾听人才的意见和建议，从而激发他们对工作的热诚。

五 要强化政府人力资源部门在人才发展中的重大作用

政府人力资源部门是各级政府人才工作的主管部门，其职能涉及公务员队伍管理、事业单位人事管理、专业技术人才管理、高技能人才管理、职称制度改革、外国专家及留学人员管理、人才规划计划制订、人力资源市场管理、人才区域开发合作、高校毕业生就业、人事人才服务及研究宣传工作等多个领域，基本囊括了人才引进、培养、使用、评价、激励、流动、保障等多个环节，并且负责牵头解决人事人才制度改革的重点、难点问题。“十三五”时期深圳在推进人才发展中必须强化政府人力资源部门的重大作用，充分发挥其职能作用。

（一）要强化人力资源部门牵头政府重点人才工作职责

要以深圳市重点人才工程、重大人才项目、重大人才政策为纽带，加强人力资源部门与政府各部门关于人才工作的沟通协作，统筹协调推动深圳市各类重点人才队伍建设。要健全人力资源部门与政府各部门的人才工作信息联络、协作指导、业务参与、情况通报等具体联动制度，加强对人才发展规划组织实施、重点人才工程和人才重大事项的统筹协调和推进落实，形成人才工作整体推进工作合力。

（二）要强化人力资源部门内设机构建设

按照2012年中共中央《关于进一步加强党管人才工作的意见》中有关“加强人才工作机构和队伍建设”和“政府有关职能部门可根据实际需要建立人才工作机构”的要求，深圳要建立健全人力资源部门内设机构，配齐配强人才工作的综合或管理力量，加大工作人员教育培训力度，不断提升其政治素质和业务水平。要积极推进人力资源部门的信息化建设，加强人才资源统计工作，建立社会化、开放式的人才资源信息共享机制，加快建设各类人才信息库。

（三）要强化人力资源部门的人才研究和宣传工作

深圳要加强对政府人才工作的战略性、基础性、前瞻性问题和重大理论问题研究，积极地探索人才发展规律，全面推动人才发展理论创新和政策创新。要强化宣传人才发展规划实施的重大意义、目标任务、重大举措，形成全社会关心、支持人才发展的良好基础。要建设人才工作的研究与宣传载体平台，活跃人才工作的良好社会氛围。

B.26

坚持质量型发展　提升城市化水平

王世巍*

摘　要：深圳市继续提升城市化水平，既关系到自身发展，也关系到全国城市化水平的提升。深圳市继续提升城市化水平，必须要坚持质量型发展，具体体现为提升城市基础设施质量、经济发展质量、社会建设质量和人口发展质量等方面。

关键词：城市化　创新驱动　社会建设　人口素质　人口结构

深圳市在推进城市化进程方面取得巨大成就，已经成为我国城市化水平比较高的地区。当前，深圳市仍然要继续提升城市化水平，这既关系到深圳市自身发展，也关系到全国城市化水平的提升。深圳市继续提升城市化水平，要树立高标准，突出新特色，尊重发展规律，提升发展质量，在城市基础设施、经济发展、社会建设和人口发展等方面下足功夫、提升质量。

一　坚持高标准规划、建设和管理，提升城市基础设施质量

城市基础设施建设是城市发展建设最基础的事业，对人口承载量和城市化具有决定性的作用。建立经济特区以来，深圳市城市基础设施建设水平不断提升。2014 年，全市建成区面积已经接近 880890.1804 平方公里，建成

* 王世巍，中共深圳市委党校。

区绿化覆盖率为45.081%，全年全市用电量达到788.68亿千瓦时、供水总量达到16.41亿立方米。

深圳市城市基础设施虽然已经具备承载较大规模人口的能力，但仍有相当大的发展空间和提升空间。深圳市要提升城市化水平，必须要在提升城市基础设施质量方面继续下足功夫。要坚持现代化、国际化的最高标准，坚持全国中心城市定位，并充分考虑珠江三角洲腹地的因素，对深圳市城市进行科学规划、科学建设和科学管理，努力使深圳市城市基础设施承载功能得以最大化的发挥。

要充分发挥城市规划在城市经济社会发展和人口承载力提升中的先导和统筹作用，切实加强深圳市城市规划工作。针对土地资源十分紧张的状况，深圳市在土地规划使用方面，要切实严控增量、盘活存量、优化结构、提升效率。要科学规划好每一寸土地，合理安排好生产用地、生活用地和公共用地，努力形成生产、生活和生态空间的合理布局结构，勾画出生产空间集约高效、生活空间宜居适度、生态空间山清水秀的美好蓝图。对有待开发的土地，要科学规划、科学开发建设；对开发不科学、不合理的区域，要通过城市更新工程，科学改造和提升原有城市建设水平。要坚持高起点、高标准，对原特区外区域的道路交通等城市基础设施和学校、医院等社会事业设施的建设，仍然要继续加大力度、加快速度；对原特区内区域的城市建设和管理，要在进一步完善和精细化上下功夫。

要以扩大生产和方便生活为目标，提高管网、机场、港口、干线路网和轨道交通等基础设施建设水平，完善城市综合运输体系，进一步畅通城市血脉。建市以来，伴随城市规模和人口规模的不断扩大，深圳市公共交通事业也在不断发展壮大。2014年，深圳市拥有公共汽车营运线路886条、营运线路总长度达到20269.80公里，年末拥有公用汽车营运车辆31349辆、公共汽车年客运总量达到26.96亿人次，轨道交通线路总长度为177公里、全年轨道客运交通总量为10.37亿人次。但是，深圳市交通压力仍然比较突出。因此，要在制度安排上做出倾斜，继续大力发展公共交通事业特别是轨道交通事业。要加快推进原特区外区域的道路建设和公共交通事业，同时要进一步完善原特区内区域的道路建设和公共交通事业，尽早建成覆盖全市、发达畅顺的公共交通网络。也要积极主动地与相邻的东莞市、惠州市和香港特别行政区在交通干线和轨道交通方面进一步衔接和融合，特别是要努力实现深圳市与东莞市、惠州市相邻街镇之间的公交化。

城市管理是城市发展的软件条件，是增强城市功能的必要条件。要学习、借鉴世界一流城市的管理经验，并结合我国国情和深圳市发展实际情况，探索建立一套切实可行的现代城市管理体系，要在均衡化、精细化和人性化方面下功夫，实现城市管理的科学化、制度化和现代化。总之，要通过高水平的城市规划、城市基础设施建设和城市管理，来增强城市承载功能，努力把深圳市打造成为一座功能完备、环境优美、适宜人居的现代化、国际化大都市。

二　坚持创新驱动，提升经济发展质量

经济发展是城市化的基础条件。建立经济特区以来，深圳市已经形成比较雄厚的经济基础。2014 年，深圳市本地生产总值达到 16001.98 亿元，人均生产总值为 14441.93 亿元。

深圳市要继续提升城市化水平，必须要继续提升经济发展质量。而提升经济发展质量的根本动力是创新驱动，要通过创新驱动，形成效益、结构和速度相协调的经济体系，形成可持续的自主创新能力，形成更多的深圳品牌和深圳标准，包括各种制造业的品牌和标准，也包括各种服务业的品牌和标准。

高新技术产业是深圳市产业发展的主攻方向。2014 年，深圳市高新技术产业增加值达到 5173.49 亿元，比上年增长 11.2%。其中，生物产业增加值达到 242.83 亿元，比上年增长 6.4%；互联网产业增加值达到 576.44 亿元，比上年增长 15.5%；新能源产业增加值达到 368.55 亿元，比上年增长 9.7%；新一代信息技术产业增加值达到 2569.80 亿元，比上年增长 14.0%；新材料产业增加值达到 383.98 亿元，比上年增长 7.1%。今后，深圳市要继续改善发展环境，积极发挥产业政策的导向作用，加大扶持发展

战略性新兴产业的政策力度。同时，要用先进技术带动传统产业升级，形成产业优势、品牌优势和规模优势。既要鼓励本地创新创业，也要积极吸收外地科研成果。

现代服务业是深圳市产业发展的另一个主攻方向。2014 年，深圳市现代服务业增加值达到 6201.06 亿元，比上年增长 10.5%。其中，金融业增加值达到 2237.54 亿元，比上年增长 13.8%；物流业增加值达到 1614.18 亿元，比上年增长 9.7%。今后，深圳市要以前海、蛇口自贸区为重要平台，制定积极发展资本密集型服务业的产业政策，重点鼓励支持发展金融保险、物流、交通信息、科研和综合技术服务等行业。要利用空港交通便利条件，发展建设全国一流的大型专业市场。要依托深圳北站，发展现代服务业集聚区，打造国内一流高铁经济圈。

深圳市通过发展高新技术产业和现代服务业，既能保持经济高质量发展，增强城市功能；又能优化人口产业结构，提升人口素质，控制人口规模，减少人口增长给城市社会经济发展带来的压力。

三 坚持以民生幸福为准则，提升社会建设质量

社会建设是城市化的必要条件。建立经济特区以来，深圳市社会事业不断发展壮大，社会结构不断优化，社会管理体制不断健全，但仍然有许多不足。深圳市要继续提升城市化水平，必须要像重视经济建设那样重视社会建设，坚持以民生幸福为准则，努力形成与深圳市这座城市发展相匹配的社会事业、社会结构和社会管理体制。

深圳市社会事业发展已经取得巨大成就，但仍然存在教育和医疗卫生资源数量不足和质量需要进一步提升的问题。教育事业方面，2014 年，深圳市各级各类学校总量达到 2094 所，毕业生数量达到 38.65 万人，招生数量为 52.99 万人，在校学生数量为 175.33 万人。现在深圳市教育事业的主要问题是：幼儿园、小学、初中和高中学位依然紧张，还存在学校区域布局不均衡问题；与北京、上海、广州和很多省会城市相比，深圳市的大学数量少，

优质大学数量更少，大学在校生数量也相应少，整个高等教育发展水平与深圳这座城市经济社会发展水平不相匹配。因此，要注重在空白或稀缺区域适度发展幼儿园、小学、初中和高中教育，要大力发展高等教育，加速建设高水平大学。卫生医疗事业方面，2014 年，深圳市有卫生医疗机构 2532 个、病床床位数量 31042 张、卫生技术人员 69936 人。现在深圳市卫生医疗事业的主要问题是：相关资源仍然不足，还存在看病难现象；三甲医院数量少，卫生医疗机构分布不均衡；大医院和社区医院就医状况冷热不均等。因此，要注重在空白或稀缺区域适度建设卫生医疗机构，政府财政要积极投入，鼓励社会资本办医院，要努力提高医德医风水平和卫生医疗事业管理水平。

深圳市要注重通过产业、就业、分配和社会保障等政策合力，来不断地促进优化社会阶层构成。要实施积极的产业发展政策，营造宽松的营商环境，大力促进产业发展，多创造就业机会。要实施积极的就业政策，激励企业和各类社会组织多用人。要转变就业观念，鼓励创业、创富，也鼓励爱岗敬业。要建立和谐的劳动关系，保障劳动者权益。要继续完善社会分配制度，处理好效率与公平的关系，建立居民收入正常增长机制，建立职工工资正常增长和支付保障机制，建立最低工资标准动态调整机制。要进一步完善体制机制，努力实现社会保障全覆盖。总之，要总体实现基本公用服务均等化、社会保障全覆盖和就业更加充分，形成平安和谐的社会环境。

深圳市要进一步完善社会管理体制。一方面，要继续加强服务型政府建设，政府要进一步简政放权，不该管的坚决放手，该管的一定管好，该公开透明的一定要公开透明；规范办事流程，提高工作效率。另一方面，要继续大力发展社会组织，同时也要认真规范社会组织。要发挥社会组织资源共享、自我服务、自我管理、自我监督的功能，同时政府也要善于通过社会组织了解社情民意、吸取民间智慧。

四　坚持以人为本，提升人口发展水平

人口城市化是城市化的重要表征。建立经济特区以来，深圳市人口总量

从1980年的32.88万人增加到2014年的1077.89万人。深圳市人口城市化的巨大成就，体现为将近30万本地农业人口全部转为城市人口，更体现为吸收并融会了数百万外地农业人口。深圳市要继续提升城市化水平，必须要继续在人口城市化上做文章，进一步促使人口规模、人口结构和人口素质之间达到均衡合理状态，促使整个人口发展与资源环境、经济社会之间达到均衡合理状态。

要采取综合措施，积极推进农业转移人口市民化。在深圳市劳动力人口总量中，占绝大多数的是农业转移人口。如何使他们更好地融入城市，成为真正意义上的市民，是深圳市人口城市化的重要内容。要有针对性地进行系统的制度安排，多给予农业转移人口市民待遇，在就业、社会保障、子女就学和诉求表达等方面尽量一视同仁。同时，也要积极提升农业转移人口的综合素质和生活质量，通过政府倡导或亲自组织、社会参与和用人单位有针对性地开展培训教育活动，使农业转移人口能够有效地接受现代化观念、科学文化知识、城市文明秩序和劳动技能等方面的教育和熏陶，努力提高他们融入城市的素质和能力。

要采取综合措施，努力提高全市人口的综合素质。通过引进人才和自我培养人才，来壮大高素质人口规模，不仅要大力引进国内人才，也要积极引进海外人才。通过建设学习型城市，来提高人口文化素质，要继续办好国民教育，特别是要大力发展高等教育，同时要加强各种职业教育和继续教育，还要加强对全体市民思想道德和综合素养的培育。要通过发展卫生事业和体育事业，来提高人口身心健康素质。要通过产业升级换代，来提高劳动人口素质，要继续大力发展高新技术产业和高端服务业，聚集高素质劳动人口。

要采取综合措施，大力优化人口结构。要重视解决户籍人口和非户籍人口结构长期失衡问题，一方面要继续降低户籍含金量，一方面要大规模将常住人口转为户籍人口。要重视优化人口产业分布结构和空间分布结构，要努力提高高新技术产业和高端服务业人口比例，要通过城市基础设施建设水平逐步一体化和产业结构的合理布局来提高原特区外区域的人口密度。

参考文献

张骁儒、王世巍：《以质取胜》，海天出版社。

王世巍：《深圳市人口变迁研究》，海天出版社。

深圳市统计局：《深圳市 2014 年国民经济和社会发展统计公报》，《深圳商报》2015 年 4 月 22 日。

B.27

深圳市法治状况问卷调查报告

深圳市社会科学院课题组 *

摘 要： 本文采用问卷调查的方法，研究了深圳普通市民和律师群体对法治状况及政府执法状况的认知和评价。调查发现，半数以上普通市民和九成律师认为深圳市的法治水平领先内地。超半数市民和近八成律师对深圳法治状况的总体评价较好，市民和律师群体给深圳法治状况的总体评分均值分别为79.40分和76.84分。同时，受访者认为，深圳法治建设存在的问题主要有法律制度不完善、依法治理不足和执法不严或不公等。受访者建议，加强法治城市建设，要政府明晰职责，公开透明推进依法行政；要完善法律法规，加强法制宣传教育，注重民生问题等。

关键词： 深圳 法治城市 问卷调查

一 研究背景

法治是一个国家、地区、城市重要的软实力，也是国家治理体系和治理能力现代化的基础。党的十八届三中全会以来，深圳明确提出了建设

* 本课题为深圳市宣传文化基金资助项目。课题组成员：深圳市社会科学院谢志岿、倪晓锋、李朝晖；深圳市律师协会张岜、俞楠；北京大学深圳研究生院魏淑媛、鲁溪、张越等。

“一流法治城市”的战略目标，把法治化作为“全面深化改革”的重要突破口，制定出台了《深圳市加快建设一流法治城市工作实施方案》；党的十八届四中全会之后，又进一步形成了重点工作方案和六个专项实施方案，以“分阶段、项目化”的方式，从立法、执法、司法、普法等多个层面，部署开展了3个阶段、23项专项行动，明确了“路线图”、“时间表”、“任务书”，建立了精简高效的会议制度和督查考核制度。市民和专业法律工作者对深圳法治建设状况的评价如何，有何意见和建议。这些情况，对推进深圳一流法治城市建设具有重要参考价值。为了解市民和相关法律工作者对深圳建设一流法治城市的认知、评价和意见建议，课题组开展了本次问卷调查。

二　研究方法与样本分布

本文主要采用了问卷调查的方法。为保证调查样本具有代表性，对普通市民问卷的发放采取了配额抽样方法，其中福田区样本量为175份、宝安区200份、南山区150份、罗湖区140份、盐田区70份、龙华新区100份、坪山新区80份、光明新区100份、大鹏新区50份①。问卷发放采用偶遇的方式，在市区（新区）行政服务大厅，人流密集的公园、商场、广场、写字楼、地铁站、餐厅、图书馆、工厂等场地发放并回收问卷，共发放1270份问卷，回收1214份，有效率为95.6%。为了了解律师群体的态度，本次调查还与深圳市律师协会合作，向律师群体发放问卷1100份，共回收1070份，问卷有效率为97.3%。经统计，样本分布状况如表1和表2所示。

---

① 截至2013年底，各（新）区常住人口如下：福田区133.95万人、罗湖区94.15万人、南山区111.91万人、盐田区21.39万人、宝安区270.38万人、龙岗区194.47万人、光明新区49.64万人、坪山新区31.96万人、龙华新区141.85万人、大鹏新区13.19万人。数据来源：《深圳统计年鉴（2014）》。

表1　样本分布统计（$N=1214$，普通市民）

单位：%

变量	取值	百分比	变量	取值	百分比
区域	龙岗	13.18	性别	男	48.7
	福田	14.33		女	51.3
	宝安	16.23			
	南山	11.94	年龄	18岁及以下	2.0
	罗湖	10.71		19～29岁	38.6
	盐田	5.77		30～39岁	39.5
	坪山	7.91		40～49岁	16.4
	光明	7.91		50～59岁	2.3
	龙华	7.91		60岁及以上	0.6
	大鹏	4.12			
			婚姻状况	已婚有小孩	50.8
户籍	深户	30.6		已婚无小孩	14.1
	居深半年以上的非深户	60.1		未婚	33.3
	居深半年以下的非深户	9.2		离异	1.3
				其他	0.5
文化程度	初中及以下	7.2	职业	企业管理及技术人员	15.1
	高中及中专	32.4		机关事业单位工作人员	12.7
	大专及本科	57.3		工厂工人	7.0
	研究生	3.0		商业服务人员	3.0
				公司职员	29.5
				专业服务人员或自由职业者	14.0
从事的工作与法律紧密程度	职业法律工作者	3.5		个体户/私营业主	8.5
	非职业法律工作但工作中经常运用法律法规	35.1		学生	3.5
	本职工作不常运用法律法规	61.4		离退休人员	2.5
				无业、失业、待业、下岗及其他	4.4

表 2 样本分布统计（$N=1070$，律师群体）

单位：%

变量	取值	百分比	变量	取值	百分比
性别	男	67	户籍	深户	72
	女	33		居深半年以上的非深户	27
				居深半年以下的非深户	1
年龄	18 岁及以下	0	文化程度	初中及以下	0
	19～29 岁	17		高中及中专	0
	30～39 岁	46		大专及本科	71
	40～49 岁	29		研究生	29
	50～59 岁	7			
	60 岁及以上	1	婚姻状况	已婚有小孩	67
				已婚无小孩	11
				未婚	19
				离异	3
				其他	0

三 不同群体对法治状况和政府执法状况的认知和评价

（一）受访者对深圳法治建设目标的知晓度参差不齐

在普通居民中，对深圳市建设一流法治城市的目标表示了解的仅占22.2%；而律师群体对这一目标的知晓度则接近八成。尽管深圳市政府已经提出并实践这一目标有一段时间，但众多非法律专业受访者对这一目标的知晓度还不够高，需要进一步加强宣传和普及（见图 1 和图 2）。

（二）超五成市民与九成律师认为深圳法治状况好于内地城市

当问及“您觉得深圳的总体法治状况与内地相比处于什么位置”这一问题时，93.36%的律师受访者认为领先于内地城市，只有不到 7%的律师受访者认为与内地城市同一水平或者不如内地城市。针对普通市民的调查中，54.20%的受访者认为“领先于内地城市”，仅 7.83%的受访者认为

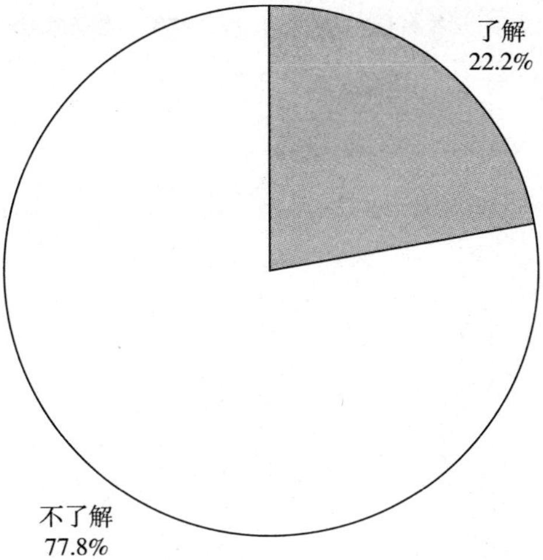

图1　普通市民对建设一流法治城市目标的了解情况

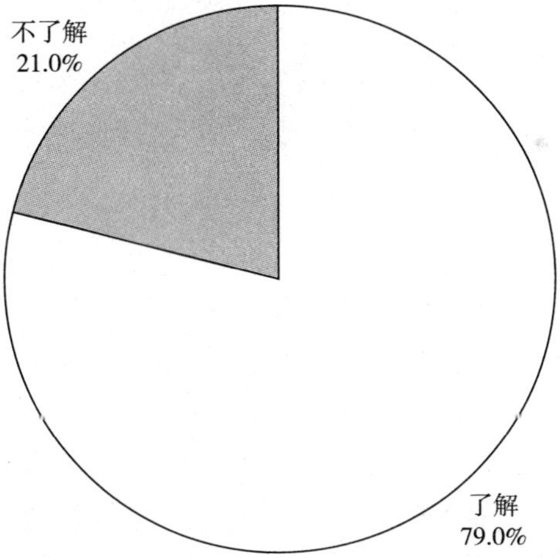

图2　律师对建设一流法治城市目标的了解情况

“不如内地城市”，认为和内地城市一个水平的为37.97%，说明在整体上市民对深圳法治状况的评价较高（见图3）。

分群体来看，深圳户籍的普通受访市民认为深圳市法治状况领先内地城市的比重最高，为66.13%；居住在深圳半年以下的非深圳户籍市民认为深

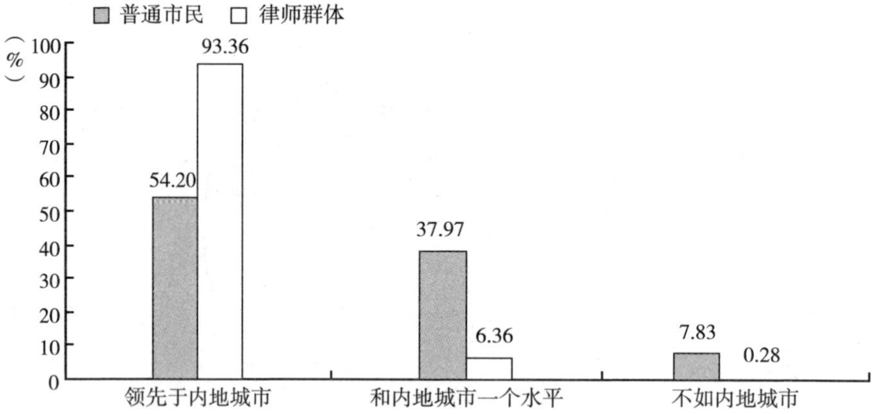

图3　深圳市法治状况与内地城市相比

圳市法治状况领先于内地城市的只占41.07%，还有12.50%认为深圳市法治状况不如内地城市；而居住在深圳半年以上的非深圳户籍的市民则处于中间的位置。从文化程度角度看，对这一问题看法的差异体现在是否接受过大学教育上。研究生文化程度的群体，认为法治状况领先于内地城市的比重最高，为72.97%，只有2.7%的人认为不如内地城市；其次是大专和本科学历的群体，认为领先内地城市的有58.05%；初中及以下学历和高中及中专学历的人群认为深圳市法治状况领先内地城市的分别为51.14%和46.31%。从职业与法律的紧密程度来看，工作和法律相关程度高的受访市民，认为深圳法治状况领先内地城市的比重要高于本职工作不常运用法律法规的受访者。

（三）多数市民和律师对深圳市法治状况的总体评价较高

在回答问卷的第10题“您对深圳法治状况的总体评价”时，7.08%与46.54%的普通市民受访者表示“很好”和“较好”；认为“很好”和“较好”的律师受访者分别占总体的7.48%和68.6%（见图4和图5）。

问卷的第11题，要求受访者以百分制给深圳法治水平打分，经计算，普通市民给深圳市法治水平评分的平均值为79.40分；律师群体对深圳法治状况的总体评分均值为76.84分。

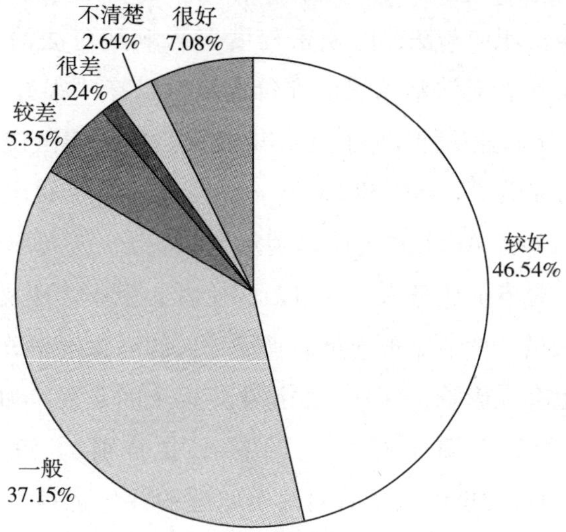

图 4　普通市民对深圳市法治状况的总体评价

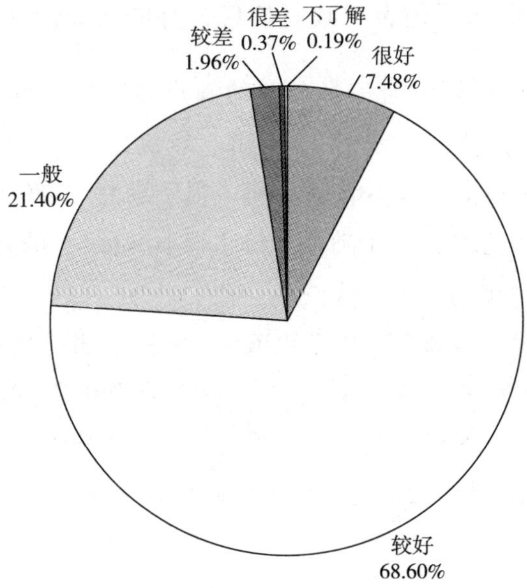

图 5　律师群体对深圳市法治状况的总体评价

不同群体方面，男性认为法治状况“很好”的比重高于女性，分别为7.95%、6.26%。职业与法律的紧密程度会影响到对法治状况的评价。其中，职业法律工作者对法治状况的评价最高，回答“很好”和“较好”的共为69.77%；非职业法律工作但工作中经常运用法律法规和本职工作不经常运用法律的分别为52.58%和53.29%。在受访的普通市民中，不同职业也存在着区别。参考ACSI方法计算满意度①得分，公司职员的满意度得分最高，其次依次是专业服务人员或自由职业者、企业管理及技术人员、机关事业单位工作人员、商业服务人员，工厂工人的满意度得分最低。户籍对法治状况的评价也存在影响，深户、居深半年以上的非深户和居深半年以下的非深户回答“很好”和“较好”的总比重分别为59.68%、52.60%、40.18%。不同教育程度的受访者对法治状况的评价也存在差异。初中及以下、高中及中专、大专及本科、研究生回答“很好”和“较好”的总比重分别为43.18%、51.20%、55.74%、62.16%。

（四）不同群体受访者对政府信息公开的满意度不同

当问及“您对深圳政府信息公开的满意度”这一问题时，3.79%与31.30%的受访市民表示“很满意”和“较满意”，同时也有8.24%与2.14%的受访市民表示“较不满意”和“很不满意”，50.82%的市民回答“一般”。回答不满意（“较不满意”与“很不满意”）的只占10.38%，此外，还有3.71%的受访市民表示“不了解”。

律师群体认为“很满意”和“较满意”的受访者分别占总体的4.49%和53.83%，合计为58.32%，认为“一般”的受访者占总体的35.33%，认为“较不满意”和“很不满意”的受访者占总体的4.21%和1.59%，合计为5.8%。律师群体对政府信息公开的满意度较高，可能与律师获得消息的渠道和方式更多有关（见图6）。

① 得分在0～100分，评价为“很差”的得分为0分；评价为“比较差”的得分为25分；评价为“一般”的得分为50分；评价为“比较好”的得分为75分；评价为“很好”的得分为100分，选择“不清楚”的为缺省值，不参与评价得分计算。

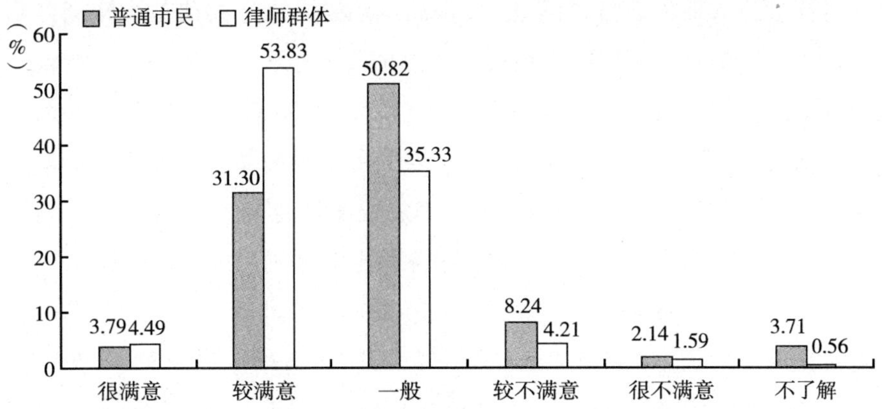

图6　对政府信息公开的满意度

（五）四成以上普通市民和律师对参与社会公共事务满意

当问及“您对参与社会公共事务的满意度”这一问题时，4.04%与36.00%的受访普通市民表示“很满意”和“较满意”，同时也有8.32%与1.07%的受访普通市民表示“较不满意”和“很不满意”。3.93%与44.21%的受访律师表示“很满意”和“较满意”，同时也有4.95%与1.59%的受访律师表示“较不满意”和“很不满意”（见图7）。

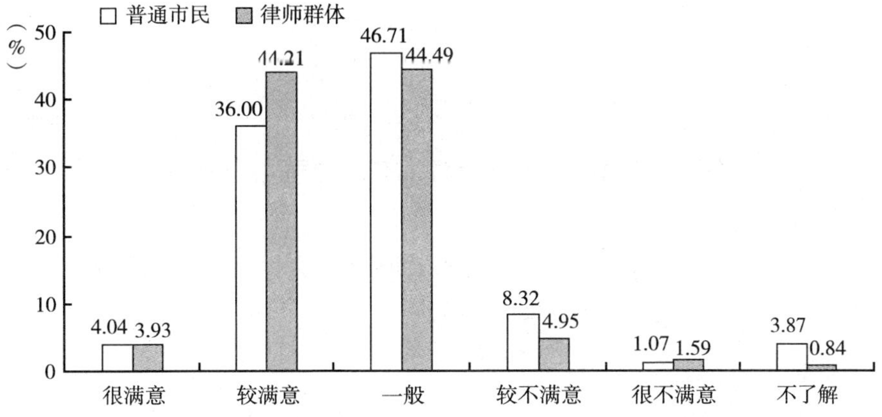

图7　对参与社会公共事务的满意度

对社会公共事务参与“满意”（很满意、较满意）的比重，深圳户籍的为43.28%，居深半年以上和居深半年以下的分别为39.32%和33.93%。文化程度方面，初中及以下、高中及中专、大专及本科和研究生对社会公共事务参与表示“满意”所占的比重分别为34.09%、38.43%、60.09%和43.25%。其中大专及本科学历的市民满意程度最高。

男女律师对参与社会公共事务的满意比例分别为23.22%和26.20%，女性律师的满意度略高于男性律师。在不同户籍律师的参与社会公共事务满意度对比中，“居深半年以下的非深户”的律师满意比例为33.33%，远高于“深户”和“居深半年以上的非深户”的24.58%和22.84%。在不同文化程度律师的社会公共事务满意度对比中，文化程度为“大专及本科”的律师满意度最高，达25.26%，文化程度为“研究生”的律师满意度其次，为21.97%。

（六）受访者眼中深圳法治建设存在的问题和不足

被问及深圳市建设一流法治城市存在的不足时，在1214个普通市民受访者中，选择“执法不严或不公”、“依法治理不足”和“全社会法治意识不强”选项的排在前三位，分别为575人、525人和509人；紧接着是“法律制度不完善”和“司法不公正”，选择的人数分别为340人和278人；回答“不清楚”的有176人。而在律师群体中，排在前三项的分别是“法律制度不完善”、“依法治理不足”和“执法不严或不公”（见图8）。

四　建设一流法治城市的意见和建议

受访者围绕法治建设与政府的行政效果等问题提出了百余条建议，为深圳市建设一流法治城市出谋划策，涉及了方方面面，有微观的建议，也有宏观的政策建议，概括总结如下。

一是政府要明晰职责，公开透明。政府应更多地做好制度公开、信息公开，并对政府决策和司法错案建立追究制度。强调反腐倡廉，加强政府廉政

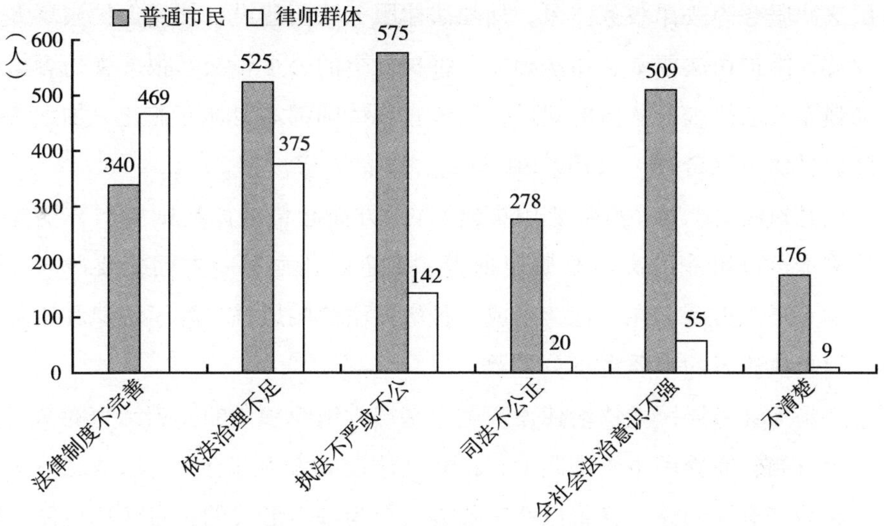

图8　深圳建设一流法治城市还存在着哪些不足

队伍建设。在推行法治城市的建设中，要防止法治指数的政绩化，避免出现华而不实的现象。

二是加强依法执政能力建设。要加强各级党委依法执政能力建设。进一步增强各级党委的宪法意识和法治观念，提高科学执政、民主执政、依法执政水平；保障和促进人大、政府、政协及司法机关依法履行职责；党员领导干部要带头学法用法，模范遵守宪法和法律法规，坚持在宪法和法律范围内活动。

三是健全完善各项规章制度建设。律师受访者提出，深圳要根据自己的实际情况充分利用好自己的立法权。要清理和梳理深圳市地方法规，加强相关法律规定的修改制定，建立起比较完善的与深圳市经济、政治、文化相适应的法律法规，出台一些符合实际、具有前瞻性的法律制度，建立和完善保护公民权益类法律制度，规范和制约公共权力类法律制度，加强市场监管、社会管理和公共服务类法律制度，化解社会矛盾和纠纷类法律制度。立法的过程中，一定要加大专家和群众的参与力度。

四是推进依法行政。以建设服务型、法治型、效能型和廉洁型政府为目标，健全维护司法公正的各项监督制约机制。完善律师、公证、法律援助、基层法律服务等法律服务体系，加强法律服务队伍建设，切实保护当事人合法权益，维护司法权威、司法独立，维护社会的公平正义。很多受访者提出要加强专业法律服务队伍的建设，从法官到律师都需更加专业化，加大考核力度。受访市民希望“人治”少一些，“法治”多一些。

五是执法要严。“治乱要用重典”，一方面起草法律罚则要严，要提高违法成本，以可能的高限来确定追责、确定处罚；另一方面，要严抓、严打，加大曝光力度，在全社会形成一种敬畏法律的风气。除了法律和执法本身，提高执法者的素质也十分重要。

六是加强基层民主法治建设。健全基层党组织领导的充满活力的基层群众自治机制，完善民主管理制度，把社区建设成为管理有序、服务完善、文明祥和的社会共同体；完善以职工代表大会为基本形式的企事业单位民主管理制度，支持职工参与管理，维护职工合法权益；加强基层政权建设，完善政务公开等制度，实现政府行政管理与基层群众自治有效衔接和良性互动；发挥社会组织在扩大群众参与、反映群众诉求方面的积极作用，在制定重大工程项目之前多多听取专家和群众的意见和建议，增强社会自治功能。

七是加强法制宣传教育。相关部门要大力推进法律知识进机关、进社区、进学校、进企业，尤其是加大对流动人口的法律宣传力度。深入开展社会主义法治理念教育，全面提高公民法律素质，努力使崇法尚法、公正司法、文明执法、诚信守法成为城市管理和城市文化的名牌名片。大力推进依法治市和以德治市相结合，做到良法和美德相辅相成，法治和德治相得益彰，使全市上下形成严格按照法律精神和原则思考、分析、解决问题的价值取向、行为习惯和行为模式，期望能够在全社会形成一种法律的文化，全社会能够提高法律素养。

八是注重民生。受访市民强调在环境、安全、劳动、商业服务等各个领域依法办事。能够解决市民身边涉及自身利益的问题，如提高所在社区的治安水平，完善社保，改善工作环境，提高工资，办事窗口更有效、更便民，法治程序更为简便。在解决具体民生问题时，只有依法办事，才能有章可循，才能公正合理地解决有关民生的大多数问题。

B.28

深圳市实施汽车限购政策的问卷调查报告

深圳市社会科学院课题组*

摘　要：本文采用问卷调查的方法，研究了深圳市民对交通状况及限购政策的认知和态度。调查发现：多数市民认为深圳交通拥堵情况较为严重；多数市民认为有必要限购，并对深圳市目前的限购政策表示支持，但近四成市民对限购政策出台的方式表示不同理解；多数市民认为实施限购有利于环境保护，但仍然有部分市民担心限购治标不治本；限购政策对市民的购车选择有明显的调控效果，但多数市民更认同通过改善公共交通和加强交通设施建设来解决拥堵问题。对于二手车牌，多数受访者表示不应该无条件继续使用。

关键词：深圳　汽车限购　问卷调查

一　研究背景

2014 年 12 月 29 日，深圳市政府举行新闻发布会，发布《深圳市人民政府关于实行小汽车增量调控管理的通告》，宣布深圳市于 2014 年 12 月 29 日 18 时起，对全市行政区域内小汽车实行增量调控和指标管理，有效期暂

* 本课题为深圳市宣传文化基金资助项目，课题组成员：深圳市社会科学院谢志岿、倪晓锋、寇建岭，北京大学深圳研究生院曹金羽、王子俊、史俊鹏等。

定5年。每年暂定指标10万个，按月分配。其中，2万个指标只针对电动小汽车，采取摇号；8万个普通小汽车指标，50%采用摇号、50%采取竞价。为了避免抢购影响限购政策的效果，这次政策出台较为突然，让许多市民措手不及，成为公众和媒体质疑的焦点。在这样的背景之下，了解深圳市民对汽车限购政策的态度，以及限购政策的调控效果成为政策研究的题中之意。

二　研究方法与样本分布

本文采用问卷调查的方法展开。为保证调查的相对科学性，本次调查采取了配额抽样方法。其中，福田区样本量为170份、罗湖区170份、南山区170份、盐田区110份、宝安区260份、龙岗区240份，光明新区110份、坪山新区110份、龙华新区170份、大鹏新区90份[①]。问卷发放采用偶遇抽样的方式，在各（新）区人流密集的商场、广场、写字楼、地铁站、餐饮娱乐场所、图书馆、工厂等地发放并回收问卷。在2015年1月4~9日期间，共发放问卷1600份，回收1577份，问卷回收率为98.56%。经统计，样本分布情况如表1所示。

表1　样本分布统计（$N=1577$）

单位：%

变量	取值	百分比	变量	取值	百分比
区域	福田区	8.4	性别	男	53.7
	罗湖区	7.1		女	46.3
	南山区	15.0			
	盐田区	7.1	年龄	18岁及以下	2.0

① 2013年底，各（新）区常住人口如下：福田区133.95万人、罗湖区94.15万人、南山区111.91万人、盐田区21.39万人、宝安区270.38万人、龙岗区194.47万人、光明新区49.64万人、坪山新区31.96万人、龙华新区141.85万人、大鹏新区13.19万人。数据来源：《深圳统计年鉴（2014）》。

续表

变量	取值	百分比	变量	取值	百分比
	宝安区	12.8		19~29岁	48.9
	龙岗区	18.3		30~39岁	29.8
	光明新区	5.2		40~49岁	12.6
	坪山新区	6.7		50~59岁	4.6
	龙华新区	14.2		60岁及以上	2.1
	大鹏新区	5.1			
			婚姻状况	已婚有小孩	39.6
户籍	深户	37.1		已婚无小孩	15.1
	居深半年以上的非深户	51.1		未婚	43.3
	居深半年以下的非深户	11.8		离异	1.7
				其他	0.3
文化程度	初中及以下	7.8			
	高中及中专	26.0	职业	企业管理及技术人员	17.2
	大专及本科	57.6		机关事业单位工作人员	14.6
	研究生	8.6		工厂工人	7.4
				商业服务人员	5.0
家庭平均月收入	3000元以下	7.1		公司职员	28.3
	3000~4999元	25.7		个体户/私营业主	13.2
	5000~9999元	34.1		学生	6.1
	10000~19999元	22.8		离退休人员	2.9
	20000~49999元	9.2		无业、失业、待业、下岗	3.1
	50000元及以上	1.2		其他	2.3
			日常使用最主要交通工具	私家车	26.7
				公共交通	49.4
私家车拥有情况	没有私家车	55.7		单位班车	6.4
	有一辆私家车	35.3		的士	2.2
	有两辆私家车	7.7		和别人拼车	0.8
	三辆及以上	1.4		非机动车/步行	12.5
				其他	2.2

三　不同群体对交通状况及限购政策的认知与态度

（一）多数市民认为深圳交通拥堵情况较为严重

调查发现，大部分市民对深圳市交通拥堵状况的评价较为负面。超过五成的市民认为深圳市的交通拥堵状况严重。其中认为很严重的占9.8%，认为严重的占41.1%，仅有5.6%的市民认为不严重和不太严重，另有43.4%的市民认为一般（见图1）。①

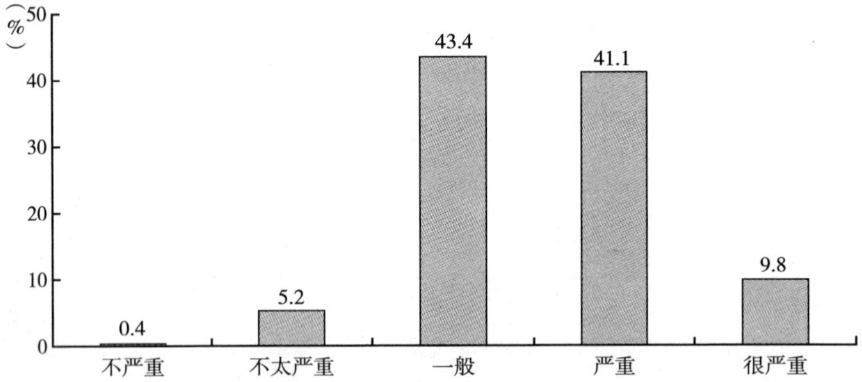

图1　深圳市民对交通拥堵状况的看法统计

户籍居民认为深圳交通拥堵的比例更高。10.7%的户籍居民认为拥堵状况很严重，47.1%的居民认为严重，两项相加近六成。相比之下，非深圳户籍居民认为交通拥堵状况并不严重，特别是居住半年以下的非户籍群体，认为拥堵严重的比例仅为38.4%。企业员工认为交通拥堵状况更为严重。60.4%的企业管理和技术人员、54.3%的公司职员认为交通拥堵严重和很严重，远高于其他群体。与之相比，仅有46.6%的机关事业单位工作人员认

① 本报告百分比合计未到100%或者由于四舍五入造成，或者由于本文分析数据样本量为总体样本而非有效样本，缺失值未剔除所致，下同。

为交通拥堵严重和很严重。福田区和罗湖区居民对交通拥堵状况最为不满。罗湖区有 76. 4% 的居民认为交通拥堵状况严重；其次是福田区，有 67. 7% 的居民认为拥堵严重。盐田区、光明新区和大鹏新区居民认为交通拥堵状况严重的比例最低，三区居民认为交通拥堵严重的人群比例分别为 19. 8%、22% 和 28. 4%。

（二）近三成市民对深圳交通状况明确表示不满意

市民对道路交通状况的满意程度分析显示，表示满意和很满意的仅占 16. 9% 和 1. 1%，53. 1% 的市民认为交通状况一般，另有 23. 8% 的市民对道路交通感到不太满意，4. 9% 感到很不满意。抛开一般的选项，表示对深圳交通不满意的群体超过表示满意的群体（见图 2）。

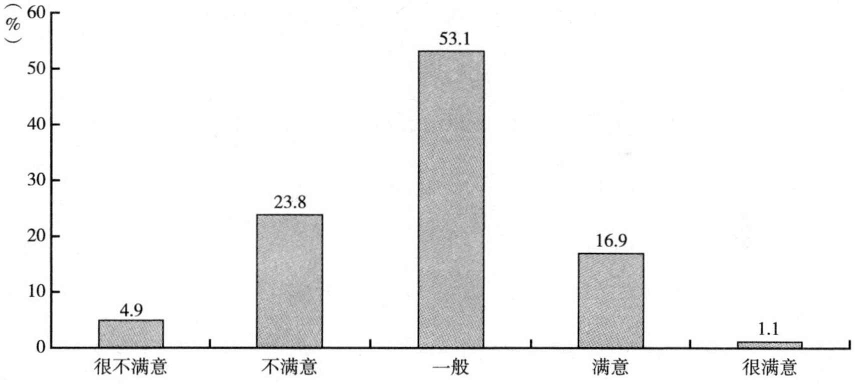

图 2　深圳市民对道路交通状况的满意度统计

户籍居民对交通状况的满意度最低。户籍居民对道路交通状况持满意态度的占 15. 5%，在深圳居住半年以上的非户籍居民对道路交通持满意态度的比例为 18. 6%，居住半年以下的非户籍居民对道路交通的满意度最高，持满意态度的占 22. 7%。坪山新区和龙华新区居民对交通状况的满意度最低。虽然罗湖区和福田区是交通拥堵状况最严重的区域，但却不是居民对交通状况评价最低的区域。各区对交通状况表示最不满意的是坪山新区，高达 39. 6% 的居民表示不满意；其次为龙华新区，比例为 34. 6%。这可能与这些区域公共交通相对滞后、市民出行不便有关。拥有私家车越多的市民对交通状况的满意率越低。没有私家车的群体中，18.6%的市民对交通状况表示满意，拥有1辆车、2辆车、3辆车及以上的群体表示满意的比例则分别为17.7%、14.9%、13.6%。

（三）调查时逾六成受访者知晓深圳出台汽车限购政策

问卷调查显示，在对政策的知晓程度上，64.7%的被调查对象在参与调查前已经知晓深圳出台了汽车限购政策，而35.1%的被调查对象直到接受问卷调查时才知道这项政策。

受访者对汽车限购具体政策的了解，与知晓度水平有较大落差。与六成多参与调查的市民知晓限购政策相比，仅有19.9%的受访者了解这项政策，31.5%比较了解，二者加起来达到五成。另有48.1%的市民表示还不了解这项政策。

（四）多数市民对深圳市目前的限购政策表示支持

调查发现，认为没必要限购的被调查者比例仅有18.2%，认为有必要限购的被调查者的比例则多达48.6%。其中，9.9%认为非常有必要限购，38.7%认为有必要进行限购，另有32.7%的市民表示无所谓。可见，深圳市民认可“任由小汽车增量无限制发展下去，将会对交通和环境造成很严重的负面影响”。

深圳户籍居民认为有必要限购的比例更高。有52.9%的户籍居民认为需要限购，超过平均水平。文化程度越高的居民越认为有必要限购。初中及以下的被调查者认为有必要限购的比例为34.4%，而大专及本科学历的被调查者认为有必要限购的比例则高达52.3%。拥有汽车的居民比没有汽车的居民更认为有限购的必要。没有私家车的群体认为有必要限购的比例为42.9%，拥有1辆、2辆、3辆及以上群体认为有必要限购的比例则分别达到56.2%、54.5%、59.1%。这主要是因为在已经拥有足够多的私家车之后，政策的改变并不会对其利益有较大影响。

（五）近四成市民对限购政策的出台方式表示不太理解

虽然大部分市民认为深圳有必要进行限购，但也有不少市民对比较突然的限购方式不太理解。也就是说，市民对这项政策出台程序的态度与对政策内容本身的态度存在差异。对这种比较突然的方式表示理解的占34.9%，表示不理解的占37.4%，感到无所谓的占27.3%。

此外，39.5%的被调查市民认为“不应该为了政策效果而不顾及程序，这样会破坏政府的公信力”，28.50%的被调查市民赞同“为了发挥政策最大效果，不必要完全按部就班履行程序”，30.70%的被调查市民表示“说不清”。整体来说，深圳的汽车限购政策具有较充分的民意基础，但具体实施的方式还可以进一步改进。

户籍居民和在深圳居住半年以上的非户籍居民更偏向于理解“突然袭击”的政策发布方式。39.3%的深圳户籍居民、37.9%的在深圳居住半年以上的非户籍居民表示理解，与之相比，仅有25.4%在深圳居住半年以下的非户籍居民表示理解。文化程度越高的群体越不理解目前的限购方式。初中及以下、高中及中专、大专及本科、研究生以上四个群体表示理解“突然袭击”的政策发布方式的比例分别为33.6%、33.6%、37.2%、53.7%。

（六）多数市民认为实施限购有利于环境保护

调查结果显示，深圳市民对汽车限购政策的正面效应有充分认识。49.1%的被调查者肯定政策对解决交通问题的作用，认为“交通拥堵的趋势将得到缓解”，51.3%的被调查者同意这项政策的长期实行将会“有利于环境保护”，42.4%的被调查者认可限购政策将“有助于培养市民绿色出行的习惯”。

（七）仍然有部分市民担心限购治标不治本

在认可限购政策的正面效应的同时，也有58.0%的被调查者担心这项政策可能“治标不治本，交通拥堵依然严重”，40.3%的被调查者担心“行政限购影响正常生活需求”，32.6%的被调查者担忧“申购程序过于烦琐”，44.9%的被调查者担心“政策执行公平性和透明性难以保障”（见表2）。

表2　市民对限购政策不足认识统计（$N=1577$）

单位：%

序号	具体不足	百分比
1	治标不治本，交通拥堵依然严重	58.0
2	行政限购影响正常生活需求	40.3
3	政策执行公平性和透明性难以保障	44.9
4	申购程序过于烦琐	32.6

（八）限购政策初步产生了明显的调控效果

调查中，限购政策发布前没有买车意向的市民有1102人，占总数的69.9%。在这部分市民中，有68.6%的人表示限购政策出台后暂时不会买车，有339人表示考虑通过参与摇号、车牌竞拍、去附近城市买车等方式购车，占限购前没有买车意愿的30.9%。

调查中有461位受访者在限购政策推出之前有买车意向，占总数的29.2%。对于这部分限购之前有购车意愿的市民，有32.3%的被调查者暂时中止购车的计划，27.8%的被调查者表示会参与摇号，10.6%的被调查者表示会参与摇号和竞拍买车，5.4%的被调查者表示将购买新能源汽车，13.9%的被调查者考虑到附近城市买车，2.6%的被调查者考虑通过购买二手车的方式添置私家车。

由此可见，限购政策已经开始发挥作用。原本有意购车的被调查者，将近三成决定搁置购车计划，四成左右将等待或竞拍车牌，考虑到附近城市购车者仅一成多；原本无计划购车的被调查者，依然有接近七成暂时不买车。政策对私家车的数量控制无疑已经取得了初步效果（见图3）。

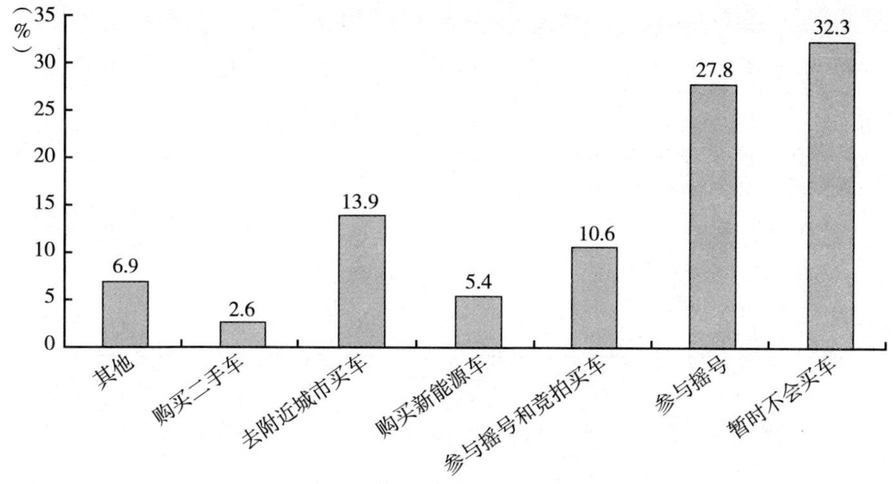

图3　政策出台前有购车意愿的市民在限购后的购车选择

四　对汽车限购相关政策的意见建议

（一）关于治理交通拥堵的意见建议

1. 市民更认同通过改善公共交通和加强交通设施建设来解决拥堵问题

在备选措施中，得到市民们认可度最高的是进一步改善公共交通和加强交通设施建设及管理，认可比例分别为60.1%和45.7%。此外，37.6%的被调查者认为需要“改善城市规划，尽量使居住区域和上班区域接近”。行政措施的受认可度较低，有28.4%的被调查者认可实行单双号和区域限行，25.9%的被调查者认可提高私车用车成本，21.1%的被调查者认可出台鼓励提高小汽车使用效率的行政措施（见表3）。

2. 切实实施紧凑型城市的发展理念

交通拥堵的背后往往是城市规划和社会资源分布的综合性问题。对很多市民而言，交通之所以成为一个重要的问题，往往是他们的居住地离工作的地点很远，造成他们不得不需要长距离地交通，而这又给城市交通带来很大

表3 市民对解决交通问题其他方法的认识统计（$N=1577$）

单位:%

序号	具体不足	百分比
1	进一步改善公共交通	60.1
2	加强交通设施建设及管理	45.7
3	改善城市规划,尽量使居住区域和上班区域接近	37.6
4	实行单双号和区域限行	28.4
5	提高私车用车成本	25.9
6	出台鼓励提高小汽车使用效率的行政措施	21.1

压力。在目前的情况下，职住分离、学住分离、医住分离情况比较普遍，通勤人口比例过大，导致小汽车的使用需求很难控制。因此，治堵除了限购外，还需改善城市规划，切实落实紧凑型城市的规划理念，尽量使居住区域和上班区域接近，促进城市教育资源、医疗资源和产业、居住、配套的均衡化，这样深圳交通上的压力就会小很多。

（二）关于二手车牌处置的意见建议

1. 超过六成的市民表示二手车牌不应该无条件继续使用

汽车限购之后，二手车牌的使用成为一个重要问题。针对二手车牌应该如何处理这一问题，27.6%的被调查者支持应该停用以保障公平，22.9%的被调查者支持“可以继续使用，但需按车牌竞拍平均价格缴纳车牌费”，32.2%的被调查者支持“应该继续无条件使用”。

2. 目前没有小汽车的市民更偏向于要停用二手车牌

统计结果显示，对于没有私家车的被调查市民，31.7%的被调查者支持停用，24.1%的市民支持可以继续使用，但是需“按车牌竞拍平均价格缴纳保险费”，20.8%的市民支持无条件继续使用，22.4%的市民对这个问题持“无所谓”的看法。但在拥有私家车的被调查者中，高达46.9%的被调查者支持对旧车车牌无条件继续使用，这个数值高出没有私家车的群体比例约26个百分点。22.9%的被调查者支持停用，21.6%的被调查者支持续用但需缴纳车牌费，7.2%的人认为“无所谓”。由于已经拥有小汽车的家庭的生活直接受到二手车牌处置相关规定的影响，所以持无所谓态度的比例大大低于没有私家车的被调查市民的比例。两个群体在“可以继续使用，但需按车牌竞拍平均价格缴纳车牌费”这一项上的比例基本持平，但是在支持停用这一选项上，没有私家车市民中的支持度超过拥有私家车市民中的支持度近9个百分点。在无条件续用这一选项上，拥有私家车市民的支持度超过没有私家车市民的支持度约26个百分点。

（三）关于政府社会管理方式的意见建议

对于限购政策可能产生的负面效应，从数据统计上可以看出，市民最担忧的问题是“治标不治本，交通拥堵依然严重”（58.0%）和“政策执行公平性和透明性难以保障”（44.9%）。由此可见，多数市民担心的并不是限购带来多么大的生活不便，而是担心限购政策的效果和执行力。试想，如果限购政策能够严格贯彻，进而对城市治堵产生了积极的影响，让市民更加方便地出行，何乐而不为？下一步政府应该对现有的限购政策进一步完善，充分保障小汽车新增指标获取的公平性和透明性。

皮书起源

“皮书”起源于十七、十八世纪的英国，主要指官方或社会组织正式发表的重要文件或报告，多以“白皮书”命名。在中国，“皮书”这一概念被社会广泛接受，并被成功运作、发展成为一种全新的出版型态，则源于中国社会科学院社会科学文献出版社。

皮书定义

皮书是对中国与世界发展状况和热点问题进行年度监测，以专业的角度、专家的视野和实证研究方法，针对某一领域或区域现状与发展态势展开分析和预测，具备权威性、前沿性、原创性、实证性、时效性等特点的连续性公开出版物，由一系列权威研究报告组成。皮书系列是社会科学文献出版社编辑出版的蓝皮书、绿皮书、黄皮书等的统称。

皮书作者

皮书系列的作者以中国社会科学院、著名高校、地方社会科学院的研究人员为主，多为国内一流研究机构的权威专家学者，他们的看法和观点代表了学界对中国与世界的现实和未来最高水平的解读与分析。

皮书荣誉

皮书系列已成为社会科学文献出版社的著名图书品牌和中国社会科学院的知名学术品牌。2011 年，皮书系列正式列入“十二五”国家重点图书出版规划项目；2012~2014 年，重点皮书列入中国社会科学院承担的国家哲学社会科学创新工程项目；2015 年，41 种院外皮书使用“中国社会科学院创新工程学术出版项目”标识。

中国皮书网

www.pishu.cn

发布皮书研创资讯，传播皮书精彩内容
引领皮书出版潮流，打造皮书服务平台

栏目设置：

- □ 资讯：皮书动态、皮书观点、皮书数据、皮书报道、皮书发布、电子期刊
- □ 标准：皮书评价、皮书研究、皮书规范
- □ 服务：最新皮书、皮书书目、重点推荐、在线购书
- □ 链接：皮书数据库、皮书博客、皮书微博、在线书城
- □ 搜索：资讯、图书、研究动态、皮书专家、研创团队

中国皮书网依托皮书系列“权威、前沿、原创”的优质内容资源，通过文字、图片、音频、视频等多种元素，在皮书研创者、使用者之间搭建了一个成果展示、资源共享的互动平台。

自 2005 年 12 月正式上线以来，中国皮书网的 IP 访问量、PV 浏览量与日俱增，受到海内外研究者、公务人员、商务人士以及专业读者的广泛关注。

2008 年、2011 年中国皮书网均在全国新闻出版业网站荣誉评选中获得“最具商业价值网站”称号；2012 年，获得“出版业网站百强”称号。

2014 年，中国皮书网与皮书数据库实现资源共享，端口合一，将提供更丰富的内容，更全面的服务。

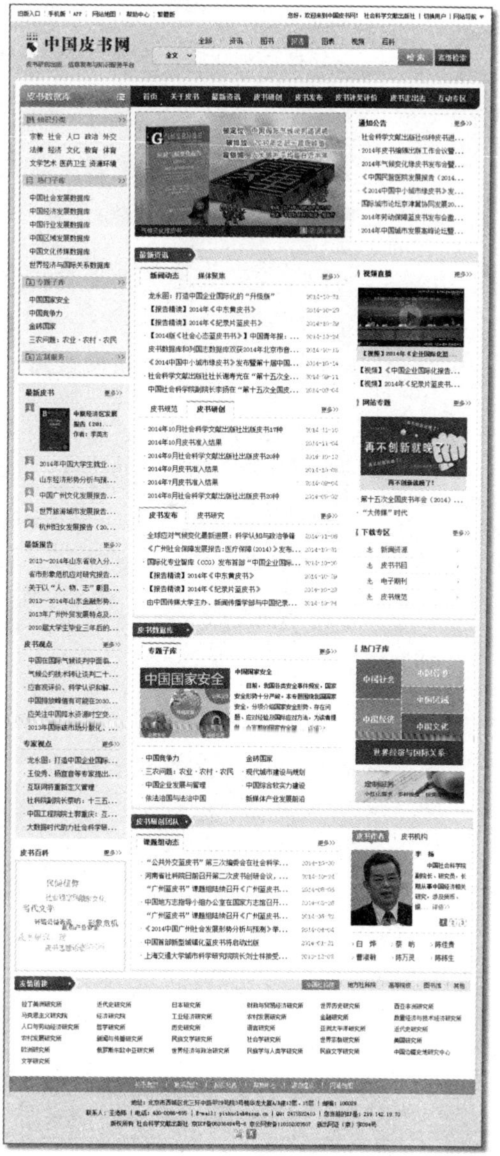

法律声明

S 子库介绍
Sub-Database Introduction

中国经济发展数据库

涵盖宏观经济、农业经济、工业经济、产业经济、财政金融、交通旅游、商业贸易、劳动经济、企业经济、房地产经济、城市经济、区域经济等领域，为用户实时了解经济运行态势、把握经济发展规律、洞察经济形势、做出经济决策提供参考和依据。

中国社会发展数据库

全面整合国内外有关中国社会发展的统计数据、深度分析报告、专家解读和热点资讯构建而成的专业学术数据库。涉及宗教、社会、人口、政治、外交、法律、文化、教育、体育、文学艺术、医药卫生、资源环境等多个领域。

中国行业发展数据库

以中国国民经济行业分类为依据，跟踪分析国民经济各行业市场运行状况和政策导向，提供行业发展最前沿的资讯，为用户投资、从业及各种经济决策提供理论基础和实践指导。内容涵盖农业，能源与矿产业，交通运输业，制造业，金融业，房地产业，租赁和商务服务业，科学研究，环境和公共设施管理，居民服务业，教育，卫生和社会保障，文化、体育和娱乐业等 100 余个行业。

中国区域发展数据库

以特定区域内的经济、社会、文化、法治、资源环境等领域的现状与发展情况进行分析和预测。涵盖中部、西部、东北、西北等地区，长三角、珠三角、黄三角、京津冀、环渤海、合肥经济圈、长株潭城市群、关中—天水经济区、海峡经济区等区域经济体和城市圈，北京、上海、浙江、河南、陕西等 34 个省份及中国台湾地区。

中国文化传媒数据库

包括文化事业、文化产业、宗教、群众文化、图书馆事业、博物馆事业、档案事业、语言文字、文学、历史地理、新闻传播、广播电视、出版事业、艺术、电影、娱乐等多个子库。

世界经济与国际政治数据库

以皮书系列中涉及世界经济与国际政治的研究成果为基础，全面整合国内外有关世界经济与国际政治的统计数据、深度分析报告、专家解读和热点资讯构建而成的专业学术数据库。包括世界经济、世界政治、世界文化、国际社会、国际关系、国际组织、区域发展、国别发展等多个子库。